Grimms Märchen tiefenpsychologisch gedeutet

W

Eugen Drewermann

Aschenputtel

Märchen Nr. 21 aus der Grimmschen Sammlung

Walter-Verlag Solothurn und Düsseldorf

Der Text des Märchens ist in der Fassung der Grimmschen «Kinder- und Hausmärchen» von 1857 wiedergegeben

Zum Umschlagbild:
Pablo Picasso, Femme aux pigeons, 1930, Centre George Pompidou, Musée national d'art moderne, Paris, Detail. Abdruckgenehmigung der Verwertungsgesellschaft Bild-Kunst, Bonn.

Zu den Farbtafeln:
Edvard Munch: Tote Mutter und Kind, 1899–1900, Kunsthalle Bremen.
Max Klinger: Tote Mutter, 1889, Museum der bildenden Künste, Leipzig.
Edvard Munch: Madonna auf dem Kirchhof, 1896, Munch-museet, Oslo.
Auguste Renoir: Danse dans la ville, 1883, Musée d'Orsay, Paris

Zum Motto:
Aus: Rainer Maria Rilke, Sämtliche Werke, Band 1,
© Insel Verlag Frankfurt am Main 1955,
«Träume, die in deinen Tiefen wallen»

Die Deutsche Bibliothek – CIP-Einheitsaufnahme

Drewermann, Eugen:
Aschenputtel : Märchen Nr. 21 aus der Grimmschen Sammlung / Eugen Drewermann. – Solothurn ; Düsseldorf : Walter, 1993
(Grimms Märchen tiefenpsychologisch gedeutet)
ISBN 3-530-16859-9
NE: Aschenputtel

Satz: Digital Type & Picture AG, Wiedlisbach
Druck und Einband: Kösel GmbH & Co., Kempten
Printed in Germany
ISBN 3-530-16859-9

Träume, die in deinen Tiefen wallen,
aus dem Dunkel laß sie alle los.
Wie Fontänen sind sie, und sie fallen
lichter und in Liederintervallen
ihren Schalen wieder in den Schooß.

Und ich weiß jetzt: wie die Kinder werde.
Alle Angst ist nur ein Anbeginn;
aber ohne Ende ist die Erde,
und das Bangen ist nur die Gebärde,
und die Sehnsucht ist ihr Sinn –

Rainer Maria Rilke

Vorwort

Oft schon habe ich Menschen zugehört, die ihr Leben von früher Jugend an als ein Aschenputteldasein empfanden. Ihnen sei diese Märchenauslegung gewidmet, denn sie vor allem haben mir geholfen, die Bedeutung und den Sinn der Grimmschen Erzählung zu verstehen.

«Einem reichen Manne verstarb seine Frau» – ein einzelner solcher Satz schon kann ein ganzes Leben bedeuten. Doch er teilt sich erst mit, wenn man Märchen so liest, wie wenn sie das Leben lebendiger Menschen erzählten, und wenn man den Erzählungen lebender Menschen so zuhört wie den Romanen und Märchen der Weltliteratur. Um ein Märchen zu verstehen und um einen Menschen zu verstehen, muß man den Unterschied aufheben, der zwischen Leben und Literatur für gewöhnlich gezogen wird. Die Märchen sind zu lebendig, und das Leben ist zu phantastisch, als daß dieser Unterschied gültig sein könnte.

Das «Märchen» vom «Aschenputtel» ist in gewissem Sinne die Geschichte aller Kinder, die unerwünscht und überzählig in scheinbar wohlgeordneten Verhältnissen aufwachsen müssen. Wie sie trotz allem ihre Sehnsucht nach Liebe und ihre Hoffnung auf Glück auch als Heranwachsende und Erwachsene sich bewahren können, das ist ihr eigentliches Geheimnis, dem wir in dem Grimmschen Märchen begegnen werden.

Von Quelle und Strömung oder: zwei Arten der Betrachtung

Was ein «Aschenputtel» ist, weiß scheinbar jeder, und viele, auch erwachsene Frauen (und Männer), fühlen sich zeit ihres Lebens so. Was also ist ein «Aschenputtel»? Die Antwort darauf fällt trotz allem merkwürdig schwer.
Dem Namen nach ist ein «Aschenputtel» «die in der Asche wühlende, sich wälzende Küchenmagd, ein geringfügiges unreines Mägdlein» – «pusseln» oder «pöseln» im Sinne von «mühsam suchen» und «sölen» = sudeln, «im Schmutz verderben»[1] steckt in dem Wort. Eine andere Vermutung möchte den Namen aus dem Griechischen ableiten: aus den Worten *achylia* = Asche und *puttos* = weibliche Scham[2]; Aschenputtel wäre dann ein Mädchen, das «mit der Scham in der Asche» sitzt.[2]
So oder so ist der Name mehr als ungenau, denn er beschreibt nur die Außenseite, das, was man sieht; viel wichtiger aber für das Wesen eines «Aschenputtels» ist die Innenseite, das, was man nicht sieht, doch unbedingt sehen muß, um das Wesen eines solchen Menschen zu verstehen. Das Geheimnis, das Wunder seines Lebens nämlich besteht darin, mitten im Elend niemals das Gefühl für seine eigene Würde zu verlieren und gegen die scheinbar erdrückende Macht der Widerstände der gesamten äußeren Welt den Traum nicht aufzugeben, im Grunde zu etwas Königlichem bestimmt zu sein.
Dieser Kontrast: zwischen äußerer Erniedrigung und innerer Berufung, zwischen Ausgangsbedingung und Ziel, zwischen Schicksalsungunst und Herzenssehnsucht bestimmt den Kern der Aschenputtelgestalt. Nicht: «Das Aschenputtel», sondern «Die Aschenkönigin» müßte das Grimmsche Märchen deshalb eigentlich heißen, um die Spannung seines Hauptmotivs wiederzugeben.
Wer die Geschichte vom «Aschenputtel» interpretieren will, kommt folglich nicht umhin, sich in die Seele von Menschen hineinzudenken, hineinzufühlen, die den äußeren Lebensumständen nach chancenlos auf die unteren Ränge verbannt sind: allzu arm, ja, armselig muten die Verhältnisse ihres Elternhauses an, als daß man ihnen einen großen sozialen Aufstieg zutrauen möchte – sie haben, in unseren Tagen, womöglich keinen «höheren» Schulabschluß, sie sind keine «Studierten», sie sind, zumindest in ihren eigenen Augen, nicht einmal besonders attraktiv, ihre Ausstrahlung bietet eher das Bild von grauen Mäusen, die nichts sind und nichts haben, außer, daß sie den Mund zu halten und sich in «Bescheidenheit» zu üben haben.
Und das tun sie denn auch. Vermeintlich! Nach außen hin! – Unter der Asche aber, mitten in dem Ruß eines scheinbar ausgeglühten Lebens glimmt doch die unerstickte Glut eines verborgenen Verlangens nach einem ganz anderen, wahren Sein, zu dem es im Augenblick zwar keinen Zugang gibt, das aber dennoch eines Tages unfehlbar anheben wird, wenn irgend denn Leben noch sein soll.
«Aschenputtel» – das ist mithin ein oft langes Warten gegen alle Enttäuschung, das ist die Geschichte von einem unbeugsamen Stolz entgegen aller Erniedrigung, das ist ein zähes, geduldiges Hoffen wider alle äußere Entbehrung; «Aschenputtel» – das ist ein Leben in hundert Stunden unerhörter Einsamkeit, das ist ein unbemerktes Weinen unter der nach außen zur Schau getragenen Maske von Gehorsam, Folgsamkeit und womöglich von Frohsinn; das ist ein stummes Klagen in äußerem Schweigen – oder in äußerlicher Redseligkeit; «Aschenputtel» – das ist das brennende Gefühl eines unaussprechlichen chronischen Unrechts, das es zwar

jetzt zu durchleiden gilt, mit dem aber jemals sich einverstanden zu erklären ein Rest verbliebenen Wertgefühles sich ein für allemal weigert. «Aschenputtel» – das ist das Märchen von dem Mysterium des Menschen, der selbst dann noch an seine Größe glaubt, wenn man in einer Kette nicht endender Demütigungen ihm seinen «vermessentlichen Hochmut» mit schikanöser Gewalt auszutreiben sucht. «Aschenputtel» – das ist in der Sprache des Märchens ein Dokument für die noch unentdeckte Würde des Menschen im Unscheinbaren, eine Chiffre für das Nichtzerbrechen eines geheimen Adels, der seine eigene Herkunft nicht kennt und doch um so inständiger seine Zukunft ersehnt. «Aschenputtel» ereignet sich überall und immer wieder, wenn und wo Menschen nicht davon lassen, an die Berufung ihres Wesens trotz allem zu glauben.

Das «Aschenputtel»-Märchen auszulegen, bedeutet daher, Menschen den Mut zu schenken, an ihren kühnsten Erwartungen festzuhalten und auf den Wert und die Einmaligkeit ihres Lebens unverwandt zu bestehen; es bedeutet, an die Widerlegbarkeit der sogenannten «Realität» durch die wahrhaft «märchenhaften» Möglichkeiten des Daseins zu glauben; es bedeutet, immer wieder den äußeren Anschein der Unscheinbarkeit eines Menschen beiseite zu räumen und mitten im Weinen das beginnende Glück, mitten im Zerbrechen der Hoffnung das Reifen einer größeren Gestalt und mitten im vermeintlich Aussichtslosen die ersten Umrisse einer nur erst zu ahnenden Wahrheit zu erkennen. «Aschenputtel» – das ist als erstes das Märchen von dem Sieg der Schönheit über die Schande, des wahren Seins über den falschen Schein, des inneren Wesens über die Verfälschungen des Äußeren; «Aschenputtel» – das ist der nie noch zu Ende geträumte Traum von dem verborgenen Königtum in jedem Menschen.

Was Wunder also, daß das «Aschenputtel»-Motiv sich nicht nur größter Beliebtheit, sondern auch größter Verbreitung zumindest in Europa erfreut?[3] Welch einem Menschen in diesem Leben geschieht schon «recht»? Das Gefühl scheint irgendwie jeder zu kennen, mit der Fülle seiner Begabungen und Anlagen unter den gegebenen Verhältnissen seines Lebens zu kurz zu kommen und «eigentlich» zu etwas ganz anderem bestimmt zu sein, als in den Beengtheiten schon der Familiensituation der Kindertage sich hat verwirklichen können. Was aber ist die Alternative dazu?

Bekannt ist der «amerikanische Traum»: Du kannst alles werden, was Du willst, besagt er, wenn Du nur willst und an Dich glaubst. Du kannst, wie Rockefeller, vom Schuhputzer zum Millionär aufsteigen, wie Leon Spinks vom Prügelknaben der Slums zum gefeierten Profiboxer, vom Niemand in den Straßen New Yorks zum Präsidenten der Vereinigten Staaten – Du mußt nur wollen und unbeirrt an Deiner Karriere basteln. Gemessen an solchen Träumen der pragmatischen Äußerlichkeit weist das Aschenputtel-Märchen in all seinen Varianten einen charakteristischen Unterschied auf: es erzählt nicht von einem Aufstieg zu Ruhm, Geld und Macht durch zielstrebiges Handeln und berechnendes Auftreten, es schildert vielmehr den Durchbruch des wahren Ichs in all seiner Schönheit und Größe durch die bestätigende Entdeckung eines anderen Menschen. Gerade nicht der narzißtische Traum von der eigenen Unüberwindlichkeit oder Unwiderstehlichkeit spricht sich hier aus, sondern die ganze Schilderung des Märchens gilt einer zögernden, wartenden, mutigen Hoffnung auf die hellsichtige Liebe und Zuneigung eines anderen, der imstande ist, den Wert der eigenen Person wirklich zu begreifen. *Erwählung,* nicht Selbstdurchsetzung ist das Thema des «Aschenputtels». Da ist nichts zu «machen», wohl aber ist es möglich, all das zu werden, was man eigentlich ist; da gibt es nichts Äußeres zu gewinnen, wohl aber gilt es, die wahre Gestalt des eigenen Wesens erblühen zu lassen; da ist nichts zu erobern, wohl aber alles geschenkt zu erhalten. Das eigentliche Geschenk aber besteht in dem Wunder einer Verwandlung, die sichtbar werden läßt, was im Grunde immer schon war und nur unter der «Asche» verborgen lag.

Es geht, wie man sieht, um eine Erfahrung, die dicht heranreicht an den Raum des Religiösen.

Die älteste schriftlich fixierte Fassung des Aschenputtel-Motivs findet sich denn auch in der Bibel.[4] In 1 Sam 16,4–13 wird erzählt, wie der Prophet Samuel in Bethlehem ein Opfermahl abhält, zu dem er auch Isai und seine Söhne einlädt, um einen von ihnen auf Weisung Gottes zum König zu salben. Als erster erscheint Eliab – ein Mann von gutem Aussehen und hohem Wuchs, so daß selbst Samuel schon denkt, dies sei gewiß der König Gottes, sein Messias; doch der Herr ermahnt den Propheten, nicht auf das Äußere zu schauen. Ebenso geht es bei Abinadab, ebenso bei Samma – so geht es bei allen sieben Söhnen Isais. «Dann fragte Samuel den Isai: Sind das die Knaben alle? Er antwortete: Es fehlt noch der Jüngste; der hütet die Schafe. Samuel sprach zu Isai: Sende hin und laß ihn holen; denn wir werden uns nicht (zum Mahle) setzen, bis er da ist. Da sandte er hin und ließ ihn holen. Er war ein rotblonder Jüngling mit schönen Augen und von guter Gestalt. Und der Herr sprach: Auf! salbe ihn, er ist es!»[5]

Schon in dieser Erzählung wird der Gegensatz von Innen und Außen deutlich, und er wird als durchaus religiös verstanden: «Gott sieht nicht auf das, worauf der Mensch sieht. Der Mensch sieht auf den äußeren Schein, der Herr aber sieht auf das Herz» (1 Sam 16,7). Da wird die Fähigkeit, einem Menschen «ins Herz» zu sehen, als eine «göttliche» Sehweise gerühmt, die üben muß, wer etwas Rechtes in der menschlichen Geschichte bewirken will, und Samuel wäre kein «Prophet», wenn er nicht in einem verlausten und verachteten Hirtenjungen auf den Fluren Bethlehems (David) den kommenden König Israels zu erkennen vermöchte. Kein Zweifel: auch David ist schön – stets ist die Gestalt des «Aschenputtel» von erlesener Anmut und größtem Liebreiz, doch immer auch wird diese Schönheit erst sichtbar nach der Relativierung einer nur äußeren Betrachtungsweise. Zum «Aschenputtel» gehört als erstes die Geringachtung und Verachtung – es steht schon in der Geschwisterreihe ganz und gar im Schatten der anderen[6], der eigentlich Prädestinierten, der von Alter und Befähigung ihm überlegen Scheinenden, und doch ruht gerade auf ihm, dem Geringen, der Segen und das Glück der Erwählung.

Im *Alten Testament* malt sich in der Person *Davids* natürlich zugleich idealtypisch das Schicksal Israels selber, das von einem verachteten viehzüchtenden Nomadenvolk durch die Erwählung Gottes zu einem angesehenen Königsvolk aufsteigen wird. Im *Neuen Testament* wird *Maria* im «Magnificat» die «Tochter Sion» vertreten, die gemäß den Worten der Engelbotschaft in den Tagen der Endzeit den «Messias» gebiert, da Gott «hingesehen hat auf die Niedrigkeit seiner Magd» (Lk 1,46–55; Ps 113,6.7). Der «Herr, der den Niedrigen aus dem Staube erhebt», kollektiv wie individuell – das ist die *religiöse* Seite des Aschenputtelmotivs.[7]

Die Märchen, freilich, sind zunächst keine religiösen Dichtungen; ihre archetypischen Schemata jedenfalls sind älter als die spezifischen zeitgeschichtlichen Anwendungen, die eine bestimmte Theologie zur Deutung einzelner historischer Ereignisse von ihnen machen möchte. Gerade dadurch aber eignen sich Märchen wie die Geschichte vom «Aschenputtel» vortrefflich dazu, den Sinn bestimmter religiös gebundener Legenden und Sagen besser zu verstehen.[8] *«Gott hat dich erwählt»* – diese Sprache verstehen in unseren Tagen nur noch einige wenige Kirchengläubige, und verstehen diese wirklich etwas von der Freiheit und Kühnheit hinter den Erfahrungen einer besonderen «Fügung» und «Berufung» im Leben? Märchen, eben weil sie durch und durch profane Erzählungen sind, können uns helfen, die uralten religiösen Fragen noch einmal, vorurteilsfreier und unbelasteter, zu stellen.

«Wie begegne ich Gott?» – Diese Frage läßt für die meisten Menschen heute nur *eine* Antwort zu: «Von Gott kann ich doch nur wissen durch die Liebe eines anderen Menschen.» So ist es. Die Entdeckung S. FREUDS am Anfang dieses Jahrhunderts hat Geltung, daß alles Reden von Gott sich an der Liebe unter Menschen widerlegt oder bestätigt, indem es sich entweder als Projektion und Illusion erweist oder als Grund und Ermöglichung wahren Lebens.[9] Einen anderen Menschen mit den Augen Gottes zu sehen – dafür setzen die Märchen den Erfahrungsraum *der Liebe;* und sie hoffen und glauben, daß die Liebe dazu wirklich befähigt: in einer armseligen Dorfmagd eine Königin zu entdecken, in einem Lumpenmädchen eine strahlende Schönheit, in einem «Aschenputtel» die wunderbarste und die zauberhafteste Frau der Welt. Die ganze Frage des Märchens lautet daher nur: Wie kommt ein Mensch – nicht im allgemeinen, sondern – unter den bestimmten Umständen seiner Kindheit dazu, sich

als ein «Aschenputtel» zu fühlen, und welche Schritte sind nötig, um in und zu einer Liebe zu reifen, die sich heilend über die alten Verwundungen legt? An dieser Frage hängt religiös und menschlich alles.
Sehr zu Recht konnte deshalb MARTIN LUTHER in der Auslegung des *Magnificat* von 1521[10] eine Legende von drei Jungfrauen erzählen, «die vom Christkinde verschieden behandelt werden: ‹Aber die dritte, das arme Aschenprödlin, das nichts hat denn eitel mangel und ungemach... das ist die rechte braut.›»[11] Desgleichen hat der Straßburger Prediger GEILER VON KAISERSBERG (1445–1510) in seinen Ansprachen wiederholt das «Eschengrüdel» als Beispiel der Demut und Geduld ... angeführt[12], und er kannte auch eine Legende aus dem 5. Jahrhundert, die wesentliche Elemente des Aschenputtelmärchens verarbeitet: «In einem Wüstenkloster dient ein ‹Eschengrüdel› getreulich in der Küche. Aber die Nonnen spielen ihm übel mit; sie begießen es mit Wasser, schlagen es und schmieren ihm Senf in die Nase. Das wird offenbar, als ein Engel einen heiligmäßig lebenden alten Mann in das Kloster weist, um ihm ein Beispiel von Vollkommenheit vorzuführen. Alle Jungfrauen werden von ihm gerufen – aber das Mädchen, das ihm im Traum gezeigt worden ist, sieht er nicht. Und dann heißt es: Alle sind hier – ausgenommen eine Närrin in der Küche. Das Eschengrüdel wird geholt und erscheint mit verbundenem Kopf, offenbar will es nicht verraten, welch schönes Haar es hat.»[13]

Man lernt an solchen Beispielen nicht nur wie nebenbei etwas über das Alter des Aschenputtel-Motivs, sondern auch erneut etwas über die *religiöse* Dimension der Sehnsucht nach Anerkennung mitten in der Schande, nach Bestätigung inmitten einer feindseligen Welt, nach Belohnung für die Fülle erlittenen Unrechts – Wünsche, die dem Märchen wie der Legende gemeinsam sind. Entscheidend aber ist der Unterschied: die Legende verlagert den Schwerpunkt der Hoffnung in eine jenseitige, metaphysisch andere Welt, wohingegen das Märchen die Botschaft von der «anderen» Ebene der Realität psychologisch in den Erfahrungsraum irdischer Liebe zurückholt; das Märchen in seiner profanen Haltung vermag in gewissem Sinne an einen Gott nur zu glauben, der sich im Leben bestätigt, und es weigert sich, in eine Hoffnung einzustimmen, die einer vollständigen Resignation gegenüber dem irdischen Leben gleichkommen müßte. Die *Legende* vom Aschenputtel mit andern Worten tritt in ihr Recht, wenn sich das *Märchen* vom Aschenputtel an der Wirklichkeit der Umstände widerlegt finden sollte; bis dahin aber lehrt uns das Märchen, nicht zu früh zu verzagen und an die Liebe zu glauben – buchstäblich «im Himmel wie auf Erden».
Bei all dem gilt indessen die Annahme als Voraussetzung, daß die Aschenputtel-Erzählung als ein in sich selbständiges Märchen zu betrachten sei. Das aber ist durchaus nicht sicher; ja, manches spricht dafür, daß es sich bei der Geschichte vom Aschenputtel um eine Variante des Schlußteils des Märchens von *Einäuglein, Zweiäuglein, Dreiäuglein* (KHM 130; AT 511)[14] handelt[15]; lediglich das Motiv von dem *Schuh* scheint noch hinzugefügt worden zu sein – ein Sujet, das in der Antike bereits STRABO (17,1, S. 808)[16] überliefert: «Einer schönen Hetäre namens Rhodope wird von einem Adler der Schuh entführt und einem König überbracht, der gerade zu Gericht sitzt. Der König ist hingerissen, denn er schließt von der Form des Schuhs auf die Besitzerin, läßt sie überall suchen und findet sie auf Naukratis. Sie wird seine Frau. – Ein Erzähler, der diese Geschichte an das Märchen von der verfolgten Stieftochter anfügen will, die auf geheimnisvolle Weise den Beistand ihrer toten Mutter erhält, muß einerseits den König als Hauptgestalt aus dem Spiel nehmen, andererseits muß er der in Armut lebenden Märchengestalt zu kostbaren Kleidern und dem goldenen Schuh verhelfen. Der Baum auf dem Grab der Mutter wird zum Schatzspender.»[17]
Das angehängte Motiv von dem Erkennungszeichen des besonders kostbaren beziehungsweise des einzig «passenden» Schuhs wäre demnach für die Herauslösung der Aschenputtel-Erzählung aus der Geschichte vom «Einäuglein» (oder auch vom *«Erdkühlein»*[18]) verantwortlich; desgleichen müßte man das eigentümliche Zurücktreten der Vatergestalt mit derartigen Gegebenheiten der Überlieferungsgeschichte zu erklären suchen. Schließlich wäre auf diese Weise auch zu begründen, wieso die Schilderung von dem Beistand der Mutter, die

im «*Erdkühlein*» in Tiergestalt weiterlebt und die das Margaretlein, ihre Tochter, vor den Verfolgungen durch die Stiefmutter und Stiefschwester in Sicherheit bringt,[19] bis auf das Restmotiv von dem Baum, der aus der Toten wächst, gestrichen werden konnte: Die Begegnung zwischen dem Aschenputtel und dem Königssohn erlangte fortan das Hauptgewicht der Erzählung. Was aber folgt aus all dem?

Selten zeigt sich bei der Auslegung von Märchen so deutlich, daß Fragen nach der Herkunft eines bestimmten Motivs etwas ganz anderes sind als die Fragen nach dem Sinn und der Verwendung des jeweiligen Motivs in dem Aufbau einer bestimmten Erzählung. Die Kenntnis der verschiedenen Varianten eines Märchens kann dabei helfen, den Umfang eines einzelnen Motivs besser vor Augen zu stellen; auch schärft sich im Vergleich mit anderen Erzählvarianten der Blick für die Besonderheiten der jeweils vorliegenden Geschichte. Entscheidend aber ist, daß keine literarhistorische Analyse dahin gelangt, den organischen Aufbau einer Geschichte sowie die psychische Bedeutung seiner spezifischen Konflikte und Lösungswege nachzuzeichnen. Hier hilft allein die *tiefenpsychologische* Auslegungsmethode weiter.

Daß die Gestalt des Vaters, die in manchen Varianten des Aschenputtel-Märchens (zum Beispiel bei «Allerleirauh») überragend ist, in der Grimmschen Fassung (mitsamt ihren nächstverwandten Formen) so gut wie gänzlich zurücktritt, mag literarhistorisch mit einer Verlagerung des Erzählinteresses durch das angehängte Motiv von der Schuhprobe zusammenhängen; tiefenpsychologisch aber stellt sich die Frage, was ein Mädchen erlebt, das an der Seite eines ohnmächtigen Vaters schutzlos im Schatten einer übelwollenden Stiefmutter und zweier Stiefschwestern heranwächst.

Auch das Motiv von dem ohnmächtigen Vater begegnet durchaus eigenständig – so zum Beispiel in MADAME D'AULNOYS Geschichte *Der blaue Vogel*[20], wo die schöne *Florine* sich der Anschläge des häßlichen *Forellchen* zu erwehren hat; Florines Vater wird hier nach dem Tod seiner Gemahlin von einer Frau betrogen, die vorgibt, seinen Schmerz zu teilen durch die Trauer um ihren ebenfalls soeben erst verstorbenen Gatten. Die sonderbare Schwäche und Willenlosigkeit des Königs bietet in dieser Geschichte überhaupt erst die Voraussetzung für die ausgedehnten Machenschaften und Intrigen der Stiefmutter und Stiefschwester der armen Florine, die erst nach Jahren der Gefangenschaft als ein Lumpenweib im Echosaal ihres geliebten Königs *Liebwert,* nicht ohne die Hilfe eines mächtigen Zauberers und einer gütigen Fee, schließlich Erhörung findet.

Was geht in der Seele eines Mädchens vor sich, das sich von seinem Vater so offensichtlich im Stich gelassen fühlen muß? Was erlebt ein Kind, dem seine Mutter stirbt und dessen Leben fortan sich mehr um das Grab der Verstorbenen zusammenschließt als im Hause stiefmütterlicher Mißhandlungen heimisch zu werden? Wie begegnet es der Ungerechtigkeit, die ihm tagein tagaus zugunsten seiner anderen, ersichtlich unwürdigen und bösartigen Geschwister zugemutet wird? Das sind die Fragen jeder Aschenputtelgeschichte. Denn in diesem Dreieck: gespalten zwischen Mutter und Stiefmutter, unterdrückt und gequält von den eigenen (Stief-)Geschwistern und merkwürdig fremd und verloren gegenüber dem eigenen Vater, müssen wir versuchen, die Gestalt des Aschenputtels in der Grimmschen Fassung *psychologisch* nachzuzeichnen, indem wir beim (Wieder)Hören der Erzählung, die zu den bestbekannten der Kindertage gehört, uns immer wieder fragen, nicht: was das Märchen erzählt, sondern: was das Erzählte für die handelnde(n) Person(en) bedeutet[21], was in ihnen vor sich geht, wenn sie in gerade dieser Weise reden und handeln und symbolisch in den Gegenständen und Gegebenheiten sich aussprechen, in denen sie leben und mit denen sie umgehen. Immer wieder wird dabei die Frage sich stellen, wie man denn «Aschenputtel» in der «wirklichen» Welt finden oder wiederentdecken kann[22] und was solche Aschenputtel-Frauen und -Mädchen mit ihrem Schicksal zur Deutung des Märchens beitragen können.

Mit anderen Worten: Die Quellen eines Märchens zu kennen ist eines; ein anderes ist es, sich seiner Strömung zu überlassen. Das aber wollen wir im folgenden tun. Die Geschichte selbst lautet wie folgt:

Aschenputtel

Einem reichen Manne, dem wurde seine Frau krank, und als sie fühlte, daß ihr Ende herankam, rief sie ihr einziges Töchterlein zu sich ans Bett und sprach: «Liebes Kind, bleib fromm und gut, so wird dir der liebe Gott immer beistehen, und ich will vom Himmel auf dich herabblicken und will um dich sein.» Darauf tat sie die Augen zu und verschied. Das Mädchen ging jeden Tag hinaus zu dem Grabe der Mutter und weinte und blieb fromm und gut. Als der Winter kam, deckte der Schnee ein weißes Tüchlein auf das Grab, und als die Sonne im Frühjahr es wieder herabgezogen hatte, nahm sich der Mann eine andere Frau.

Die Frau hatte zwei Töchter mit ins Haus gebracht, die schön und weiß von Angesicht waren, aber garstig und schwarz von Herzen. Da ging eine schlimme Zeit für das arme Stiefkind an. «Soll die dumme Gans bei uns in der Stube sitzen!» sprachen sie. «Wer Brot essen will, muß es verdienen: hinaus mit der Küchenmagd.» Sie nahmen ihm seine schönen Kleider weg, zogen ihm einen grauen alten Kittel an und gaben ihm hölzerne Schuhe. «Seht einmal die stolze Prinzessin, wie sie geputzt ist!» riefen sie, lachten und führten es in die Küche. Da mußte es von Morgen bis Abend schwere Arbeit tun, früh vor Tag aufstehn, Wasser tragen, Feuer anmachen, kochen und waschen. Obendrein taten ihm die Schwestern alles ersinnliche Herzeleid an, verspotteten es und schütteten ihm die Erbsen und Linsen in die Asche, so daß es sitzen und sie wieder auslesen mußte. Abends, wenn es sich müde gearbeitet hatte, kam es in kein Bett, sondern mußte sich neben den Herd in die Asche legen. Und weil

es darum immer staubig und schmutzig aussah, nannten sie es Aschenputtel.
Es trug sich zu, daß der Vater einmal in die Messe ziehen wollte, da fragte er die beiden Stieftöchter, was er ihnen mitbringen sollte. «Schöne Kleider», sagte die eine, «Perlen und Edelsteine» die zweite. «Aber du, Aschenputtel», sprach er, «was willst du haben?» «Vater, das erste Reis, das Euch auf Eurem Heimweg an den Hut stößt, das brecht für mich ab.» Er kaufte nun für die beiden Stiefschwestern schöne Kleider, Perlen und Edelsteine, und auf dem Rückweg, als er durch einen grünen Busch ritt, streifte ihn ein Haselreis und stieß ihm den Hut ab. Da brach er das Reis ab und nahm es mit. Als er nach Haus kam, gab er den Stieftöchtern, was sie sich gewünscht hatten, und dem Aschenputtel gab er das Reis von dem Haselbusch. Aschenputtel dankte ihm, ging zu seiner Mutter Grab und pflanzte das Reis darauf und weinte so sehr, daß die Tränen darauf niederfielen und es begossen. Es wuchs aber und ward ein schöner Baum. Aschenputtel ging alle Tage dreimal darunter, weinte und betete, und allemal kam ein weißes Vöglein auf den Baum, und wenn es einen Wunsch aussprach, so warf ihm das Vöglein herab, was es sich gewünscht hatte.
Es begab sich aber, daß der König ein Fest anstellte, das drei Tage dauern sollte und wozu alle schönen Jungfrauen im Lande eingeladen wurden, damit sich sein Sohn eine Braut aussuchen möchte. Die zwei Stiefschwestern, als sie hörten, daß sie auch dabei erscheinen sollten, waren guter Dinge, riefen Aschenputtel und sprachen: «Kämm uns die Haare, bürste uns die Schuhe und mache uns die Schnallen fest, wir gehen zur Hochzeit auf des Königs Schloß.» Aschenputtel gehorchte, weinte aber, weil es auch gern zum Tanz mitgegangen wäre, und bat die Stiefmutter, sie möchte es ihm erlauben. «Du, Aschenputtel», sprach sie, «bist voll Staub und Schmutz und willst zur Hochzeit? Du hast keine Kleider und Schuhe und willst tanzen!» Als es aber mit Bitten anhielt, sprach sie endlich: «Da habe ich dir eine

Schüssel Linsen in die Asche geschüttet, wenn du die Linsen in zwei Stunden wieder ausgelesen hast, so sollst du mitgehen.» Das Mädchen ging durch die Hintertüre nach dem Garten und rief: «Ihr zahmen Täubchen, ihr Turteltäubchen, all ihr Vöglein unter dem Himmel, kommt und helft mir lesen,

die guten ins Töpfchen,
die schlechten ins Kröpfchen.»

Da kamen zum Küchenfenster zwei weiße Täubchen herein und danach die Turteltäubchen, und endlich schwirrten und schwärmten alle Vöglein unter dem Himmel herein und ließen sich um die Asche nieder. Und die Täubchen nickten mit den Köpfchen und fingen an pick, pick, pick, pick, und da fingen die übrigen auch an pick, pick, pick, pick und lasen alle guten Körnlein in die Schüssel. Kaum war eine Stunde herum, so waren sie schon fertig und flogen alle wieder hinaus. Da brachte das Mädchen die Schüssel der Stiefmutter, freute sich und glaubte, es düfte nun mit auf die Hochzeit gehen. Aber sie sprach: «Nein, Aschenputtel, du hast keine Kleider und kannst nicht tanzen: du wirst nur ausgelacht.» Als es nun weinte, sprach sie: «Wenn du mir zwei Schüsseln voll Linsen in einer Stunde aus der Asche rein lesen kannst, so sollst du mitgehen», und dachte: «Das kann es ja nimmermehr.» Als sie die zwei Schüsseln Linsen in die Asche geschüttet hatte, ging das Mädchen durch die Hintertüre nach dem Garten und rief: «Ihr zahmen Täubchen, ihr Turteltäubchen, all ihr Vöglein unter dem Himmel, kommt und helft mir lesen,

die guten ins Töpfchen,
die schlechten ins Kröpfchen.»

Da kamen zum Küchenfenster zwei weiße Täubchen herein und danach die Turteltäubchen, und endlich schwirrten und schwärmten alle Vöglein unter dem Himmel herein und ließen sich um die Asche nieder. Und die Täubchen nickten mit ihren Köpfchen und fingen an pick, pick, pick, pick, und da fingen die übrigen auch an pick, pick, pick, pick und lasen alle guten Körner in die Schüsseln. Und eh eine halbe Stunde herum war, waren sie schon fertig und flogen alle wieder hinaus. Da trug das Mädchen die Schüsseln zu der Stiefmutter, freute sich und glaubte, nun dürfte es mit auf die Hochzeit gehen. Aber sie sprach: «Es hilft dir alles nichts: du kommst nicht mit, denn du hast keine Kleider und kannst nicht tanzen; wir müßten uns deiner schämen.» Darauf kehrte sie ihm den Rücken zu und eilte mit ihren zwei stolzen Töchtern fort.

Als nun niemand mehr daheim war, ging Aschenputtel zu seiner Mutter Grab unter den Haselbaum und rief:

> *«Bäumchen, rüttel dich und schüttel dich,*
> *wirf Gold und Silber über mich.»*

Da warf ihm der Vogel ein golden und silbern Kleid herunter und mit Seide und Silber ausgestickte Pantoffeln. In aller Eile zog es das Kleid an und ging zur Hochzeit. Seine Schwestern aber und die Stiefmutter kannten es nicht und meinten, es müßte eine fremde Königstochter sein, so schön sah es in dem goldenen Kleide aus. An Aschenputtel dachten sie gar nicht und dachten, es säße daheim im Schmutz und suchte die Linsen aus der Asche. Der Königssohn kam ihm entgegen, nahm es bei der Hand und tanzte mit ihm. Er wollte auch mit sonst niemand tanzen, also daß er ihm die Hand nicht losließ, und wenn ein anderer kam, es aufzufordern, sprach er: «Das ist meine Tänzerin.»

Es tanzte, bis es Abend war, da wollte es nach Haus gehen. Der Königssohn aber sprach: «Ich gehe mit und begleite dich», denn er wollte sehen, wem das schöne Mädchen angehörte. Sie entwischte ihm aber und sprang in das Taubenhaus. Nun wartete der Königssohn, bis der Vater kam, und sagte ihm, das fremde Mädchen wär' in das Taubenhaus gesprungen. Der Alte dachte: «Sollte es Aschenputtel sein», und sie mußten ihm Axt und Hacken bringen, damit er das Taubenhaus entzweischlagen konnte; aber es war niemand darin. Und als sie ins Haus kamen, lag Aschenputtel in seinen schmutzigen Kleidern in der Asche, und ein trübes Öllämpchen brannte im Schornstein, denn Aschenputtel war geschwind aus dem Taubenhaus hinten herabgesprungen und war zu dem Haselbäumchen gelaufen: da hatte es die schönen Kleider abgezogen und aufs Grab gelegt, und der Vogel hatte sie wieder weggenommen, und dann hatte es sich in seinem grauen Kittelchen in die Küche zur Asche gesetzt.

Am andern Tag, als das Fest von neuem anhub und die Eltern und Stiefschwestern wieder fort waren, ging Aschenputtel zu dem Haselbaum und sprach:

«Bäumchen, rüttel dich und schüttel dich,
wirf Gold und Silber über mich.»

Da warf der Vogel ein noch viel stolzeres Kleid herab als am vorigen Tag. Und als es mit diesem Kleide auf der Hochzeit erschien, erstaunte jedermann über seine Schönheit. Der Königssohn aber hatte gewartet, bis es kam, nahm es gleich bei der Hand und tanzte nur allein mit ihm. Wenn die andern kamen und es aufforderten, sprach er: «Das ist meine Tänzerin.» Als es nun Abend war, wollte es fort, und der Königssohn ging ihm nach und wollte sehen, in welches Haus es ging: aber es sprang ihm fort und in den Garten hinter dem Haus. Darin stand ein schöner großer Baum, an dem die herrlichsten Birnen hingen, es kletterte so behend wie ein Eichhörnchen zwischen die Äste, und der Königssohn wußte nicht, wo es hingekommen war. Er wartete aber, bis der Vater kam, und sprach zu ihm: «Das fremde Mädchen ist mir entwischt, und ich glaube, es ist auf den Birnbaum gesprungen.» Der Vater dachte: «Sollte es Aschenputtel sein», ließ sich die Axt holen und hieb den Baum um, aber es war niemand darauf. Und als sie in die Küche kamen, lag Aschenputtel da in der Asche, wie sonst auch, denn es war auf der andern Seite vom Baum herabgesprungen, hatte dem Vogel auf dem Haselbäumchen die schönen Kleider wieder gebracht und sein graues Kittelchen angezogen.

Am dritten Tag, als die Eltern und Schwestern fort waren, ging Aschenputtel wieder zu seiner Mutter Grab und sprach zu dem Bäumchen:

«Bäumchen, rüttel dich und schüttel dich,
wirf Gold und Silber über mich.»

Nun warf ihm der Vogel ein Kleid herab, das war so prächtig und glänzend, wie es noch keins gehabt hatte, und die Pantoffeln waren ganz golden. Als es in dem Kleid zu der Hochzeit kam, wußten sie alle nicht, was sie vor Verwunderung sagen sollten. Der Königssohn tanzte ganz allein mit ihm, und wenn es einer aufforderte, sprach er: «Das ist meine Tänzerin.»

Als es nun Abend war, wollte Aschenputtel fort, und der Königssohn wollte es begleiten, aber es entsprang ihm so geschwind, daß er nicht folgen konnte. Der Königssohn hatte aber eine List gebraucht und hatte die ganze Treppe mit Pech bestreichen lassen: da war, als es hinabsprang, der linke Pantoffel des Mädchens hängengeblieben. Der Königssohn hob ihn auf, und er war klein und zierlich und ganz golden. Am nächsten Morgen ging er damit zu dem Mann und sagte zu ihm: «Keine andere soll meine Gemahlin werden als die, an deren Fuß dieser goldene Schuh paßt.» Da freuten sich die beiden Schwestern, denn sie hatten schöne Füße. Die Älteste ging mit dem Schuh in die Kammer und wollte ihn anprobieren, und die Mutter stand dabei. Aber sie konnte mit der großen Zehe nicht hineinkommen, und der Schuh war ihr zu klein, da reichte ihr die Mutter ein Messer und sprach: «Hau die Zehe ab: wann du Königin bist, so brauchst du nicht mehr zu Fuß zu gehen.» Das Mädchen hieb die Zehe ab, zwängte den Fuß in den Schuh, verbiß den Schmerz und ging heraus zum Königssohn. Da nahm er sie als seine Braut aufs Pferd und ritt mit ihr fort. Sie mußten aber an dem Grabe vorbei, da saßen die zwei Täubchen auf dem Haselbäumchen und riefen:

«Rucke di guck, rucke di guck,
Blut ist im Schuck (Schuh):
der Schuck ist zu klein,
die rechte Braut sitzt noch daheim.»

Da blickte er auf ihren Fuß und sah, wie das Blut herausquoll. Er wendete sein Pferd um, brachte die falsche Braut wieder nach Hause und sagte, das wäre nicht die rechte, die andere Schwester sollte den Schuh anziehen.

Da ging diese in die Kammer und kam mit den Zehen glücklich in den Schuh, aber die Ferse war zu groß. Da reichte ihr die Mutter ein Messer und sprach: «Hau ein Stück von der Ferse ab: wann du Königin bist, brauchst du nicht mehr zu Fuß zu gehen.» Das Mädchen hieb ein Stück von der Ferse ab, zwängte den Fuß in den Schuh, verbiß den Schmerz und ging heraus zum Königssohn. Da nahm er sie als seine Braut aufs Pferd und ritt mit ihr fort. Als sie an dem Haselbäumchen vorbeikamen, saßen die zwei Täubchen darauf und riefen:

«Rucke di guck, rucke di guck,
Blut ist im Schuck:
der Schuck ist zu klein,
die rechte Braut sitzt noch daheim.»

Er blickte nieder auf ihren Fuß und sah, wie das Blut aus dem Schuh quoll und an den weißen Strümpfen ganz rot heraufgestiegen war. Da wendete er sein Pferd und brachte die falsche Braut wieder nach Hause. «Das ist auch nicht die rechte», sprach er, «habt Ihr keine andere Tochter?» «Nein», sagte der Mann, «nur von meiner verstorbenen Frau ist noch ein kleines verbuttetes Aschenputtel da: das kann unmöglich die Braut sein.» Der Königssohn sprach, er sollte es heraufschicken, die Mutter aber antwortete: «Ach nein, das ist viel zu schmutzig, das darf sich nicht sehen lassen.» Er wollte es aber durchaus haben, und Aschenputtel mußte gerufen werden. Da wusch es sich erst Hände und Angesicht rein, ging dann hin und neigte sich vor dem Königssohn, der ihm den goldenen Schuh reichte. Dann setzte es sich auf einen Schemel, zog den Fuß aus dem schweren Holzschuh und steckte ihn in den Pantoffel, der war wie angegossen. Und als es sich in die Höhe richtete und der König ihm ins Gesicht sah, so erkannte er das schöne Mädchen, das mit ihm getanzt hatte, und rief: «Das ist die rechte Braut!» Die Stiefmutter und die beiden Schwestern erschraken und wurden bleich vor Ärger: er aber nahm Aschenputtel aufs Pferd und ritt mit ihm fort. Als sie an dem Haselbäumchen vorbeikamen, riefen die zwei weißen Täubchen:

«Rucke di guck, rucke di guck,
kein Blut im Schuck:
der Schuck ist nicht zu klein,
die rechte Braut, die führt er heim.»

Und als sie das gerufen hatten, kamen sie beide herabgeflogen und setzten sich dem Aschenputtel auf die Schultern, eine rechts, die andere links, und blieben da sitzen.

Als die Hochzeit mit dem Königssohn sollte gehalten werden, kamen die falschen Schwestern, wollten sich einschmeicheln und teil an seinem Glück nehmen. Als die Brautleute nun zur Kirche gingen, war die Älteste zur rechten, die Jüngste zur linken Seite: da pickten die Tauben einer jeden das eine Auge aus. Hernach, als sie herausgingen, war die Älteste zur linken und die Jüngste zur rechten: da pickten die Tauben einer jeden das andere Auge aus. Und waren sie also für ihre Bosheit und Falschheit mit Blindheit auf ihr Lebtag gestraft.

Tiefenpsychologische Deutung

1. Der Tod der Mutter

a) Im Schatten der Angst

Was ist es eigentlich, daß manch eine Frau (manch ein Mann) die Geschichte vom Aschenputtel nur zu hören braucht, und es treten ihr (treten ihm) wie in Kindertagen Tränen in die Augen? Eine alte schwermütige Erinnerung wird hier wach an eine ungelebte Jugend, verbracht im Schatten eines nie verwundenen Schmerzes und inmitten einer Heimatlosigkeit, die nur im Raum einer größeren Liebe sich nach Hause zurückgetraut. Wie stets bei der Deutung von Märchen, braucht man nur die einleitenden Angaben der Erzählung so zu lesen wie die Bedingungen der Biographie eines nahestehenden Menschen, und man wird von den ersten Sätzen der Grimmschen Erzählung an in den Bann einer sich anbahnenden Tragödie gezogen; freilich gilt es, wie in einem gut inszenierten Drama, sich nicht allein zu fragen, was da wohl geschieht, sondern wie «das», was da geschieht, auf die Seele der betreffenden Personen zurückwirkt. Die Innenseite der Ereignisse, nicht die Ebene der äußeren Tatsachen ist ausschlaggebend, um ein Märchen zu verstehen – um *einen Menschen* zu verstehen. Insbesondere gilt das für ein Märchen wie die Geschichte vom «Aschenputtel», bei dem der Kontrast zwischen Innen und Außen den Kernkonflikt der gesamten Erzählung ausmacht.

«Einem reichen Manne wurde seine Frau krank...» Rückübersetzt in die Sprache einer «realen» Kindheitserinnerung, klingt eine solche Mitteilung im Leben vieler «Aschenputtel»-Menschen etwa so: «Sie müssen sich vorstellen, wie das in meinem Leben gewirkt hat: Reichtum ohne Mütterlichkeit! Äußerlich hatte ich als Kind alles – eine Puppenstube mit elektrischem Licht, Stofftiere von einem halben Meter Größe, ein Aquarium mit Zwergschildkröten, einen Schachcomputer, den ich zum 6. Geburtstag bekam – ich erhielt alles, was ich wollte, und noch weit eher, als ich es überhaupt wollen konnte; doch alles diente nur dazu, mich von dem einen wirklichen Wunsch abzulenken: ich hätte eine wirkliche Mutter gebraucht!»

Für die Entstehung des Aschenputtel-Gefühls stellt im Sinne des Grimmschen Märchens ein solcher Gegensatz zwischen materiellem Reichtum und seelischer Armut offenbar so etwas wie eine unerläßliche Anfangsbedingung dar, und man tut gut daran, zum Verständnis des Grundmotivs der Erzählung sich eine Reihe von realen Situationen einmal so genau wie möglich vorzustellen. Nehmen wir an, ein Mann unterhält ein gutgehendes Geschäft; mit viel Arbeit und Anstrengung gelingt es ihm, für sich und seine Familie einen gewissen Wohlstand zu erwirtschaften; auch die Frau hilft, so gut sie kann, hinter der Ladentheke aus; die übrige Zeit aber verbringt sie gemeinsam mit ihrer Tochter, die gerade erst fünf oder acht Jahre alt ist, jedenfalls noch nicht alt genug, um bereits nach jungen Männern Ausschau zu halten, und doch schon alt genug, um in etwa zu begreifen, was rings um sie her vor sich geht; insbesondere, so nehmen wir an, wird sie sehr gut verstehen, welch ein Gegensatz besteht zwischen der «starken», «überlebenden» Welt des väterlichen «Reichtums» und der kränkelnden Welt der mütterlichen Liebe.

«Mein Vater», wird ein Mädchen, das so aufwachsen mußte, später, als Frau wohl aus seiner Kindheit berichten, «schenkte mir, damals, in meiner Kindheit, äußerlich gesehen, alles, aber er war nie für mich da. – ‹Das mußt Du verstehen›, sagte meine Mutter, ‹er hat so viel zu tun, und er tut alles nur für uns.› Natürlich verstand ich es; aber ich verstand auch die Einsamkeit meiner Mutter: im Grunde hatte *ich* keinen Vater, und *meine Mutter* hatte keinen Mann, so war es; wir hatten einen ‹Ernährer› der Familie; in dieser Rolle mochte er tüchtig sein, doch als Person, als Mensch, war er nicht auffindbar; da versteckte er sich hinter dem Wall seiner Vorwände, daß er halt seine Pflicht tue, daß die Zeiten jetzt härter geworden seien, daß er es nur gut mit uns meine – wir wußten nur zu gut, daß wir einem Mann, der ohnedies 14 Stunden am Tag arbeitete, nicht noch mit unseren eigenen Problemen kommen konnten. Um so mehr hielt ich mich an meine Mutter. Sie muß in jungen Jahren so etwas wie mein guter Engel für mich gewesen sein; sie war mein ein und alles.» – *«Haus ohne Hüter»* nannte HEINRICH BÖLL in einem seiner frühen Romane diese Situation, die Millionen Deutsche nach dem Krieg betraf.[1] Ganz entsprechend wird man die Ausgangssituation der Familiengeschichte eines «Aschenputtels» sich auszumalen haben; denn nur so versteht man von Anfang an *drei Momente,* die zur Charakterisierung der Aschenputtelgestalt in dem Grimmschen Märchen später ganz entscheidend sein werden:

Zum ersten: die ausgesprochen neutrale, verhaltene, wie abwesend wirkende Anwesenheit des Vaters. Was soeben noch als ein bloßes Moment der Literargeschichte erschien: das Motiv der *Ohnmacht* des Vaters in einer Vielzahl von Überlieferungsvarianten des Märchens, gewinnt jetzt, tiefenpsychologisch betrachtet, seine innere Bedeutung und Zuordnung. Noch ist durchaus nicht klar, wie die Beziehungslosigkeit zwischen Tochter und Vater sich später auswirken wird, doch daß sie besteht, ist offenbar als eine Grundtatsache im Leben eines «Aschenputtels» anzusehen.

Zum zweiten: Je weiter entfernt der Vater von dem heranwachsenden Mädchen, dem späteren «Aschenputtel», erlebt wird, desto inniger festigt sich die Beziehung des Kindes zu seiner Mutter; was im Leben eines etwa 5–6jährigen Mädchens sonst als normal gelten muß: daß es die Bindungen an seine Mutter lockert und sich wesentlich im Gegenüber seines Vaters (oder dessen Ersatzgestalt) neu zu definieren sucht[2], das gerade ist ein Entwicklungsschritt, der im Leben eines «Aschenputtels», wenn man der Grimmschen Darstellung Vertrauen schenken darf, gerade nicht zustande kommt. Zu dem Werdegang eines Aschenputtel-Mädchens gehört allem Anschein nach die enge, nie wirklich aufgelöste Gebundenheit an seine Mutter, und man versteht auch warum: es existiert kein Vater, der die verlängerte Dualunion von Mutter und Tochter auflösen könnte; ja, die Ferne und Unerreichbarkeit des Vaters verstärkt sogar noch die Intensität dieser Beziehung.

Dies vor Augen, läßt sich *zum dritten* ermessen, welch einen Schock im Leben eines werdenden Aschenputtels *der Tod der Mutter* auslösen muß. Es ist dies der Punkt, an dem das Verständnis einer Aschenputtelbiographie zentral beginnt und an dem folglich auch die Interpretation des Aschenputtel-Märchens wesentlich einsetzen muß; so viel läßt sich dabei indessen vorweg schon sagen: es handelt sich bei dem Erleben des (möglichen oder wirklichen) Todes der Mutter um ein Ereignis, das die Persönlichkeit eines Aschenputtels auf das nachhaltigste beeinflussen wird.

Es gibt, jetzt schon gesagt, im übrigen noch *ein viertes Moment,* das jedoch erst später an Bedeutung gewinnen wird: das ist das Motiv des «einzigen Töchterleins»; hier, am Anfang, genügt es indessen, die Beziehung zwischen Mutter und Tochter als ein einzigartiges, durch andere Geschwister (noch) nicht gestörtes oder verformtes Verhältnis zu betrachten. Sehen wir also zu.

Was geschieht, so lautet entsprechend der Einleitung der Grimmschen Erzählung die Kernfrage, wenn einem Kind – unter den genannten Voraussetzungen – die Mutter stirbt?

Es zählt zu der eigenartigen Genauigkeit des Grimmschen Märchens, daß es den Tod der Mutter keinesfalls als einen jähen Unfall, als ein unvorhersehbares Unglück, sondern als einen im Grunde wohlvorbereiteten Abschied darstellt. Immer wieder bei der Auslegung von

Märchen oder märchennahen Erzählungen gilt die Regel der *«Zeitzerdehnung»*[3]: Was Erzählungen dieser Art als eine Momentaufnahme abbilden, ist am besten zu verstehen als ein Prozeß, der im wirklichen Leben Jahre in Anspruch nehmen kann. Mit anderen Worten: es ist davon auszugehen, daß Aschenputtels Mutter nicht an einem bestimmten Tage krank wird und bald danach stirbt, sondern daß Krankheit und Todesdrohung das Grundgefühl eines «Aschenputtels» über viele Jahre seiner Kindheit bestimmen, mit all der Widersprüchlichkeit der Gefühle, die sich daraus ergibt.
Ein Kind, das taugaus, tagein erleben muß, wie wenig «zuverlässig», wie stets gefährdet das Leben seiner Mutter ist, auf die es sich doch ganz und gar, auf Heil oder Unheil, angewiesen fühlt, hat im Grunde nur zwei Möglichkeiten, um mit seiner Todesangst umzugehen: es kann aktiv, das heißt «aggressiv» versuchen, seine Mutter gewissermaßen mit Macht in das immer mehr schon entschwindende Leben zurückzuzwingen, oder es kann versuchen, sich so «leicht» und anspruchslos wie möglich zu machen, damit die Mutter vielleicht doch noch zu Kräften gelangt. Beide Verhaltensweisen scheinen sich logisch auszuschließen, gleichwohl durchdringen und bedingen sie psychologisch oft genug einander.
Die erste Möglichkeit ist seelisch so tief verankert, daß sie bereits in der *Verhaltenspsychologie*[4] höher entwickelter Tiere sich beobachten läßt. Vor einiger Zeit zeigte das Deutsche Fernsehen eine Tiertragödie: Eine Schimpansenmutter hatte in relativ hohem Alter noch ein Baby zur Welt gebracht, das sie, entkräftet wie sie war, kaum noch großziehen konnte. Das Kleine war etwa anderthalb Jahre alt, als die Mutter ernstlich erkrankte und sichtbar schwächer wurde. Instinktiv spürte das Jungtier die drohende Gefahr und klammerte sich in seiner Angst nur um so heftiger an die ohnedies bereits überforderte Mutter. In der Absicht, wenigstens hin und wieder noch ein Lebenszeichen von der oft schon wie reglos Daliegenden zu erhalten, konnte es auf die Mutter regelrecht losprügeln, sie beißen oder hin und her zerren. Längst wäre es imstande gewesen, sich im großen und ganzen selbst zu versorgen; paradoxerweise aber hatte gerade die Angst um die Mutter seine eigene Verselbständigung weitgehend verhindert. Immer noch wollte es von ihr wie ein Kleinkind getragen werden, und trotzig bestand es auf Lebensansprüche, denen es eigentlich längst schon hätte entwachsen sein müssen. Statt der kranken Mutter zu helfen, agierte es voller Verzweiflung eine nie beruhigte Säuglingsangst aus, von der es nicht loskam, da sie an der rasch sich verschlechternden Wirklichkeit stets nur noch sich steigern, niemals beruhigen konnte. Schließlich starb die Schimpansin wirklich, und man sah das Kleine daneben hocken, unfähig, auch nur einen Schritt selber zu tun. – Es ist klar, daß ein «Aschenputtel» sich genau entgegengesetzt zu diesem Schimpansenjungen verhalten wird.
Allem Anschein nach beginnt die Geschichte eines «Aschenputtels» in einem Alter, da es eine gewisse Selbständigkeit und Verantwortung für die Mutter bereits gelernt hat: wäre das Schimpansenjunge zum Beispiel von der Todesangst um seine Mutter in einer späteren Phase seiner Entwicklung, relativ selbständig also, heimgesucht worden, so hätte in dem Erleben der mütterlichen Schwäche und Krankheit durchaus eine starke Schubkraft nach vorn, in Richtung weiterer Loslösung liegen können; so aber kam die Angst zu früh und drückte die gesamte seelische Entwicklung des Tierkindes gewissermaßen nach rückwärts – in den Schoß seiner Mutter zurück. Aus dem «normalen» Verhalten fragender Neugier und wachsender Eroberungslust wurde ein hilfloses Sich-Anklammern und Herumzerren. Von daher könnte man meinen, daß der Angstschock, der ein Kind in die Richtung eines «Aschenputtels» dränge, erst zu einem ziemlich späten Stadium seiner Entwicklung einsetze – wenn eben das Mädchen bereits gelernt habe, sich auf die Bedürfnisse seiner Mutter einzustellen. Natürlich ist so etwas möglich. In aller Regel aber beginnt die Geschichte eines «Aschenputtels» sehr viel früher, vom ersten Tag seines Lebens an, das heißt eigentlich schon vor seiner Geburt; es kommt, um diese Möglichkeit zu verstehen, lediglich darauf an, die bisher aufgeführten Einzelmomente der Biographie eines «Aschenputtels» *im Zusammenhang* zu sehen. *Zum Beispiel* so, daß *der väterliche «Reichtum»*, zumindest aus der Sicht des Kindes, in direktem Zusammenhang zu der «Krankheit» der Mutter steht.

Nehmen wir an, da ist ein Mädchen, das sehr früh begreift, daß alles Leid der Mutter im Grunde aus dem Verhalten des Vaters erwächst: wäre *er* nicht so weit «weggerückt», ließe *er* die Mutter nicht so allein, stünde *er* ihr kräftiger zur Seite, so wäre *sie* nicht derart erschöpft und hilflos, so ersichtlich überanstrengt und am Ende ihrer Kräfte, so aufgerieben und ausgezehrt an gutem Willen wie an Lebensenergie. Ein Kind, das unter solchen Erlebnissen aufwächst, wird recht widerstreitenden Gefühlen ausgeliefert sein. Der eigene Vater hat die Mutter im Stich gelassen – daran scheint kein Zweifel; und doch erklärt die Mutter immer wieder, daß es sich so gerade nicht verhalte; der Vater vielmehr sei, jedenfalls ihren Worten nach, treusorgend, wohlmeinend und gut; ja, man könne ihm nur dankbar sein für all das, was er tue. Zwar ist der Vater augenscheinlich nur sehr selten zu Hause, doch gerade darin muß man, erneut nach mütterlicher Erklärung, wider alles Erwarten offenbar ein besonders hohes Maß an Aufopferungsbereitschaft und sorgenvoller Verantwortung erkennen. Wie auch immer: in einer solchen Familie spürt ein heranwachsendes Mädchen sehr bald, welch eine überragende Rolle der *abwesende* Vater im Leben der Mutter spielt, gerade weil er ihr *fehlt.* Die vermeintliche Ohnmacht des Vaters im Erleben eines «Aschenputtels» ist unter diesen Umständen identisch mit dem Gefühl einer völligen Auslieferung an die faktische *Allmacht* des Vaters. Und jetzt: Ein Mann, dessen bloße Gegenwart bereits imstande wäre, die Existenzangst der Mutter zu beruhigen, muß in der Sicht des Kindes mit übermenschlichen magischen Kräften ausgestattet sein – dies um so mehr, als die objektive Unbekanntheit des Vaters einen Spielraum für beliebig viele Projektionen der Erwartung und der Angst auf seiten der heranwachsenden Tochter zuläßt. Der Vater, so weiß ein «Aschenputtel», vermöchte, wenn er nur wollte oder Gelegenheit dazu fände, sehr leicht die Mutter zu trösten, zu entlasten, zu heilen, ja, vor dem Tode zu retten; doch der geheime Vorwurf des Mädchens, daß der Vater all das nicht tut, *obwohl* er es könnte, muß jäh verstummen, wenn die Mutter beteuert, es bedeute mitnichten des Vaters Gleichgültigkeit, es zeige vielmehr des Vaters *Verantwortung,* wenn er sich für die Familie derart einsetze, daß er seiner krank daniederliegenden Gattin beim besten Willen nicht aufhelfen könne.

Ein Mädchen in solcher Situation lernt gleich dreierlei auf einmal.

Als erstes: Es hat kein Recht, seine eigenen oder auch nur seiner Mutter Gefühle gegenüber dem Vater als besonders wichtig zu nehmen; die sachlichen Gegebenheiten, die realen Zwänge, die Umstände der väterlichen Welt sind unabänderlich so, wie sie sind, und sie sind von einer Art, die auf die persönlichen Bedürfnisse einer Frau, ob jung oder alt, keine Rücksicht nehmen kann – keine Rücksicht nehmen *darf.* Der (materielle) «Reichtum» des Vaters, man versteht wohl, verwandelt sich unter diesen Umständen in die (emotionale) Armut und Armseligkeit der Mutter; der «Aufopferung» des einen entspricht die Opferung der anderen, doch es gibt gegenüber einem solchen Arrangement wechselseitiger Gefühlszerstörung allem Anschein nach keinen wirksamen Einwand. Die Macht der Verhältnisse läßt es anders nicht zu, als es ist – gegen die Evidenz dieses Tatbestandes ist nicht anzukommen.

Schaut man genau hin, so führt allein diese Konstellation bereits im Erleben eines heranwachsenden Mädchens zu einer sonderbaren Brechung aller Gefühle, die dem Vater gelten. Am wichtigsten davon: seine Gestalt verdoppelt sich! Sie spaltet sich in *eine Retterfigur,* die an sich schon imstande wäre, die mütterliche wie die eigene Sehnsucht nach Halt und Geborgenheit zu befriedigen, und in *eine ganz andere,* real erfahrene Persönlichkeit, der gegenüber eine Haltung nicht der Hoffnung und der Freude, sondern der Unterwerfung und des pünktlichen Gehorsams einzunehmen ist – wir werden noch sehen, wie sehr in dieser ursprünglichen Spaltung des Vaterbildes der Grund liegt für das sonderbare Verhalten, das «Aschenputtel» dem Partner seiner Liebe später entgegenbringen wird, den es als «König» ersehnt und als Partner doch zugleich flieht, den es herbeiwünscht und vermeidet, indem es ihn zugleich mit einem Höchstmaß an Erwartung wie an Angst überzieht.

An dieser Stelle noch wichtiger ist dabei für uns die notwendige *Verdrängung der aggressiven Gefühlsregungen* gegenüber dem Vater. Es ist nicht nur, daß es angesichts der «wirklichen» Lage keinen Zweck hat, die eigenen Lebensansprüche geltend zu machen, es kommt vor allem darauf an, die im Grunde recht große Enttäuschungsaggression gegen den stets abwesenden, obwohl an sich «reichen» Vater zu unterdrücken. Man wäre ein «böses», man wäre ein «undankbares», man wäre ein geradezu «gottloses» Kind, wollte man dem ganz normalen Unmut und Ärger gegenüber dem Vater einmal Luft machen und offen erklären, man sei es leid, einen Mann zu verehren und hochzuschätzen, der sich auf so kümmerliche Weise um die Anliegen seiner Frau und seiner Tochter bekümmere. Ein Mädchen, das so denken wollte, würde sehr bald auf den Einspruch seiner Mutter stoßen, die ihren Mann wirklich liebt (oder vorgibt zu lieben) und ihn in jedem Falle wie einen Retter für ihr allzu bedrohtes Leben zu brauchen meint. Die entscheidende Verbindung zwischen Tochter und Mutter würde sofort gefährdet, wenn die Tochter zu einer offenen Revolte gegen die alles überschattende Autorität des (abwesenden!) Vaters aufrufen würde.

Denn da ist *zum zweiten* die enge Bindung des «Aschenputtels» an die kranke, vom Tode bedrohte Mutter! Auch diese Beziehung ist ambivalent, und zwar noch stärker als die Beziehung zum Vater, ist doch die Mutter, weit mehr noch als der Vater, die innere Mitte im Leben eines Mädchens, das unter solchen Bedingungen aufwachsen muß. Angewiesen auf eine Mutter zu sein, deren Kräfte eigentlich längst nicht mehr ausreichen, ein Kind durch das Leben zu tragen – das bedeutet immer wieder zweierlei gleichzeitig: Es bedeutet, sich voller Angst an die Mutter anklammern zu *wollen* und im selben Moment doch zu *wissen* und zu *spüren,* daß man gerade das weder kann noch darf. Anders, ganz anders als jenes Schimpansenjunge, fühlt ein «Aschenputtel» instinktiv, daß es sich der ohnehin schon schwer an sich selbst tragenden Mutter nicht noch zusätzlich «schwer» und geradezu unerträglich machen darf. Im Gegenteil hat es die Pflicht, um die Mutter zu schonen, sich so *leicht* wie nur möglich zu machen: Es muß lernen, die Gefühle der Mutter zu erraten, noch ehe sie ausgesprochen werden; es hat bestrebt zu sein, so leise, so rücksichtsvoll, so unscheinbar, so wenig zudringlich gegenüber der Mutter sich zu verhalten, wie es nur irgend geht; vor allem: es muß alles daran setzen, statt sich selbst als ein – sagen wir – achtjähriges Mädchen auf die Mutter zu stützen, gerade umgekehrt die Stütze der Mutter zu werden. *Denn:* es muß um alles in der Welt verhindern, daß die Mutter stirbt!

Man kann sich die Dramatik des Erlebens einer Kindheit und Jugendzeit im Schatten der ständigen Drohung einer sterbenden Mutter schwerlich angstbesetzt und zerrissen genug vorstellen. Jederzeit ja könnte das Unerhörte geschehen – und alles wäre zu Ende! Der letzte verbliebene, der einzige je vorhandene Halt bräche dann weg! Und man selber womöglich trüge die Schuld daran! Man wäre zu vorlaut gewesen. Man hätte zu frech die eigenen Wünsche geäußert. Man hätte vielleicht sogar gewagt, einmal Kritik an der Mutter zu äußern und ihre ständige Traurigkeit als lästig und oft sogar unerträglich zu bemäkeln. All das könnte mittelbar oder unmittelbar beitragen zu dem vorzeitigen, jedenfalls jederzeit möglichen Sterben der Mutter. Eine winzige Äusserung des Aufbegehrens und des Unmutes könnte genügen, die Mutter ums Leben zu bringen und damit die eigene Tochter zu einer Mörderin zu machen.

Anders ausgedrückt: um die Mutter, von der man doch selbst lebt, am Leben zu halten, muß sich das eigene Leben in ein ständiges Sterben verformen, ganz so, wie das Leben der Mutter in den Augen der Tochter sich darstellen wird. Da opfert der Vater sich für die Familie, die Mutter für den Vater und die Tochter für die Mutter, und niemand ist imstande, in den Fesseln einer solchen wechselseitigen Opfer-Abhängigkeit selber zu leben.[5] Insbesondere ein Mädchen von der Art eines «Aschenputtels» wird sehr bald schon lernen, daß es nicht anerkannt wird für seine frei sich entfaltenden Wünsche und Neigungen, sondern ganz im Gegenteil: für seine Verzichtleistungen, für seine Opfer und für die mannigfachen Formen seiner Selbstunterdrückung. Das Bild einer Mutter, die in dieser Weise auf ihre Tochter wirkt, kann nur äußerst widersprüchlich sich gestalten.

Da steht auf der einen Seite eine Mutter, die es nur gut mit ihrer Tochter meint und die zweifellos allein schon aufgrund ihrer eigenen Anspruchslosigkeit und treusorgenden Hilfsbereitschaft aller Liebe und Achtung wert ist. Dieser Mutter gegenüber, die trotz allem ersichtlich leidet und krank ist, empfindet die Tochter ihrerseits Mitleid und Zuneigung – es wäre gar nicht möglich, an diese Mutter gebunden zu bleiben, ohne sie nicht irgendwo auch von Herzen zu lieben. Doch auf der anderen Seite läßt es sich nicht vermeiden, daß dieselbe Mutter durch ihre ständige Todesnähe wie eine permanente Belastung wirkt, die man eigentlich abschütteln möchte – ein ganz normaler Wunsch! Welch ein Kind etwa möchte nicht einfach einmal unbeschwert draußen spielen können? Doch darf man das, solange die eigene Mutter zu Hause sich derart am Rande fühlt? Weit besser ist es unter solchen Umständen, der Mutter zu *helfen.* Doch eine Mutter, die so sehr das eigene Leben verhindert, kann man nicht nur liebhaben. Selbst gegenüber dieser so guten und liebenswerten Mutter regen sich mithin von Zeit zu Zeit Gefühle der Ablehnung, der Gleichgültigkeit, ja, des geheimen Todeswunsches: wenn man die Mutter mit ihrer dauernden Todesdrohung einmal los wäre! Kaum gefühlt oder gedacht aber, bildet dieser «Wunsch», diese auch nur angedeutete Phantasie vom Tod der Mutter eine Quelle nicht endender Schuldgefühle: Der eigenen Mutter den Tod zu wünschen – das kann doch nur eine Mörderin! Und um diesem schlimmsten aller Schuldgefühle auszuweichen, wird eine neuerliche Flucht in Richtung wachsender Hilfsbereitschaft, Verantwortung und Selbstaufopferung einsetzen, so daß ein «Aschenputtel» von Tochter sich schließlich in einem vollendeten Dilemma befindet: Es ist nach außen hin die Güte, Verständnisbereitschaft, Rücksichtnahme und Bescheidenheit selber, und doch, so echt und glaubwürdig all diese Verhaltensweisen auch sein mögen, so wenig können sie doch im Inneren eines «Aschenputtels» das Gefühl einer nicht wiedergutzumachenden Schuld beruhigen oder besänftigen. Gerade ein solches Kind, dem man eigentlich alles Lob und alle Anerkennung für seine stets überforderte Verantwortungsbereitschaft wünschen möchte, empfindet sich, rätselhafterweise zumeist für alle Umstehenden, als durch und durch schuldig und verderbt. Es selber weiß vermutlich nicht, wofür, und doch weiß es genau, daß es niemals «brav» und angepaßt genug leben kann. Es muß demnach das Ja zu seinen Wünschen genau so verdrängen wie das Nein zu den Überforderungen seiner selber überforderten Mutter; es tut sich infolgedessen äußerst schwer, auf etwas von sich her zuzugehen, und es tut sich gewiß noch viel schwerer, sich von etwas abzugrenzen; es darf, anders gesagt, kein eigenes Leben führen, denn es kann und darf nicht leben auf Kosten seiner Mutter, die selber ständig vom Tode gezeichnet ist. Ein Kind, das so aufwachsen muß, kann nicht leben und es kann nicht sterben, ganz so wie seine Mutter weder leben noch sterben kann. Das Ergebnis ist ein Leben voll guten Willens, das doch ständig erfüllt ist mit Selbstanklagen; objektiv erscheint es gewiß untadelig und über die Maßen sensibel, subjektiv aber ist es erfüllt mit Selbstablehnung und Schuldgefühlen; in den Augen eines außenstehenden Beobachters mag es sich womöglich hilfreich und gut darstellen, für sich selber indessen ist es stets der Empfindung ausgeliefert, als «lästig» zurückgewiesen werden zu müssen.

Nüchtern betrachtet, ist klar, daß sich in all dem das ursprüngliche Gefühl, die eigene Mutter selber trotz und mit all ihrer Fürsorge als ausgesprochen *lästig* zu empfinden, lediglich in den eigenen Gefühlen der Tochter sich selbst gegenüber umkehrt und verinnerlicht: aus den Vorwürfen gegen den abwesenden, gegen den zumindest wenig hilfreichen Vater werden irgendwann Vorwürfe gegen die sterbende Mutter, und da beiderlei Vorwürfe erkennbar «ungerecht» sind, werden daraus schließlich Vorwürfe gegen sich selbst.

Das Schlimme an dieser Konstellation einer beginnenden Aschenputtel-Biographie liegt vor allem in der *Unfähigkeit zu einer offenen Aussprache* begründet. Ein Aschenputtel begreift im Schatten seiner sterbenden Mutter sehr wohl, daß es ganz unmöglich ist, irgend etwas von seinen wahren Gefühlen: von seinen Ängsten, Sehnsüchten, Enttäuschungen, Aggressionen, Schuldgefühlen und Wiedergutmachungstendenzen seiner Mutter mitzuteilen – es darf die ohnedies schon über Gebühr belastete Mutter weder mit seinen Wünschen noch mit gewissen Formen von Vorwurf und Kritik belasten. Wenn je die Definition S. FREUDS Gültigkeit besitzt, «Verdrängung» psychischen Materials bestehe in dem «Entzug der Wortvorstellung»[6], so wird man gerade in der Geschichte eines «Aschenputtels» den völligen Ausfall an gefühlsnahen, konflikthaften *Gesprächen* als eine schon sehr frühe moralische Pflicht der Rücksichtnahme gegenüber der Mutter (und dem Vater) sich verfestigen sehen. «Nur keine Konflikte», «nicht schon wieder diese Probleme», «nur nicht immer wieder diese miesen Gefühle – ich will sie überhaupt nicht» – nach dieser Devise wird das Leben vieler Aschenputtel-Mädchen auch als Frauen später im Umkreis der eigenen Ehe und Familie ablaufen. «Ich verstehe mich selbst nicht; woher kommt denn das nur», klagte eine Frau, die mitten im Lachen in einer scheinbar munteren Geburtstagsparty plötzlich zu weinen anfing; eine kleine Erinnerung, wie einsam sie seit Kindertagen sich gefühlt hatte, war Anlaß genug gewesen, um die neckische Heiterkeit ihrer Gäste als eine unerträgliche Zumutung zu erleben. «Was mir wichtig ist, will ja doch niemand hören», sagte sie später zur Erklärung. In der Tat: so war es mehr als 40 Jahre lang in ihrem Leben gewesen.

Das erste, was ein «Aschenputtel» daher tun müßte, um seine Lage zu ändern, bestünde darin, sich und anderen gegenüber gewisse Konflikte einzugestehen. Doch genau das ist im Leben eines «Aschenputtels» seit Kindertagen unmöglich. Der Grund dafür liegt, wie wir jetzt verstehen, durchaus nicht in einer allgemeinen «Konfliktscheu» – ganz im Gegenteil, es gehört zu der Eigenart eines Aschenputteldaseins, für sich selber jede Art von Belastung wie selbstverständlich zu akzeptieren. Die eigentliche Hemmschwelle gegenüber einer offenen Aussprache über bestehende Schwierigkeiten und Mißhelligkeiten besteht in der buchstäblich tödlichen Scheu, den anderen (vor allem die Mutter) allzusehr zu belasten, wenn man ihm (ihr) auch noch mit den eigenen Problemen kommen wollte. Inmitten eines an sich sehr intensiv gestalteten Beziehungsgeflechtes zwischen Mutter und Tochter, das alle Züge einer nie aufgelösten Symbiose an sich trägt, herrscht auf beiden Seiten unter diesen Voraussetzungen gleichwohl eine tiefe nie eingestandene Einsamkeit, ja, Verlorenheit. Während die Tochter nach außen hin, gegenüber ihrer Mutter, ein fröhliches, redseliges, problemfreies, unschuldiges, angepaßtes und pflegeleichtes Kind zu sein hat, ist sie innerlich, für sich selbst, ein im Grunde verzweifeltes, nach allen Seiten hin versperrtes, äußerst eingeengtes, überbemühtes, hilfloses, vollkommen auf sich selbst zurückgeworfenes und angstbesetztes Mädchen, dessen Zustand, je länger je mehr, wortwörtlich «unsäglich» wird, schon weil das ganze Ausmaß an Hilfsbedürftigkeit von niemandem hinter einer solchen Fassade der Selbständigkeit und des Glücks jemals vermutet würde. Um von sich selber ehrlich und offen zu sprechen, müßten die gesamten Sperrwände des «Es geht mir doch gut», «ich bin doch so dankbar, wie gut es mir geht», «nein, mir fehlt doch gar nichts» durchbrochen werden, und das hieße: es müßten nicht nur die Menschen der unmittelbaren Umgebung bitter *enttäuscht* werden, es müßten vor allem die eigenen bitteren Enttäuschungen an den ursprünglichen Kontaktpersonen korrekt zurückadressiert werden; doch das gerade verhindern all die Schuldgefühle, die schon in früher Jugend in der Seele eines Aschenputtel-Mädchens sich verfestigt haben.

Noch stehen wir ganz am Anfang der Auslegung des Grimmschen Märchens, und doch verstehen wir bereits einen großen Teil der fundamentalen *Gebrochenheit* im Wesen eines «Aschenputtels»: ein trauriges Kind zu sein, das nach außen fröhlich sein muß, und das alles mögliche tun muß einer Anerkennung zuliebe, die es, selbst wenn sie gegeben wird, doch niemals für glaubhaft nehmen darf. Die Dialektik von innen und außen, von «Aschendasein» und «Königinwerden», erweist sich jetzt bereits, wenn man genau hinschaut, als ein Teufelskreis aus vier Komponenten, die sich schematisch einander wie folgt zuordnen lassen:

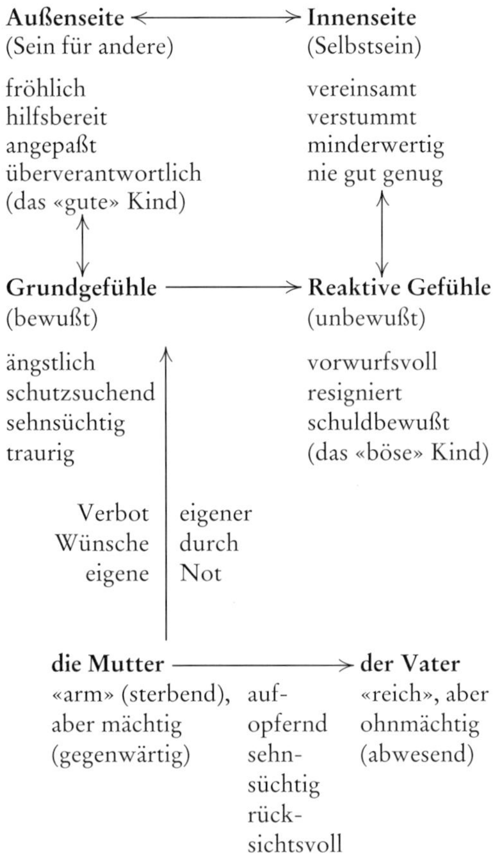

Bis hierhin läßt sich die Eigenart eines «Aschenputtels» noch verstehen als bloßer Niederschlag eines momentanen, nur durch die «Umstände» (die Beziehung zwischen Vater und Mutter) bedingten Erlebens; doch man kann den Kern eines Lebens zwischen «Asche» und «Königsthron», zwischen realer Verweigerung und um so höher gesteckter Erwartung erst wirklich verstehen, wenn man

zum dritten: das Gefühl der Unerwünschtheit mit hinzunimmt. Ist es denn wirklich, wie wir bisher unterstellt haben, nur der einzelne Wunsch, das einzelne Aufbegehren der Tochter, das sich in Anbetracht der Not der eigenen Mutter in ein resigniertes Gefühl der Schuld und der Nichterwünschtheit verwandelt? Selbst wenn es so wäre – könnte man denn einen Menschen sich denken ganz ohne eigene Bedürfnisse und Wünsche? «Lästig», das wird ein «Aschenputtel» sehr bald zu spüren bekommen, ist für die Mutter nicht erst das einzelne Bitten und Klagen, unerträglich schwer ist für die allzu Belastete die simple Tatsache, daß die eigene Tochter überhaupt existiert. Sie ist der Mutter, ehrlich heraus gesagt, durch ihr bloßes Dasein bereits einfach zu viel; doch das ist eine Tatsache, die keiner der Beteiligten sich selbst und dem anderen jemals zugeben könnte: die Mutter darf dieses Gefühl sich nicht zugeben – dagegen steht ihr eigenes Verantwortungsgefühl, und die Tochter darf sich dieses Gefühl nicht zugeben – dagegen steht die Hoffnung, es möchte am Ende, unter Aufbietung aller Kräfte, doch noch gelingen, für die Mutter so «leicht» und «nützlich» zu werden, daß ein gemeinsames Zusammenleben (statt des gemeinsamen Dahinvegetierens im Schatten des Todes) möglich würde. Wirklich zu realisieren, wie unerwünscht, wie unzeitgemäß, wie vollkommen überfordernd bereits die bloße Tatsache des eigenen Daseins auf die Mutter wirken kann – dazu ist kein Kind imstande, und es muß, schon um seines Überlebens willen, diesen Eindruck, so gut es irgend geht, zu überspielen suchen. Um die unerträgliche Realität zu fliehen, bedarf es, analog zu der Verdoppelung des Vaterbildes, deshalb auch in bezug zu der Gestalt der Mutter, einer Überhöhung der tatsächlichen Erfahrungen durch die Verfestigung eines Wunschbildes aus Sehnsucht und Bedürftigkeit. So wie der «fehlende» Vater durch das Gegenbild des «eigentlichen», des «wirklichen» Vaters ersetzt, ja, in gewissem Sinne korrigiert wird, so tritt neben das Bild der ermüdeten und erschöpften, der überarbeiteten und überbeanspruchten Mutter nunmehr die Gestalt einer gütigen, schützenden und gewährenden Person, eine Aufspaltung des Vaters ebenso wie der Mutter, deren positiver Anteil zu einer einzigen Figur verschmelzen kann, die wir später wiederfinden als: den Königssohn.

Rainer Maria Rilke hat in den Frühen Gedichten einmal sehr treffend beschrieben, wie die Seele eines Mädchens empfinden muß, das sich im Grunde von der eigenen Mutter abgelehnt fühlt; er schreibt:

Sie war:

Ein unerwünschtes Kind, verstoßen
auch aus der Mutter Nachtgebet,
und ewig fern von jenem Großen,
das gebend durch die Zeiten geht.

Sie wünschte wenig – und nur selten
kam wie ein Weinen über sie
nach einem Land mit Purpurzelten,
nach einer fremden Melodie,

nach weißen Wegen, die nicht stauben –
dann bog sie Rosen sich ins Haar,
und konnte doch nie Liebe glauben,
auch wenn es tief im Frühling war.[7]

Einfühlsamer kann man eine Welt nicht schildern, in der es eine *Schuld* darstellt, lebendig sein zu wollen mit eigenen Wünschen und Neigungen, und innerhalb deren das zurückgenommene, niedergedrückte Lebenmüssen sich auslegt in Tagen nie erfüllter Träume und in rauschhaften Nächten einer Phantasie, deren Verwirklichung angesichts der enttäuschenden Wirklichkeit selbst ebenso herbeigesehnt wie gefürchtet wird: Sollte das Unerhörte, das stets im Hintergrund der Welt Erhoffte jemals in den Bereich des Möglichen rücken – es würde gewiß als so unwahrscheinlich und als so ganz unmöglich empfunden werden, daß man es eher fliehen als erstreben würde. Besser scheint es am Ende gar, von einem unerreichbaren Glück weiter zu *träumen,* als auch diesen lebenerhaltenden Traum noch durch die Schnödigkeit des Wirklichen widerlegt zu finden. Die Furcht vor einer letzten, endgültigen Enttäuschung führt schließlich in die Gefahr einer *Vermeidehaltung ständiger Selbstenttäuschungen,* in denen alle Schönheit, alle Leidenschaft, aller Aufbruch blühenden Lebens nur dazu bestimmt scheint, sich selbst zu überaltern und vor der Zeit zu welken; die vollkommene Einschränkung der Wünsche und die übergroße phantasiehungrige Sehnsucht nach Liebe bei gleichzeitiger Angst und steter Fluchtbereitschaft vor jeder Annäherung – wir sind noch weit davon entfernt, die einzelnen Schritte in der Biographie eines «Aschenputtels» näher zu betrachten, da beginnt uns doch schon der Charakter, die Gefühlslage, die innere Widersprüchlichkeit im Erleben eines Kindes zwischen Königsthron und Küchenabfall auf ergreifende Weise deutlich zu werden: Nichts in einem solchen Leben ist «gebend», meint RILKE, nichts gibt es dort an Großzügigkeit und Freiheit, alles will abgeleistet, verdient, gerechtfertigt, als «nützlich» und «nötig» erwiesen werden; und *das* angesichts eines an sich möglichen «Reichtums», der in der Vaterwelt sich verkörpert! Es ist ein Leben stets vor den prachtvollen Auslagen der Schaufensterscheiben eines unerreichbaren Glücks, ein vorgestelltes Dasein inmitten einer angstverstellten Welt.

Nur an *einer* Stelle scheint es unerläßlich, RILKES Gedicht in einem wichtigen Detail zu korrigieren: Wäre da wirklich ein Kind, das nur einfach «unerwünscht» auf Erden lebte, entwickelte es sich vielleicht zu einem «Hänsel» oder einer «Gretel», doch nie zu einem «Aschenputtel».[8] Zu einem «Aschenputtel» gehört unbedingt die *Verleugnung* des Abgelehntseins. Eines «Aschenputtels» Mutter wird ihre Tochter niemals aus ihrem «Nachtgebet» ausschließen, ganz im Gegenteil! Sie wird alles daransetzen, die ausfallenden, fehlenden Kräfte der eigenen Mütterlichkeit zu ersetzen durch ein flehentliches Bitten, daß Gott im Himmel ergänzen möge, woran es auf Erden so sichtbar gebricht. Keinesfalls ist es für eine nur fromme Betulichkeit der Kinder- und Hausmärchen der Brüder Grimm zu halten, wenn wir hören, wie Aschenputtels Mutter noch auf dem Sterbebett ihre Tochter zu einem gottwohlgefälligen Leben ermahnt, vielmehr ist die Haltung eines «Aschenputtels» auf die religiöse Überhöhung seiner irdischen Erniedrigung schon nach dem bisher Gesagten auf das beste vorbereitet; man muß lediglich die ohnedies vorhandene «Gegenbesetzung» der realen Erfahrung in der Phantasie mit dem nötigen metaphysischen Eigengewicht ausstatten.

«Als ich vier Jahre alt war», erzählte mir eine Frau, «hat meine Mutter mich der Jungfrau Maria geweiht. Sie war so verzweifelt, daß sie keinen anderen Ausweg mehr sah. Es war nicht klar, ob mein Vater, der als vermißt gemeldet wurde, jemals aus dem Krieg zurückkehren würde oder nicht. Sie wartete und wartete. An der Rückkehr meines Vaters hing, wie sie meinte, alles Glück; sein Tod hätte für sie das Ende von allem bedeutet. Meine ganze Kindheit verbrachte ich daher in dieser Mischung aus Angst und Erwartung, aus Hoffnung und Verzweiflung, und Abend für Abend mußte ich mit meiner Mutter den Rosenkranz beten, daß Vater doch noch zurückkehren möchte. Ich wurde geopfert, damit Gott uns erhörte, denn erst dann hätte unser Leben wieder beginnen können. Auch sah ich, wie Mutter selbst sich erniedrigte und alle möglichen Aushilfearbeiten verrichtete, um uns durchzubringen. Innerlich revoltierte ich manchmal dagegen. Ich hätte ihr sagen mögen, sie solle doch aufhören, derart verzweifelt auf Vaters Rückkehr zu starren, sie solle endlich beginnen, selber für sich etwas zu tun; doch ich hätte nie gewagt, so etwas offen vor ihr zu äußern. Zudem spürte ich, daß Mutter mich am meisten mochte, wenn ich fromm war. Ich mußte viele Stunden in der Kirche knien, und alle in der Gemeinde lobten meine Andacht. Ich glaube, man hätte nichts dagegen gehabt, wenn eines Tages aus mir eine Nonne geworden wäre.»

Diese Frau hatte insbesondere als Mädchen bereits an der Angst seiner Mutter gelernt, daß die Schrecken der irdischen Welt nur zu bestehen sind mit Hilfe überirdischer Zuwendungen und Tröstungen. Die ersehnte Gestalt des «richtigen» Vaters verschmolz unauflöslich mit der Vorstellung des himmlischen Vaters – das eine war auf das engste verbunden mit dem anderen, so wie umgekehrt das Bild der erschöpften, zürnenden Mutter diese Gottesvorstellung mit der Aura von Drohung und Strafe verschatten konnte. Auch ohnedies war der Gott der Mutter alles andere als freundlich und spendabel; jede Gunsterzeigung mußte ihm betend und flehend abgerungen werden, und auch dann konnte man seiner Vorbehalte und Launen nie gänzlich sicher sein. Ein «Aschenputtel» offenbar braucht eine solche Steigerung der irdischen Gegensätze ins Himmlische, um bei Gott, im Absoluten, jenen Rückhalt zu finden, den es bei Menschen, im Relativen, so schmerzlich vermißt.

Immer wieder bei der Deutung von Märchenerzählungen wird es Augenblicke geben, an denen die Tiefenpsychologie unausweichlich zur Religionspsychologie wird. Für Millionen Menschen noch heute gilt der schon erwähnte Gesang der Madonna im ersten Kapitel des Lukasevangeliums, das *«Magnificat»* in Lk 1, 46–55, als die kostbarste Perle christlichen Gebetslebens, eben um dieses Kontrastes willen: daß hier den bei Menschen Erniedrigten Erhöhung bei Gott in Aussicht gestellt wird. Nun ist jede Art von religiösem Trost gewiß zu begrüßen, die dazu verhilft, stärker und intensiver zu leben. Doch steht die Sprache der Religion, eben weil sie die Hoffnungen der Menschen im Unendlichen festmacht, stets auch in der Gefahr eines gegenteiligen, nicht lebenfördernden, sondern lebenverhindernden Gebrauchs. «Gott erhöht die Niedrigen» – das *kann* nicht nur dazu beitragen, es *trägt* im Christentum unzweideutig ganz erheblich dazu bei, die Menschen eine Frömmigkeit zu lehren, wonach Gott überhaupt *nur* ein Wohlgefallen an den «Erniedrigten» und «Gedemütigten» besitzt; aus einem Zustand, von dem die Religion den Menschen gerade erlösen sollte, wird durch diese Art von Frömmigkeit unter der Hand eine Bedingung und Voraussetzung der göttlichen «Gnade»; das Leid wird da sehr bald verklärt zur Tugend, das Menschenunwürdige wandelt sich zu dem erstrebenswerten Ziel eines besonders verdienstvollen Lebens in Heiligkeit und «Christusförmigkeit», und das ganz normale Glücksstreben eines Mädchens wird hier umgebogen in die masochistische Mystik einer «höheren» Madonnenminne.[9] Das *«Marienkind»* (KHM 3) liefert im Rahmen der Grimmschen Märchen das beste beziehungsweise schlimmste Beispiel einer solchen kirchlichen Nutzanwendung des Ideals der Mutter Gottes.[10]

Gott sei Dank taugt das «Aschenputtel» denn doch nicht zu einer solchen Entwicklung. Vermutlich hat dieser Umstand damit zu tun, daß ihm alles, auch die «Frömmigkeit», weit mehr als eine Last auferlegt wird, als daß sie sich von innen her, als ein eigenes Bedürfnis, in Ruhe hätte entwickeln können. Zudem bleibt in dem Aschenputtel-Märchen durchaus gegenwärtig, daß bei allem Beten um göttliche Fügungen im Grunde stets irdische Ziele den Gegenstand des Wünschens bilden. So überhöht erscheint die Religiosität eines «Aschenputtels» denn doch nicht, als daß es nicht jederzeit um den irdischen «Gebrauchswert» seiner Religiosität wüßte. «Der Vater soll wiederkommen», das war der Inhalt aller Gebete in der Kindheit jener Frau. Später, irgendwann einmal, einem Menschen zu begegnen, der die stets Verkannte, die in Wahrheit zauberhaft Schöne aus allem Schmutz und aller Schande herauszieht und, gleich einem König, zu sich emporzieht – das ist und wird der Inhalt aller irdischen Mädchensehnsucht und Mädchenhoffnung eines «Aschenputtels» bleiben.

«Ich weiß noch», berichtete eine Frau, «wie ich mit vierzehn Jahren anfing, unentwegt Liebesromane zu lesen. Immer, wenn ich ein paar Groschen beieinander hatte, kaufte ich mir ein Heftchen am Kiosk und träumte mich in eine Welt hinein, in der am Ende aller Leiden die Verliebten doch noch zueinander finden. Immerzu wurde da erzählt, wie ein reicher Edelmann eine arme Bauernmagd heimführt oder ein berühmter Arzt eine unscheinbare Krankenschwester heiratet. Ich konnte von solchen Geschichten gar nicht genug bekommen. Sie bestimmten damals meine ganze Phantasie. Ich wußte nicht, was das alles mit mir selber zu tun hatte. Ich sehnte mich nur einfach von Hause fort.»

Frömmigkeit und Sehnsucht – diese beiden Ausfaltungen der Wunschwelt eines heranwachsenden Mädchens spalten das Mutter- und Vaterbild in eine himmlische und in eine irdische Seite, die beide noch die ungebrochenen Züge von Heil und Rettung an sich tragen; in den Zwischenraum dieser Zwiespältigkeit dringt jedoch eine Angst, die im folgenden noch zu einer ganzen Reihe von Erschütterungen im Leben eines «Aschenputtels» führen wird. Gerade weil seine Wünsche sich zwar im Religiösen widerspiegeln, darin aber nicht aufgehen, wird sich ihm die Frage nach der Verträglichkeit des Irdischen oder, umgekehrt, nach der Realisierbarkeit der eigenen Erwartungen an sich selbst und andere in recht dramatischer Zuspitzung stellen.

Es zählt zu der eigenartigen Genauigkeit, mit der die Brüder Grimm ihre Märchen erzählen, daß ein entscheidendes Wort in der Schilderung eines «Aschenputtels» in der Einleitung gleich zweimal auftaucht: «*Bleib* fromm und gut», sagt die Mutter zu ihrem «Töchterlein», «als sie fühlte, daß ihr Ende herankam», und wirklich, so heißt es dann, «das Mädchen» «*blieb* fromm und gut». Deutlicher läßt sich nicht sagen, daß die Haltung des «Aschenputtels» durch den Tod der Mutter nicht verändert, sondern nur bestärkt und bestätigt wird – das Mädchen *bleibt* den Worten nach auch angesichts des Todes der Mutter das, was es bereits vorher schon war. Diese Feststellung ist wichtig. Denn: Es ist, mit anderen Worten, nicht möglich, die «Güte» und «Frömmigkeit» eines «Aschenputtels», wie die Brüder Grimm es schildern, unabhängig von dem Sterben der Mutter zu verstehen; zu dem Wesen eines «Aschenputtels», wie es hier gezeichnet wird, gehört demnach *wesentlich* der Schatten einer lieben, kranken, guten Mutter, die das Kind wohl ahnen läßt, wie ein Leben in Freude aussehen könnte, die aber dieses Versprechen von Hoffnung durch ihre eigene Schwäche (relativ zu den Lebensumständen) sogleich wieder zurücknimmt – die Tochter dabei in nie getrösteter Angst und unerfüllter Sehnsucht unauflöslich an sich bindend und sie in dieser schwer auflösbaren Bindung zurücklassend.

b) Schneekühle Trauer

Der Zustand, da die Mutter «ihr Ende» herannahen fühlt, kann im Leben manch einer Frau von der Art eines «Aschenputtels» lange, mitunter ein Leben lang dauern; das Grimmsche Märchen indessen erzählt von der frühen Verwaistheit des Kindes. Was bis dahin in Angst vorweggenommen wurde, tritt wirklich jetzt ein: die Mutter stirbt.

Wenn man sich annähernd auch nur vorstellen will, was im Erleben eines Kindes der Tod der Mutter bedeuten kann, so gibt es dafür keine sprechendere, erschütterndere Darstellung als das Gemälde des norwegischen Malers Edvard Munch: *Die tote Mutter* (Tafel 1, Kunsthalle Bremen)[11]. Das Bild, dessen Motiv Munch, wie gewöhnlich, mehrfach aufgegriffen hat (vergleiche *Die tote Mutter und das Kind, 1894,* OKK 420; 1901 Kalte Nadel auf Zink, OKK 54–1 Sch. 140)[12], zeigt jenen Augenblick im Jahre 1868, als Laura Munch im Alter von 30 Jahren an Tuberkulose starb und ihrem 21 Jahre älteren Mann, dem Stabsarzt Peter Christian Munch (1817–1889), nach achtjähriger Ehe fünf Kinder zurückließ: die siebenjährige Sophie (1862–1877), den sechsjährigen Edvard (1863–1944), den dreijährigen Andreas (1865–1895), die zweijährige Laura (1867–1926) und die gerade elf Monate alte Inger (1868–1952).[13] *Im Hintergrund* des Bildes sieht man eine aufgebahrte Frau – ein schmales bleiches Gesicht mit großen Augenhöhlen und scharfkantiger Nase, der winzige Mund kaum angedeutet, die dunklen Haare weit hinter der kahl hervortretenden Stirn ansetzend, ein Gesicht, das zu Lebzeiten schon wie der Kopf einer Toten erschienen sein muß, in Kissen gehüllt, in welche, die Arme gerade noch sichtbar, ihr Körper, fast konturlos, übergeht – oder *ver*geht; aber *davor:* … Es gibt eine Vorlage des gleichen Motivs, das Munch einem Bild von Max Klinger aus dem Jahre 1889 (Tafel 2) verdankt; doch welch ein Unterschied![14] Die symbolistische Darstellung des deutschen Malers dient der Verdeutlichung eines Leitgedankens: «Das Individuum stirbt – das Geschlecht lebt»: «Mit senkrecht gestelltem Kopf liegt... (dort eine) junge Frau körperlos auf dem offenen Sarkophag... (Ein) nacktes Kind hockt auf ihrer Brust», den Betrachter von der Seite fragend anblickend. «Die jugendliche Mutter», in deren weich und weit herabfließendes Haar ein Blumenkranz geflochten ist, «symbolisiert den Tod des Individuums, während das Weiterleben durch das Kind veranschaulicht ist.» «Gerahmt wird diese Komposition durch eine barocke Bogenarchitektur mit doppelter Säulenstellung», die den Blick auf einen knorrigen, bejahrten Baum mit überwölbendem Laubdach neben einem zartgliedrigen Bäumchen freigibt, das als ein Sinnbild des jugendlichen Lebens neben dem Kinde aufwächst. Die gesamte Bildgestaltung folgt hier einem gedanklichen Konzept, dessen Ausdruck sie chiffriert.[15]

Ganz anders die Darstellung MUNCHS. Sie dient der expressiven Wiedergabe des inneren Erlebens beim Anblick des Todes der Mutter selbst. Vor dem Bett der Verstorbenen nämlich hat MUNCH seine jüngere gerade zweijährige Schwester Laura gemalt, ein Kind, das, ohne begreifen zu können, mit blauwässerigen Augen hilflos fragend ins Leere starrt, einem Betrachter entgegen, der beim Anblick dieses Mädchens gewiß genau so verstummen wird, wie der kleine, verpreßte Mund dieses Kindes selbst. Laura steht da in schwarzen Stiefelchen und Strümpfen, bekleidet mit einer blauweißen Schürze und einem weißen Pullover, die Hände an den halbentblößten Armen in die blondgelockten Haare über den Ohren vergraben, als wollte sie den Schmerzschrei nicht hören, der an ihren kleinen Kopf dringt und der sie nie mehr verlassen wird. Wir wissen, daß EDVARD MUNCHS Schwester Jahre danach in ein «Irrenhaus» eingeliefert wurde[16]; dieses Bild aber zeigt uns den Ursprung ihrer seelischen Verstörung, einen Schmerz, der über allen Verstand geht: Hier, das begreift man, stirbt nicht eine Mutter, hier stirbt einem Kind in Gestalt seiner Mutter die ganze Kindheit, seine ganze Welt, sein eigenes Ich. Wer in die Augen dieses Kindes schaut, sieht hinab in eine unerreichbare und unrettbare Verlorenheit, aus der es nie mehr ein Entrinnen geben wird. Diese Mutter hätte diesem Kinde niemals sterben dürfen; und doch sieht man der Aufgebahrten nur allzu deutlich an, wie erschöpft all ihre Kräfte waren; ja, es scheint, als trüge die pralle körperliche Wohlgenährtheit des Kindes im Kontrast zu der Ausgezehrtheit seiner Mutter mittelbar selber die Schuld an dem eingetretenen Unheil. Das Kind auf dem Bilde KLINGERS mag wie ein Alp auf der Brust seiner verstorbenen Mutter thronen – auf dieses Kind wartet die naturhafte Zukunft, die es selber verkörpert; Lauras Zukunft hingegen – das ist nicht der wiedererblühende, regenerative Wille zum Leben, das ist das völlig verzweifelte Unvermögen, jemals noch an irgendeine Zukunft glauben zu können. Dieses kleine Leben ist zu Ende, kaum daß es begonnen hat, es stirbt dahin in genau dem Augenblick, da seine eigene Mutter verstirbt.

Dabei hatte MUNCHS Mutter, die ihrer Tochter den eigenen Vornamen schenkte, in richtiger Vorahnung alles Menschenmögliche getan, um ihre Kinder auf das bevorstehende Unheil vorzubereiten. Schon vor der Niederkunft Ingers, ihres jüngsten Kindes, dessen Geburt sie nicht zu überleben glaubte, «hatte sie bereits Abschiedsbriefe an die Kinder geschrieben», mit Worten, die der sterbenden Mutter in dem Grimmschen Märchen äußerst ähnlich sehen: «Liebe Kinder!», heißt es dort, «Jesus Christus will Euch hier und droben glücklich machen. Liebt ihn über alle Maßen, und betrübt ihn nicht, indem Ihr ihm den Rücken zukehrt... Und jetzt, meine geliebten Kinder, meine lieben süßen Kleinen, sage ich Euch Lebewohl. Euer geliebter Papa wird Euch über den Weg zum Himmel besser belehren. Ich werde dort auf Euch alle warten... Gott sei mit Euch, und er mag für alle Zeit und Ewigkeit über Euch wachen, Sophie, kleiner blasser Edvard, Andreas, Laura, und Du, mein süßer lieber, unvergessener, Dich aufopfernder Mann. Laura Munch.»[17]

So schreibt eine Frau, die an der Seite ihres «aufopfernden Mannes» selber ihr kurzes Leben den Kindern geopfert hat. Religion und Pflichterfüllung («bleib fromm und gut») haben ihrem eigenen Leben bereits den wichtigsten Halt gegeben und schenken ihr auch jetzt, in der Stunde des Sterbens, die einzige noch verbleibende Zuversicht: sie wird

ihre Kinder im Himmel erwarten; dort wird sie die Ihren gewiß bald schon wiedersehen, wenn diese nur dem rechten Weg zum Himmel folgen. Alle Mutterliebe verdichtet sich in diesen ebenso hilflosen wie gläubigen Worten zu einem himmlischen Schutzversprechen, das über das Untröstliche dennoch, so gut es irgend geht, hinwegtrösten möchte.
In seinem Tagebuch hat EDVARD MUNCH beschrieben, wie es war, als er und seine ältere Schwester Sophie von ihrer Mutter Abschied nahmen: «Ganz unten am großen Doppelbett saßen sie (die zwei Kinder) dicht beieinander auf zwei kleinen Kinderstühlen; die große Frauengestalt (ihre Mutter) stand groß und düster daneben, zum Fenster hin. Sie sagte, sie würde sie verlassen, müsse sie verlassen – und fragte, ob sie traurig werden würden, wenn sie fort sei –, und sie mußten versprechen, sich an Jesus zu halten, dann würden sie sie im Himmel wiedersehen. Sie verstanden nicht ganz – aber sie fanden, daß es so furchtbar traurig sei, und dann weinten sie beide Ströme von Tränen.» Es folgte ein letztes verängstigtes, trauriges Weihnachten mit der Mutter. Dann, am 29. Dezember 1868, «mußten wir einzeln zum Bett hingehen, und sie sah uns so merkwürdig an und küßte uns. Dann gingen wir hinaus, und das Mädchen brachte uns zu fremden Menschen ... Wir wurden mitten in der Nacht geweckt. Wir verstanden sofort.»[18] Edvard Munch war damals sechs Jahre alt; der Tod der Mutter bedeutete für ihn eines der großen Traumen seines Lebens, ein Ereignis, das sein ganzes Wesen prägte und das ihn nie mehr losließ.
Am schlimmsten in einem solchen Augenblick wirkt wohl die Tatsache, daß selbst die liebevollsten Worte des Abschieds die Trauer der Trennung eher noch zu verstärken als zu mildern vermögen. Je inniger eine Mutter im Sterben die Kinder ihrer Liebe versichert, desto stärker wird diesen der Schmerz über den Verlust der geliebten Mutter fühlbar werden, vor allem, wenn ein Kind all die Zeit davor schon in ständiger Angst vor dem baldigen Tod der Mutter hat zubringen müssen. Wie jenes Schimpansenjunge, wird auch ein Menschenkind bestrebt sein, um so fester sich anzuklammern, je weniger zuverlässig ihm sein Halt zu sein scheint; ein Kind, das in *ständiger* Sorge um das Wohl und Wehe seiner Mutter leben muß, wird, parallel zu einer steten «Absprungbereitschaft», in eine unauflösbare Angstbindung hineingeraten, und gerade das ist die Situation in der Kindheit des norwegischen Malers ebenso wie in dem Grimmschen Aschenputtel-Märchen. Entscheidend für die weitere Entwicklung aber ist die Frage, was am Ende den Ausschlag gibt: die Fluchttendenz oder das Anklammern. Im Leben des norwegischen Malers führte die kindliche Angst um die Mutter offenbar zu einer chronischen Angst vor der mütterlichen Frau, die er dennoch immer wieder suchte und die er späterhin in immer neuen Gestalten als Quelle von Tod und Leben gleichzeitig malte. In der Grimmschen Erzählung hingegen überwiegt trotz allem die Bindung an die Mutter und die Sehnsucht nach der Mutter, die schließlich sogar die Tendenzen zur Flucht, die auch hier sehr ausgedehnt in Erscheinung treten werden, zu überwinden vermag. Als erstes jedoch tritt jetzt ein Zustand ein, für den noch einmal ein Bild EDVARD MUNCHS zur Anschauung dienen kann: das Bild von der *«Madonna auf dem Kirchhof»,* 1896 (Tafel 3).[19]
Denn gerade so malt sich der Seelenzustand des «Aschenputtels» nach dem Tod seiner Mutter jetzt: Sein wahrer Aufenthaltsort ist nunmehr der Friedhof; was bisher sein Leben war, ist nun gebunden an das mütterliche Grab; und die Angst vor einem Leben, das jederzeit von Tod und Trennung bedroht ist, verwandelt sich fortan in das sehnsüchtige Verlangen nach einer ewigen Vereinigung mit der Verstorbenen. Alle Wünsche, die durch den Tod der Mutter ein für allemal auf Erden widerlegt scheinen, verlagern sich jetzt in die Hoffnung auf einen baldigen Tod. Er würde kommen wie eine Erlösung! Und er erschiene zudem wie eine verdiente *Strafe:* Hätte man selber gar nie das Licht der Welt erblickt, wäre es dann nicht wahrscheinlich, daß die Mutter noch lebte? Klagte sie nicht selber oft genug, es werde ihr alles zu viel? Was soll ein Kind fühlen, das miterleben muß, wie die eigene Mutter die Geburt eines weiteren Kindes nicht zu überleben glaubt? Muß es nicht denken, es stünde weit besser für alle, wenn es selbst nie geboren wäre, weit besser jedenfalls, als das Sargnagelkind seiner Mutter zu sein? Es gibt kein tieferes

Schuldgefühl, als deutlich zu spüren, wie die eigene Existenz tödlich für gerade den Menschen wirken muß, den man zugleich doch über alles liebt. Wenn er stirbt, ist es dann nicht wie eine Pflicht, in gewissem Sinne mit ihm zu sterben? Welch ein Lebensrecht besäße man dann noch? Welche Ansprüche an das Leben dürfte man legitimerweise noch äußern?
Selber das Leben zu verbringen wie ein allmähliches Sterben und sich für die verstorbene Mutter ähnlich zu opfern wie diese für die Kinder – diese bereits vorgeprägte Gesinnung von «Güte» und «Frömmigkeit» im Leben eines Aschenputtels erweist sich jetzt als der einzige Weg einer Wiedergutmachung dieser *Urschuld,* zu leben und trotz des Todes der Mutter immer noch lebendig zu sein.[20] Es scheint gerade dieses Gefühl, dem Edvard Munch in seinem Bild von der «Madonna auf dem Friedhof» einen unübertrefflichen Ausdruck verliehen hat.
Da steht eine hochgewachsene Frau auf einem Friedhof und schaut aus übergroßen, dunkelumränderten Augen wie verloren vor sich hin. Ihre schwarzgelockten Haare umrahmen ein ebenmäßig schönes, ausdrucksvolles, doch hohlwangiges und ausgezehrtes Gesicht, dessen Mund wie von unersättlichem Hunger geprägt scheint. Der schwarze Pullover, der den Oberkörper der Frau einhüllt, unterstreicht noch den Eindruck düsterfarbener Trauer, und selbst der weiße Rock, der bis zur Erde herabfällt, ist gemustert mit dem Schattenriß verwelkter Blätter, ganz so, als wären sie eben erst von dem dürren Zweig, der sich wie ein hilfloser Arm zu ihr ausstreckt, als Herbstlaub über sie hingeweht. Die Hände der Frau sind eng an den Körper gepreßt, unfähig, irgend etwas für sich selbst noch zu tun. Traurigkeit, Sehnsucht und der völlige Verzicht auf jede Form eigenen Glücks kennzeichnen die ganze Gestalt dieser Frau im Sinne eines bestimmten christlichen Ideals der Lebenshingabe und Selbstaufopferung in der Tat als eine *«Heilige»* und verleihen ihr das Bild einer *«Madonna»,* ein Eindruck, der noch unterstrichen wird durch den kreisrunden Hut, der das Haar der Frau wie ein Heiligenschein umspielt. Links und rechts von ihr erheben sich Grabsteine, schwarz drohend, mit einem Kreuz bewehrt der eine, weiß getüncht, verziert mit einem dunklen Ehrenkranz, in der Form eines Hauses der andere; selbst die Umrisse zweier Lebensbäume neben der «Madonna» unterstreichen eher noch die Todverfallenheit dieser Gestalt. Es ist wie ein symbolischer Kommentar zu dem Wesen dieser Frau, wenn der norwegische Maler zu ihren Füßen das Skelett eines Embryos in verwesendem Gelb dargestellt hat, das, in sich verhockt, ebenfalls eine Art Heiligenschein auf seinem Totenschädel trägt. Die innere Wahrheit einer solchen «Madonna» der Friedhöfe, scheint Edvard Munch sagen zu wollen, ist in einem Kind zu erblicken, das niemals gelebt hat; oder auch umgekehrt: das Kind, das eine solche Frau jemals zur Welt bringen wird, ist selbst wie eine zum Leben nie zugelassene Totgeburt – eine Gräberexistenz, die sich bei den Verstorbenen heimischer fühlt als bei den Lebenden.
Im Falle des «Aschenputtels» kommt noch hinzu, daß seine Trauer und seine Verlorenheit nicht nur dem Schmerz und dem Schuldgefühl angesichts des Todes der Mutter Ausdruck verleihen – es liegt auf diesen Gefühlen in gewissem Sinn auch so etwas wie die Prämie einer moralischen Belohnung: solange das «Aschenputtel», wie das Märchen versichert, «jeden Tag hinaus zu dem Grabe der Mutter» geht und weint, bleibt es und fühlt es sich ganz gewiß «fromm und gut». All der Schmerz, all die Tränen sind doch auch ein Zeugnis dafür, wie sehr das «Aschenputtel» seine Mutter liebt, und eben darauf, daß es ein so «liebes Kind» ist und bleibt, ruht aller Segen und alle Glücksverheißung der Mutter: solange die Tochter mit ihrer Mutter verbunden bleibt, wird «der liebe Gott» ihr beistehen und die Mutter freundlich vom Himmel auf sie herabschauen. – Das Märchen deutet nur an, es führt nicht aus, wie eng im Leben eines «Aschenputtels» das Gottesbild hier verschmilzt mit dem Bild der sterbenden Mutter. Psychoanalytisch kann man auch sagen, daß die Trauer über die scheidende Mutter dazu führt, ihre Gestalt (im Überich) zu verinnerlichen und sie damit zu einer überirdischen, göttlichen Macht zu erhöhen. Der Tod der Mutter, mit anderen Worten, führt zu ihrer Apotheose, zu ihrer (psychischen) Himmelfahrt; das verinnerlichte Bild der Mutter erweitert und verfestigt sich religiös zum *Gottesbild;* der Beistand des «lieben Gottes» und das

«Herabblicken» der Mutter vom Himmel verschmelzen mithin zu ein und demselben Erleben: Wenn das Aschenputtel sich auch in Zukunft so verhält, wie die Mutter es wünscht, wird der «liebe Gott» es liebhaben, und wenn es dem «lieben Gott» treu ist, wird die Mutter es liebhaben. Die Mutter lebt fort in dem Bild Gottes, und Gott selber spricht zu dem Kind durch das Bild seiner Mutter.

Dabei dient die Versetzung der verstorbenen Mutter in den Himmel freilich auch noch einem anderen Zweck, auf den manche Völkerkundler und Religionspsychologen zu Recht hingewiesen haben; er besteht in der Beschwichtigung der Schuldgefühle für gewisse Todeswünsche.[21] Je unerträglicher die Belastung einer selbst überlasteten Mutter für die Tochter sich gestalten mag, desto sicherer, wie wir sahen, wird bei ihr ab und an der befreiende Wunsch auftauchen, es möchte mit der sterbenden, lebensunfähigen Mutter endlich wirklich ein Ende nehmen. All die ohnehin schon bestehenden Vorwürfe, die Mutter zu ruinieren, verdichten sich jetzt zu einem auch subjektiv plausiblen Anklagepunkt: man trägt wirklich Schuld an dem Tod der Mutter. Hinzu kommt der entgegengesetzte Vorwurf, daß die Mutter durch ihr Sterben die Tochter im Stich gelassen hat – sie hat all die Mühe der Tochter so bitter enttäuscht! Im Umfeld einer solchen Gefühlslage bedeutet es eine entscheidende Erleichterung, glauben zu dürfen, daß es der Mutter jetzt, nach dem Tode, weit besser gehe als zu Lebtagen, und je seliger das Glück der Verstorbenen angeschaut wird, desto intensiver wird der Freispruch über das Schuldgefühl spürbar, der Mutter mitunter bei aller Liebe den Tod gewünscht zu haben. Befreite der Tod die Mutter vom Leid, so befreit er die Tochter von aller Schuld, und es legt sich ein bei aller Trauer gütiges Band des Einverstehens und der Einvernahme zwischen Himmel und Erde um das weitere Schicksal der Mutter und der Tochter.[22]

Gleichwohl bleibt das Leben eines solchen Aschenputtel-Mädchens fixiert auf das mütterliche Grab als die eigentliche Stätte seines Lebens. R. M. Rilke hat in den ersten seiner Gedichte *(Larenopfer)* unter dem Titel: *Das arme Kind* einmal ein Bild gezeichnet, das der *Madonna auf dem Friedhof* Edvard Munchs äußerst ähnlich sieht:

> Ich weiß ein Mädchen, eingefallen
> die Wangen. – War ein leichtes Tuch
> die Mutter; und des Vaters Fluch
> fiel in ihr erstes Lallen.
>
> Die Armut blieb ihr treu die Jahre,
> und Hunger war ihr Angebind;
> so ward sie ernst. – Das Lenzgold rinnt
> umsonst in ihre Haare.
>
> Sie schaut die lächelnden Gesichter
> der Blumen traurig an im Hag
> und denkt: der Allerseelentag
> hat Blüten auch und Lichter.[23]

Dieses Gedicht trifft wohl aufs genaueste die Stimmung eines «Aschenputtels» nach dem Tod seiner Mutter. Einzig die Rede von «des Vaters Fluch» bedarf noch einer eingehenderen Prüfung, denn obwohl das Märchen der Brüder Grimm (im Unterschied zu anderen Fassungen der Geschichte)[24] dieses Motiv mit keinem Wort erwähnt, tauchen Gefühle der gegenseitigen Verwünschung *im Verhältnis von Vater und Tochter* zwischen den Zeilen in der Dramaturgie des Grimmschen «Aschenputtels» doch deutlich genug auf.

So viel wurde bereits klar: ein Kind, das schutzlos der Überforderung seiner Mutter ausgesetzt ist, wird seinem Vater innerlich die schwersten Vorwürfe machen, der Mutter so ungenügend beizustehen; schon dieser zumeist von der Mutter verleugnete beziehungsweise umgedeutete Konflikt kann das Verhältnis zwischen Vater und Tochter aufs äußerste strapazieren. Im Hintergrund aber darf man in aller Regel noch eine ältere Verschiebung der Gefühle annehmen: Ein Mädchen, das von früh an bei seiner Mutter zu wenig an Geborgenheit und Rückhalt spürt, wird beizeiten versuchen, dieselben Bedürfnisse, die bei der Mutter enttäuscht wurden, an den Vater zu richten; gerade ein Mann aber, wie wir ihn als Vater eines «Aschenputtels» uns vorstellen, wird völlig außerstande sein, derartige Wünsche, die er schon bei seiner Frau chronisch zurückweisen mußte, nun etwa bei seiner Tochter zuzulassen. An keiner Stelle des Märchens hören wir, daß dieser Vater von sich her der Not seines «Aschenputtels» besonders sich annehmen würde, und zwar, wie wir denken dürfen, nicht etwa aus Böswilligkeit oder Gleichgültigkeit, sondern doch wohl einfach deshalb, weil er es nicht kann. Ein Mädchen aber, das, von der Mutter enttäuscht, sich dem Vater zuwendet, nur um zu erleben, wie es auch von diesem zurückgewiesen wird, verfügt an sich nur über zwei Möglichkeiten einer Lösung, die im Einzelfall, so widersprüchlich auch immer, erneut sich miteinander verbinden können: Es kann versuchen, um so intensiver zu seiner Mutter zurückzukehren und mit ihr eine Art Trost- und Trauergemeinschaft gegen den Vater einzurichten – so die *eine Möglichkeit;* wenn es aber, wie wir beim «Aschenputtel» voraussetzen, zugleich erleben muß, wie sehr die Mutter – zumindest den Worten nach – immer noch die größten Erwartungen dem Vater entgegenbringt, wird es irgendwann selber beginnen, in seiner Phantasie sich einen ganz anderen Vater als den wirklich existierenden vorzustellen; und dieser rein vorgestellte, in der eigenen Phantasie erschaffene Vater wird sehr bald schon wirklicher und wirksamer für das Erleben des Kindes werden als die real erlebte Vatergestalt. Bei jedem Akt der Enttäuschung wird ein Aschenputtel-Mädchen daher bestrebt sein, den Vater nach mütterlichem Vorbild gegenüber seinen eigenen Vorwürfen in Schutz zu nehmen und die Vision des «eigentlich» guten «Vaters» zu verteidigen gegen die realen Erfahrungen des zurückweisenden, «kalten» Vaters.

Eine *andere Möglichkeit* ist im Leben eines «Aschenputtels» weit weniger gegeben: Je zwiespältiger ein Mädchen seine Mutter erlebt, mag es auch denken, daß es überhaupt *nur* die Mutter sei, die mit ihrem undurchsichtigen Verhalten das eigentliche Wesen des Vaters ins Negative verfälsche: stets, wenn der Vater seine Tochter von sich wegschiebt, muß seine Unfreundlichkeit mit einer besonderen Intrige der Mutter erklärt werden; um an dem fiktiven Bild des guten Vaters festhalten zu können, muß auf diese Weise die Ambivalenz gegen die Mutter nachträglich verstärkt werden, beziehungsweise es muß umgekehrt der latente Vorwurf gegen den Vater verstärkt werden, um die Bindung an die Mutter festigen zu können.

Entscheidend ist allemal, daß jede Bindung an den Vater oder an die Mutter unter diesen Umständen eine erhebliche Portion Angst und Aggression in Richtung des jeweils anderen Partners binden muß. So weit entrückt der Vater in dem realen Erleben des «Aschenputtels» ursprünglich auch sein mag, so nah steht ihm doch die positive Phantasiegestalt des guten, hilfreichen Vaters; doch ebenso stark werden auch *die inneren Vorwürfe* gegen den «untätigen» Vater in der Realität sich geltend machen. Des «Vaters Fluch» in *Rilkes* Gedicht ist, so verstanden, das Kondensat all der Enttäuschungen, die das «Aschenputtel» eigentlich seinem Vater vorhalten möchte, doch niemals vorwerfen durfte. Spätestens jetzt aber, beim Tod der Mutter, werden all die Vorbehalte und Vorwürfe gegen den Vater noch einmal eine Steigerung erfahren: Hat der Vater mit seinem Verhalten nicht doch in Wahrheit den Tod der Mutter verursacht? Wenn schon ein kleines Mädchen nur durch die Tatsache seiner Existenz bereits sich als schuldig an der Tragödie seiner Familie betrachten soll, steht dann nicht erst recht und weit mehr noch *der Vater* unter dem Verdacht von Verursachung und Mitschuld? Wäre er *da* gewesen! Wäre er *anders* gewesen! Hätte er seiner Frau nicht ein solches Leben zugemutet! Edvard Munchs Vater zum Beispiel – trug er mit seiner Bigotterie und mit seiner Art von Pflichtauffassung als Arzt und Ehemann zu dem frühen Tod seiner Frau nicht ersichtlich selbst bei?[25] Doch darf man als Kind es wagen, solche Vorwürfe auch nur zu denken, geschweige denn zu äußern? Man muß, im Gegenteil, sich erneut schuldig fühlen, so etwas auch nur für möglich zu halten! Andererseits erklärt und verstärkt sich jetzt noch einmal die merkwürdige *Fremdheit* zwischen Tochter und Vater in dem Aschenputtel-Märchen: Wenn es aus Moral (!) nicht möglich ist, über die wichtigsten Empfindungen und Gefühle ehrlich miteinander zu reden, worüber soll dann ein Gespräch noch geführt werden? Dem «Aschenputtel» bleibt nur die schneekühle, traurige Einsamkeit am Grab seiner allzu früh verstorbenen Mutter. Und doch, bei aller Bravheit und Frömmigkeit, kommt ein «Aschenputtel» auch auf dem Friedhof durchaus nicht zur Ruhe. Man muß, um die Notwendigkeit der nächsten Schritte der weiteren Entwicklung zu begreifen, die jetzt eingetretene Situation nur einen Moment lang *aus der Sicht* des Mannes, *des Vaters selbst,* betrachten.

Auch für ihn kommt der Tod seiner

Frau in gewissem Sinne einer Tragödie gleich. Auch er muß mit all seinem Bemühen um ein «reiches» Leben als gescheitert gelten. Vor allem: stellt man die zusätzliche Belastung in Rechnung, die «Aschenputtels» Dasein für die Mutter objektiv bedeutet hat, so kann man voraussetzen, daß auch der Vater die Existenz seiner Tochter mehr bedauert als begrüßt haben wird; wußte er zuvor schon mit den verzweiflungsvollen Versuchen seiner Tochter, bei ihm an Stelle der Mutter Schutz und Geborgenheit zu finden, im großen und ganzen kaum etwas anzufangen, so wird ihm das Mädchen nunmehr, als Halbwaise, noch weit lästiger erscheinen als zuvor. Es müßte an seiner Seite und an seiner Stelle jemanden geben, der auf das «Aschenputtel» achtgibt, soviel ist klar. Schon damit das «Aschenputtel» «versorgt» ist, legt deshalb die schiere Verantwortung für das Kind einem pflichtbewußten Vater unter solchen Umständen den Gedanken an eine *baldige Wiederheirat* nahe. Es ist am Ende als ein Zeichen seiner Vaterliebe zu erkennen, wenn er übers Jahr schon, kaum ist der «Winter» vergangen, nach einer neuen Frau – der Mutter zweier Kinder, erzählt uns das Märchen – für sich und das Aschenputtel Ausschau hält. Doch was in der Logik praktischer Vernunft als ein plausibler Ausweg aus der eingetretenen Notlage erscheinen mag, stellt sich seelisch für das «Aschenputtel» ganz im Gegenteil als eine unerhörte Steigerung aller schon bestehenden Konflikte heraus.

«Aschenputtels» Leben, wie wir bereits wissen, ist inzwischen *mehr* zuhause am Grab seiner Mutter als in dem, was ein wahres Elternhaus nie war. Der Schnee, der sich über das Grab der über alles geliebten Mutter legt, fällt zugleich in die Seele des Kindes und überlagert die dunkle Traurigkeit seines Grundgefühls jetzt noch zusätzlich mit «winterlicher» Kühle. «Winter», das bedeutet im Erleben des Mädchens nicht, wie im Erleben des Vaters, die Angabe einer Jahreszeit, das bedeutet vielmehr ein Symbol für den Dauerzustand seines Empfindens: für das Gefühl eines ständigen Frierens in Trauer und Einsamkeit.

Allerdings, das darf man nicht vergessen, ruht auf gerade diesen Gefühlen auch so etwas wie die Prämie einer moralischen Belohnung: man ist und bleibt das gute, das fromme Kind der Mutter, wenn man so empfindet. Man kann sich denken, was in einem solchen Mädchen vor sich geht, wenn es sieht, wie bald schon der Vater die Mutter scheinbar zu vergessen imstande ist.

Während diesem ein neuer Lenz winkt mit neuer Liebschaft und neuer Lust, bleibt das «Aschenputtel» in dem ewigen Eis seiner schneekühlen Trauer gefangen, die weiter zu pflegen ihm jetzt sowohl Last wie Bedürfnis ist; ja, versetzt man sich recht in seine Lage, so wird man erleben, wie das «Aschenputtel» zumindest halbbewußt gegen seinen Vater inzwischen wohl die heftigsten Vorwürfe wegen dessen neuer Heirat erheben wird: Kommt es angesichts der trauererfüllten Treue des «Aschenputtels» nicht einem schnöden Verrat an der so früh verstorbenen Mutter gleich, wenn der Vater so rasch sich eine neue Frau in sein Haus holt? Und was für ein Licht wirft die Raschheit und Reuelosigkeit dieses Schrittes wohl rückblickend auf sein früheres Verhältnis zu «Aschenputtels» Mutter? Kein Zweifel, das Mädchen fühlt durch diesen Schritt seines Vaters sich selber ebenso im Stich gelassen wie seine gute Mutter. Nur allzu deutlich wird es zudem spüren, daß der Vater es auch weiterhin ablehnt, persönlich für seine Tochter zu sorgen, ja, daß seine Art der «Versorgung» durch eine neue Heirat wohl nur den Eindruck bestätigt, der sich ihm früher schon aufdrängen mußte: daß es dem Vater als nichts weiter gilt als eine unerwünschte Last, die er abschütteln möchte.

Mit anderen Worten: Was in den Augen des Vaters sich als verantwortungsvolle Pflichterfüllung darstellen mag, das wird in den Augen der Tochter sich ausnehmen als die letzte Gewißheit des immer schon vorhandenen Verdachtes, wegen der bloßen Tatsache seiner Existenz von seinem Vater abgelehnt zu sein und weggeschoben zu werden. Der alte Vorwurf an den Vater: «Du liebst mich nicht, Du verwünschest mich», kehrt jetzt, nach dem Tode der Mutter und der Wiederverheiratung des Vaters, in noch gesteigerter Form zurück.

Umgekehrt aber trifft dieser Vorwurf jetzt einen Mann, der aus *seiner* Sicht alles Erdenkliche getan hat, um seine Tochter zufriedenzustellen; ist sie immer noch nicht mit ihrem Schicksal einverstanden, so zeigt sich für ihn wohl nur erneut, daß man es einem solchen

Mädchen wie seiner Tochter eben nicht recht machen kann. Nur so versteht man wohl, daß der Vater im folgenden niemals einschreitet, um die Mißhandlungen seiner Tochter von seiten seiner neuen Frau zur Rede zu stellen oder einzuschränken. «Wenn diese Tochter», wird er denken, «nur immer weiter auf sonderliche Weise herumleiden will und sich jedem Frohsinn verschließt, nun, so verdient sie es wohl auch nicht anders, als daß sie bekommt, wonach sie sich sehnt. Meine neue Frau jedenfalls wird es schon richten.»

Stets wenn Menschen wirklich grausam zueinander sind, wird man geneigt sein, eine ursprüngliche Grausamkeit und Bösartigkeit des Charakters im Hintergrund der entsprechenden Verhaltensweisen zu unterstellen; indessen sind für gewöhnlich wohl diejenigen Fälle von weit größerer Bedeutung, in denen Menschen einander verletzen und wehtun einfach aus Unvermögen und Unverständnis: Sie können einander beim besten Willen nicht verstehen, sie verfügen über keinerlei Sprache, einander mitzuteilen, was in ihnen vor sich geht, sie werden das Opfer all derjenigen Prozesse, die sie *unbewußt* in einem anderen Menschen ausgelöst haben, und vieles von dem, was subjektiv oft sogar aus einem hohen Verantwortungsgefühl und einem gerüttelten Maß an gutem Willen geschehen sein mag, kann am Ende die Qual alter Verletzungen womöglich noch steigern – *eher,* als sie zu vermindern. Vor sich selbst jedenfalls wird «Aschenputtels» Vater, sollte er wirklich mit sich einmal ins Gericht gehen, keinerlei Schuldspruch zu fürchten haben: er hat getan, was er konnte; mehr kann kein Mensch von ihm verlangen; alles weitere wird und muß seine neue Frau regeln. Und sie wird!

c) Die neue Rolle oder: wie ein Aschenputtel wird, was es ist

Das Bild der *«bösen Stiefmutter»* ist im Märchen geradezu sprichwörtlich verankert, doch kann es im Einzelfall bitter ungerecht sein. Wer Tragödien des Lebens mit moralischem Urteil werten will, wird wohl immer wieder Menschen zu Unrecht verurteilen, die nur einfach unglücklich und hilflos sind. Anders gesagt: keine Mutter der Welt, die das Schicksal dazu bestellt, eine Stiefmutter zu werden, will eine «Stiefmutter» sein! Wie aber soll in unserem Fall eine Mutter mit einem Mädchen zurechtkommen, das den Tod seiner «wirklichen» Mutter auf lebenslänglich zu bedauern gesonnen ist, das von dieser seiner «wirklichen» Mutter ein unübertreffliches Idealbild gewissermaßen als den Inbegriff seiner eigenen moralischen Rechtschaffenheit gleich einer heiligen Ikone in Ehrfurcht und Verehrung hält, das die neue Heirat seines Vaters eben deshalb in der Pose trauernden Edelmuts ablehnt und das obendrein noch lieber in schweigsamer Einsamkeit verharrt, als seine Gefühle in offenem Protest zu äußern?

Nehmen wir einmal an, daß die Motive zur Heirat auf seiten der neuen Mutter des «Aschenputtels» in der Tat eines gewissen Eigennutzes nicht gänzlich entbehrten: – da gilt es, den eigenen zwei Töchtern, die sie in die neue Ehe mitbringt, einen (neuen!) Vater zu geben; da will offenbar auch erst einmal die eigene vorzeitige Witwenschaft überbrückt werden; da mag auch die Aussicht auf eine «reiche» Heirat gewunken haben – selbst wenn wir in der neuen Heirat nicht so sehr Liebe und Zuneigung als vielmehr eine solide Wahrnehmung des wechselseitigen Vorteils am Werke sehen (mit deutlichem Überhang der Bilanzen zum Vorteil der Stiefmutter freilich!), so reicht das alles doch keineswegs aus, ein von vornherein ungünstiges Bild von dieser Frau und ihren beiden in die neue Ehe mitgebrachten Töchtern zu gewinnen. Vielmehr wird es sich eher so verhalten, daß die neue Mutter gegenüber dem verinnerlichten Idealbild ihrer Vorgängerin in der Seele des «Aschenputtels» prinzipiell nicht aufkommen *kann* – noch überhaupt jemals aufkommen *soll!*

Denn: Das «Aschenputtel» darf sich unter den gegebenen Voraussetzungen durchaus nicht dazu verstehen, mit seiner neuen Mutter ins Einvernehmen zu kommen – der ganze Aufbau seiner leidvollen «Frömmigkeit», «Güte» und «Treue», *alles* mithin, wofür es bisher gelebt hat, müßte ins Wanken geraten, sobald es anfinge, mit seiner neuen Mutter sich besser zu verstehen; ja, es muß unter diesen Umständen die neue Mutter mit all ihrem guten Willen, den wir getrost auch bei ihr voraussetzen dürfen, dem «Aschenputtel» geradezu als eine Verführerin zur Treulosigkeit und

Tafel 1: Edvard Munch, *Tote Mutter und Kind*, 1899/1900

Tafel 2: Max Klinger, *Tote Mutter*, 1889

Tafel 3: Edvard Munch, *Madonna auf dem Kirchhof*, 1896

Tafel 4:
August Renoir
Tanz in der Stadt
(Danse dans la ville)
1893

in gewissem Sinne zum Selbstverrat erscheinen: je näher das «Aschenputtel» seiner Stiefmutter käme, desto weiter entfernt wäre es dadurch von seiner Mutter – und von sich selbst. Erst wenn man begreift, daß «Aschenputtel» die neue Mutter förmlich ablehnen *muß*, um die alte Form seiner Identität nicht zu verlieren, wird deutlich, welch ein unerbittliches Ringen um den eigenen Selbsterhalt künftighin die nach außen so gedrückte Rolle des «Aschenputtels» mitbestimmen wird.

Gewiß wird die latente Ablehnung allseits spürbar sein, die «Aschenputtel» seiner neuen Mutter entgegenbringt. Wie aber soll diese darauf antworten? Der einzig sinnvolle Weg bestünde in langen Gesprächen über das Leben der verstorbenen Mutter; doch ein «Aschenputtel» wird sich strikt weigern, dieses sein Geheimnis einem anderen Menschen zu verraten, und schon gar nicht einer Person, die unverfroren genug ist, sich mit gutem Gewissen an die Stelle dieser Einzigartigen zu setzen! Zudem darf man den geheimen Stolz und Mut nicht unterschätzen, der in «Aschenputtels» Trauer sich geltend macht: er reizt förmlich zum Widerspruch und muß wie eine Aufforderung wirken, die äußerlich Erniedrigte auch innerlich zu demütigen. Man spürt den verhaltenen Trotz, der in der Gebärde des Schmerzes das Erscheinungsbild der verstorbenen Mutter fortsetzen möchte, und man wird sehr bald geneigt sein, mit gleicher Münze darauf zu antworten: Wenn «Aschenputtel» schon nicht glücklich sein will, im Wahn, durch seine widerspenstige Leidensmine ein besserer Mensch als alle anderen zu sein, so soll es halt lernen, sich in seinem Unglück nach Herzenslust zu wälzen und seine Weigerung zum Leben damit zu bezahlen, daß es nur ständig die Hinterlassenschaft des Todes, die Asche verbrannten Kohlenstoffs, im Gesicht trägt.

Man spürt wohl auch die versteckte *Vorwurfshaltung* und das aggressive Aufbegehren, das sich in «Aschenputtels» Bindung an die alte Mutter gegenüber der «Stiefmutter» ausspricht, und es scheint daher nur natürlich, daß das Mädchen über kurz oder lang in einen Machtkampf hineingeraten wird, bei dem es, zunächst jedenfalls, nur verlieren kann.

Für sich selbst freilich spielt ein «Aschenputtel» das Verliererspiel seines Lebens nach einer Umkehrlogik, die dem Nullouvert beim Skat ähnlich sieht: Nur wer es, in richtiger Einschätzung der Möglichkeiten seines Blattes, konsequent darauf anlegt, keinen «Stich» mitzubekommen, steht am Ende als Sieger da! Die Devise einer solchen masochistischen Ablehnung des gewöhnlichen Glücksstrebens zugunsten einer moralischen Besserstellung lautet: Wer verliert, gewinnt; man könnte es auch mit den Worten des Evangelisten Matthäus sagen: «Wer sich selbst erhöht, wird erniedrigt, und wer sich selbst erniedrigt, der wird erhöht werden» (Mt 23,12; Mt 18,4). Was in der Haltung des *«Magnificat»* noch wie ein reines Gnadengeschenk des Himmels erschien, das erweist sich jetzt als «erwerbbar» durch rechtes Verhalten. Freilich: jeder, ausgenommen einzig das «Aschenputtel» selbst, wird den außerdeutlichen *Anspruch* spüren, der in einer solchen enormen Selbsterniedrigung liegt; und was ihm selber als Bescheidenheit, Demut und als ein geduldiges Ertragen fremder Unbill erscheinen mag, das wird den anderen eher als Stolz, Hochmut und Scheinheiligkeit imponieren.

Auf *ihre* Art werden die anderen sich deshalb sogar im Recht fühlen, wenn sie das «Aschenputtel» *«mores»* lehren. Selbst um ein Mädchen wie das «Aschenputtel» derart konsequent zu quälen, wie das Märchen es schildert, braucht es so etwas wie ein moralisches Prinzip der Rechtfertigung; und so müssen wir annehmen, daß die Stiefmutter, wenn sie «Aschenputtel» immer zu drangsaliert, mit ihren quälenden Maßnahmen durchaus «erzieherisch» vorgehen möchte; das «Aschenputtel» aber wird sich in seinem (Vor-)Urteil über die moralische Minderwertigkeit dieser Frauensperson, die sich da neuerdings als seine Mutter aufspielt, durch all die gezielten Schikanen nur bestätigt fühlen. Die Tragödie der Eltern–Tochter-Beziehung tritt jetzt in ein neues Stadium.

«Ich wollte ihr immer den ‹Bock› austreiben», erinnerte sich eine Frau an ihre lange Jahre vergeblichen Erziehungsversuche gegenüber ihrer Stieftochter. «Ich habe zu ihr einfach keinen Kontakt bekommen. Sie tat lauter sinnwidrige Dinge, die sie nur schädigen konnten, und wenn ich versuchte, ihr notorisches ‹Ich will aber nicht …›, mit Gewalt zu brechen, schien sie hinterdrein noch zu triumphieren. Dieses Kind regte mich auf in allem, in der Art, wie es ging, wie es redete, wie es dreinschaute – es war wie verhext. Sie spürte völlig richtig, daß ich sie nicht mochte, weil sie mich wie von oben herab abblitzen ließ; mein Groll aber, den ich oft nur schwer verbergen konnte, gab ihr noch Oberwasser. ‹Du schaffst mich nicht›, schien sie zu denken. – Wissen Sie, manchmal glaube ich, daß meine Tochter sich irgendwie vorwarf, daß ihre richtige Mutter bei ihrer Geburt gestorben war. Sie war erst vier Jahre alt, als ich in die Familie einzog; aber schon mein Mann muß ihr insgeheim den Tod seiner Frau vorgeworfen haben. Es war, als wenn sie ständig für etwas hätte bestraft werden *wollen,* für das sie doch gar nichts konnte; aber sie brachte es immer wieder fertig, mich in Harnisch zu bringen. Ich mag Kinder nicht, die sich einbilden, wer weiß was zu sein, nur weil man es ihnen niemals recht machen kann.»

So ähnlich wird man aus der Sicht der «Stiefmutter» sich die Beziehung zu einem «Aschenputtel« vorzustellen haben: als das gespannte Verhältnis eines ebenso bemühten wie ärgerlich frustrierten Alles-richtig-machen-Wollens und Nichts-richtig-machen-Könnens. Wäre «Aschenputtels» Stiefmutter nur einfach gleichgültig oder bösartig-sadistisch, so wäre paradoxerweise die Qual des heranwachsenden Mädchens weniger groß – der Konflikt besäße unmöglich die Kraft, den gesamten Charakteraufbau eines Menschen zu prägen und sein ganzes Lebensschicksal als das eines «typischen Aschenputtels» vorwegzubestimmen. Es ist an dieser Stelle aber sehr wichtig, daß wir den «Typ» eines Menschen von der Wesensart eines «Aschenputtels» nicht als derart äußerlich bestimmt verstehen, wie das Märchen selber es schildert und uns zu denken nahelegt, indem es zwar die Sicht des «Aschenputtels» subjektiv aufgreift, die unbewußten Voraussetzungen dieser Sicht hingegen ausblendet. Natürlich erscheint in der Grimmschen Erzählung das «Aschenputtel» als das bedauernswerte *Opfer* aller nur möglichen unverschuldeten Heimsuchungen und Drangsale, und beim Hören dieser Geschichte wird die erste Wirkung auf ein kindliches Gemüt denn auch gewiß in einem entsprechenden Mitleid mit dem armen Mädchen und einem zornigen Protest gegen die bösartigen Anschläge der «Stiefmutter» bestehen. Damit aber ein Mensch wirklich in seinem ganzen Wesen zu einem «Aschenputtel» *wird,* genügt es nicht, daß er von außen her in eine Aschenputtel-Rolle hineingedrängt wird, er muß vielmehr die ihm zugemutete Rolle für sich selbst übernehmen und im Umgang mit sich selber verinnerlichen – anders bliebe das «Aschenputtel» lediglich die Bezeichnung einer sozialen Rollenzuweisung; es würde niemals die psychologische Darstellung eines bestimmten Charaktertyps abgeben können. Vor allem aber ist es von seiten der Psychotherapie her unerläßlich, das Weltbild eines «Aschenputtels» auf die eigenen subjektiven Anteile hin zu interpretieren und den Faktor der Eigenbeteiligung am Aufbau der «Aschenputtel»-Welt, so gut es geht, herauszuarbeiten; denn, um es so zu sagen: *heilen* wird man ein «Aschenputtel» nur, wenn man aufhört, es – entsprechend seiner Selbstwahrnehmung – als das bloße Produkt und als das willfährige Opfer seiner Umgebung zu betrachten; es kommt entscheidend darauf an, ihm die Augen für diejenigen Gefühle und Reaktionsweisen zu öffnen, mit deren Hilfe es sich die Welt gerade so zurechtrückt, wie sie ihm dann in ihrer Grausamkeit erscheint. Erst wenn einem «Aschenputtel» deutlich wird, wie tief sich die Gefühle seiner Kindertage in ihm festgesetzt haben und in welchen Wiederholungsschleifen es selbst dazu beiträgt, die alten Erfahrungen immer von neuem zu bestätigen, läßt sich die notwendige Distanz zu sich selbst und zu der eigenen Vergangenheit schaffen, um zu neuen Gestaltungsformen der Gegenwart hinzufinden. Wir fügen dem «Aschenputtel» also kein neues Unrecht zu, wir helfen ihm vielmehr allererst auf die Beine, um sich selber von dem belastenden Bild seiner verstorbenen Mutter zu lösen, wenn wir die Mißhandlungen von seiten der Stiefmutter in der angegebenen Weise als unbewußte Inszenierungen des Traumas eines ursprünglichen Schuldgefühls (für den Tod der Mutter) deuten.

Ein wirklich Neues, erzählt uns das Märchen, ergibt sich im Leben des «Aschenputtels» allerdings jetzt aus dem eintretenden *Konflikt mit seinen beiden «Stiefgeschwistern».* Schenkt man der Darstellung des Märchens Glauben, so sind *sie* es, weit mehr noch als ihre Mutter, die fortan dem «Aschenputtel» das Leben zur Hölle machen; ja, es sieht zu Beginn der Geschichte überhaupt so aus, als könnten die beiden Stiefgeschwister in eigener Regie mit dem «Aschenputtel» schalten und walten, wie es ihnen beliebt; erst sehr viel später erfahren wir, daß auch die Stiefmutter selber hinter den Demütigungen ihrer Töchter steht und sie mit eigenen Schikanen *en detail* nachahmt, ja, an systematischer Gemeinheit sogar noch um ein Vielfaches übertrifft. Für das Verständnis der Situation eines «Aschenputtels» liegt darin wohl ein Hinweis, daß die Auseinandersetzung mit der Stiefmutter wesentlich auf dem Boden einer langwierigen und höchst dramatischen *Geschwisterrivalität* ausgetragen wird.[26]

Wie das sein kann? – Dazu gibt die Grimmsche Erzählung drei Hinweise. *Zum ersten:* Gleich in der Einleitung des Märchens wurde «Aschenputtel» als «einziges Töchterlein» seiner sterbenden Mutter vorgestellt; der Konflikt mit seinen beiden (Stief-)Geschwistern muß also verstanden werden aus der Sicht eines «verwaisten» *Einzelkindes. Sodann:* die beiden neu hinzutretenden Geschwister sind, ihrem Verhalten nach zu schließen, deutlich *älter* als das «Aschenputtel».[27] Und *schließlich:* als ein Hauptthema der Geschwisterauseinandersetzung ist die Frage nach der *«Schönheit»* zu betrachten; denn nicht nur das «Aschenputtel», auch seine «garstigen» (Stief-)Schwestern sind «schön und weiß von Angesicht»; wer aber von ihnen wird imstande sein, die Liebe des «Königssohns» auf sich zu lenken – das ist und bleibt die Schicksalsfrage eines «Aschenputtels», das Thema, an dem sein ganzes Leben hängt. Denn so viel wissen wir bereits: dieses an sich ungeliebte Kind kann nur leben, wenn es irgendwann jemanden findet, der es liebt wie seine tote Mutter, oder, besser, der es so liebt, wie seine tote Mutter es hätte lieben sollen. Der Kampf um die «Schönheit» innerhalb der Geschwisterrivalität gilt nichts anderem als der Frage: wie werde ich liebenswert.

Wir haben bisher in der Auslegung des Grimmschen Märchens die Angaben von «Tod» und «Begräbnis» der Mutter ganz wörtlich genommen; um aber die Psychologie eines «Aschenputtels» hervorzubringen, muß die «Mutter» durchaus nicht biologisch-äußerlich «sterben». Zum Verständnis der Gefühle eines «Aschenputtels» genügt es, anzunehmen, daß die «gute» Mutter von einem bestimmten Moment an für ihr «einziges» Kind *seelisch* wie «gestorben» erscheint, indem sie durch das Dazwischentreten ihrer beiden älteren Töchter im Erleben des «Aschenputtels» als «Stiefmutter» wiederaufersteht. Daß die gute Mutter auch wirklich *äußerlich* ihrem Kind stirbt, *kann* im Werdegang eines «Aschenputtels» sich so ereignen, wie das Märchen es erzählt; daß sie ihm aber *innerlich* stirbt, *muß* sich ereignen, um die Gestalt eines «Aschenputtels» zu formen; und hier, in der Wiedergabe der *inneren Bedeutung* des äußerlich Geschilderten, liegt die eigentliche Aufgabe einer tiefenpsychologischen Deutung des Aschenputtel-Märchens.

Dasselbe Schillern zwischen Innen und Außen, das für die symbolnahe Sprache der Märchen so charakteristisch ist, gilt es auch bei der Erwähnung der *zwei* (Stief-)Schwestern des «Aschenputtels» zu beachten. Denn die Zahlangabe gehorcht hier offenbar nicht der Plausibilität der Erzählung selbst, sondern einem typischen symbolischen Schema, wonach *drei* Geschwister ein und desselben Geschlechtes sich auf die Suche nach dem ergänzenden *Vierten* begeben[28]; es wird sich später noch zeigen, daß es unter gewissen Voraussetzungen sinnvoll sein kann, im Rahmen einer *«subjektalen»* Deutung die beiden bösartigen (Stief-)Schwestern als bloße Seelenanteile in der Psyche des «Aschenputtels» selber zu verstehen. An *dieser* Stelle aber ist es ratsam, die *«objektale»* Deutungsebene[29] nicht vorschnell zu verlassen und sich als erstes für das reale Beziehungsgeflecht zu interessieren, das familiär den Werdegang eines «Aschenputtels» zu begleiten und zu begründen pflegt.

Dann aber stehen wir hier alsbald vor einer Schwierigkeit. Setzen wir nämlich die Existenz von *zwei* Stiefgeschwistern als eine äußerliche Wirklichkeit voraus, so bekommen wir hier allem Anschein nach eine Stiefschwester zuviel präsentiert: Beim besten Willen macht es keinen Sinn, zu erzählen, daß *zwei* schöne Schwestern sich gemeinsam um die Gunst des «Königssohnes» beworben hätten und nur das «Aschenputtel» ihnen dabei als Konkurrentin in die Quere gekommen sei: solange nur eine einzige Braut für die Wahl eines «Prinzen» infrage kommt, müßte das Märchen zumindest andeuten, in welcher Weise auch die beiden (Stief-)Schwestern untereinander und miteinander um die Gunst der Königshochzeit konkurrieren; die Tatsache hingegen, daß wir beide Schwestern bis kurz vor Ende des Märchens zur bloßen Erfüllung des üblichen Dreierschemas in einer vollständigen Aktionseinheit auftreten sehen, erlaubt es und erfordert es, sich *in der äußeren Realität* eine einzige (ältere!) (Stief-)Schwester als die eigentliche Konkurrentin eines heranwachsenden «Aschenputtels» vorzustellen.

Wie eine solche «Aschenputtel»-Rolle in der Geschwisterbeziehung im Schatten einer «Stiefmutter» *«objektal»* aussehen kann, läßt sich nach dem bisher Gesagten bereits recht gut begreifen. «Meine Schwester hat es eigentlich stets besser gehabt als ich», erläuterte eine Frau, ohne speziell dabei an das Aschenputtel-Märchen zu denken, diesen Zusammenhang in ihrer Kindheit: «Meine Schwester ist halt zu einer Zeit geboren worden, als meine Mutter sich noch einigermaßen gut fühlte. Ein paar Jahre Zeitunterschied können im Leben von Menschen so viel bedeuten! Sie (die Schwester) hatte ganz einfach das Glück, die ersten fünf Jahre ihres Lebens noch relativ geborgen aufwachsen zu können, während ich geboren wurde, als meine Mutter schon an Herzasthma erkrankt war. Trotzdem warf meine Schwester mir später oft vor, ich sei Mutters Nesthäkchen gewesen, und sie habe mich ihr stets vorgezogen. Wahrscheinlich war sie einfach eifersüchtig, daß ich fünf Jahre nach ihr zur Welt kam und mich damit an ihre Stelle drängte.»

Tatsächlich muß zwischen den beiden Kindern sehr früh schon ein verzweifelter «Verteilungskampf» um die immer begrenzter werdende Liebe ihrer kränkelnden Mutter entbrannt sein[30], der all die Konflikte widerspiegelt, die wir soeben bereits als typisch für ein «Aschenputtel» im Verhältnis *zu seinem Vater* beschrieben haben: Die Geburt des «Aschenputtels» dürfte unter den gegebenen Umständen selbst die liebste Mutter auf Erden – und gerade sie! – überfordern, und doch wird sie versuchen, sich dem Neuankömmling *ganz* zu widmen, so als wäre es wirklich ihr Einziges, ihr «Einzelkind». Für die ältere Tochter aber muß allein schon diese Tatsache so etwas wie ein schweres Unrecht bedeuten: hat sie nicht jahrelang alles versucht, das ohnedies schon angespannte Leben der Mutter zu erleichtern, nur um jetzt mitansehen zu müssen, wie die Mutter an der Geburt dieses neuen Geschwisters schier zu zerbrechen droht und jedenfalls keine Kraft mehr besitzt, ihrer älteren Tochter das bisher gewohnte Maß an Zuwendung auch weiterhin zu schenken?

Versetzt man sich in die Lage der älteren Tochter, so wird sie beizeiten spüren, daß es fortan nur *ein* Mittel gibt, um auch künftig der Zuneigung der Mutter sich zu vergewissern: sie muß nach Möglichkeit den Arbeitsanteil übernehmen, der von der Mutter nicht mehr bewältigt werden kann; sie muß, anders gesagt, die *Hausfrau* zu ersetzen suchen, die durch die neue Mutterschaft der Mutter zu Hause fehlt. Dazu gehört freilich, daß die ältere Tochter den Ärger über die Zumutung der Geburt ihrer Schwester herunterschluckt. Statt die jüngere Schwester offen heraus abzulehnen, muß sie an der Seite der Mutter sogar ein besonders hohes Maß an Verantwortung für die Erziehung «des Kleinen» übernehmen, und es läßt sich leicht absehen, welche «stiefschwesterlichen» Komplikationen dabei entstehen werden.

Will zum Beispiel die ältere Schwester, wie bisher, zum Spielen gehen, so muß sie auf einmal die jüngere wie einen Klotz am Bein mitschleppen; sie muß Sorge tragen, daß dem noch unbeholfenen Geschwisterchen nichts passiert; sie muß, statt sich frei bewegen zu können, sich stets in der Nähe dieses lästigen Balges aufhalten; sie muß zu überbrücken suchen, daß auch die Spielkameradinnen ein schreiendes, weinendes Kleinkind alles andere als amüsant finden.

Wie aber sich dieser Aufgabe entledigen? – «Ich habe manchmal Reißzwecken in das Wägelchen meiner Schwester gestreut, damit sie so laut schrie, daß meine Mutter sie selber wieder zu sich holte. Ich wollte sie mit allen Mitteln loswerden.» Die Frau, die so sprach, hatte als Mädchen eine Mutter gehabt, der es einen solchen Ausweg, eine solche Belastung immerhin zumuten konnte. Die (ältere Stief-)Schwester eines «Aschenputtels» indessen kann nicht einmal das; denn *ihre* Mutter ist ersichtlich *zu* hilfsbedürftig, als daß man die übernommene Verantwortung mutwillig an sie zurückdelegieren dürfte. In dieser Zwickmühle des «Ich-muß, aber ich will nicht» liegt es nahe, sich mit seinem Zorn über die unerwünschte Aufsichtspflicht *durch wohldosierte Quälereien* an der jüngeren Schwester schadlos zu halten. Alle Schuld im Beschwerdefalle wird ohnedies der jüngeren Schwester selbst zufallen: gewiß hat sie sich falsch verhalten, sie ist aber auch schwer zu beaufsichtigen, sie ist halt ein Unglückswurm und ein Tollpatsch. Die Mutter ihrerseits wird froh sein, daß die ältere Tochter ihr trotz all solcher Querelen derart umsichtig beisteht; sie wird sich schwertun, ein Mädchen zu tadeln oder gar zu bestrafen, das ihr erkennbar derart hilfreich und nützlich zur Hand geht. Zwischen der Mutter und der älteren Tochter wird es somit, wie in dem Grimmschen Märchen geschildert, zu einem Zweckbündnis kommen, das ursprünglich vermutlich sogar auf das Wohl des Jüngsten berechnet war, das aber nach Lage der Dinge dem Pakt eines chronisch übersehenen Unrechts in den Augen des «Aschenputtel»-Mädchens gleichkommen muß: Eines Tages, sobald es groß genug ist, daß die Mutter sich zunehmend wieder ihrer Hausarbeit zuwenden kann, wird das «Aschenputtel» die Rolle des «einzigen» Kindes an der Seite seiner guten Mutter verlieren, und fortan wird es an Mutters Stelle mit seiner älteren Schwester konfrontiert werden, die ihrerseits gegenüber dem «Aschenputtel» jetzt nicht mehr die Rolle der Hausfrau, sondern zunehmend die Rolle der Mutter zu vertreten beginnt.

Allein dieser Wechsel kann ausreichen, um eine gute Mutter – aus der Sicht ihres Kindes – «sterben» zu lassen und sie in eine «Stiefmutter» zu verwandeln und der älteren Schwester den Charakter einer «Stiefschwester» zu verleihen. Ordnen wir unsere Interpretation in dieser Weise an, so verstehen wir in der Tat jetzt jedes Detail des Grimmschen Märchens, ja, wir verstehen die Genauigkeit seiner Schilderung allererst wirklich zu würdigen; denn es ist, wie wir sehen, nicht etwa ein Ungeschick der Erzählweise der Brüder Grimm, daß sie als erstes nach der neugeschlossenen «Heirat» des Vaters *die bösen «Stiefschwestern»* in großer Ausführlichkeit auf den Plan treten lassen, um hernach erst zu zeigen, daß auch die «Stiefmutter» selber mit den Verhaltensweisen ihrer «rechten» Töchter sich voll und ganz identifiziert[31]; wir müssen es vielmehr als den bestmöglichen Ausdruck der realen Erfahrungen eines «Aschenputtels» betrachten, wenn wir es nach dem Tod seiner «richtigen» Mutter über lange Zeit hin der Willkür seiner «Stiefschwester(n)» ausgeliefert sehen: Kaum der ursprünglichen Einheit mit seiner Mutter entwachsen, wird ein «Aschenputtel» wohl oder übel feststellen müssen, daß es durch die bloße Tatsache seines Daseins der Mutter ebenso lästig fällt wie den älteren Schwestern; beide Teile erfüllen, psychologisch betrachtet, die Rolle einer «Stiefmutter» und einer «Stiefschwester»; es ist aber die «Stiefmutter» selbst von ihrer Tochter so weit entfernt, daß in das Vakuum fehlender Mütterlichkeit nunmehr die Zwangsaufsicht der «Stiefschwester(n)» tritt, gespickt mit Gefühlen von Neid und Ärger auf den ungebetenen Nachzügler und doch gepaart mit dem aufrichtigen Wunsch, der Mutter das Leben zu erleichtern und für sie zu tun, was irgend nur möglich ist. Was aber kann das «Aschenputtel» tun, um mit all diesen Widersprüchen gegen seine Existenz zurechtzukommen? Es wird sich, im Bild gesprochen, *von sich selbst her* gerade so verhalten, wie das Grimmsche Märchen es als ein Diktat der bösen Stiefschwestern von außen her schildert, und auch dies mit gewissem Recht. Aus der Perspektive des «Aschenputtels» muß es jetzt wirklich so aussehen, als wenn seine ältere(n) Schwester(n) jedes Recht ihm gegenüber besäße(n). Dieses Kind, das von seiner «Stiefschwester» mit schlecht verhohlenem Neid beäugt und mit zum Teil offener Aggression verfolgt wird, kann selber wohl kaum anders, als seinerseits *die ältere Schwester* für all die Rechte und Freiheiten zu beneiden, die ihr die «Stiefmutter» offenbar nur allzu bereitwillig einräumt und zuerkennt. Diese ältere Schwester kann offensichtlich tun und lassen, was sie will, sie kann noch so gemein und gehässig, noch so hinterhältig und kratzbürstig gegenüber ihrer jüngeren Schwester auftreten, das «Aschenputtel» muß Mal für Mal erleben, daß die (Stief-)Mutter sich am Ende auf die Seite der (Stief-)Schwester schlagen wird. «Alle anderen sind mir gegenüber im Recht, ich selbst aber habe unter allen Umständen Unrecht» – so lautet die erste Erkenntnis über die Wahrheit seines Lebens für ein «Aschenputtel». Mit anderen Worten: Ein «Aschenputtel» erlebt sich als durch und durch heimatlos im eigenen Zuhause, als rechtlos unter den eigenen Angehörigen; sein Leben ist zum Sterben verurteilt, kaum daß es beginnen könnte; und am Ende scheint es deshalb wirklich schon besser, *tot* zu sein an der Seite seiner *Mutter,* als leben zu müssen unter der Knute seiner *(Stief-)*Schwester und seiner *(Stief-)* Mutter. Wenn aber ein Leben im Zustand der völligen Rechtlosigkeit schon gelebt werden muß, so steht es unter einer prinzipiellen und unerbittlichen Regieanweisung: Lebe so, daß Du Dein Leben verbringst als Buße für die nicht wiedergutzumachende Schuld, daß es Dich gibt, und: Achte vor allem darauf, nicht wie Dir Recht geschieht, sondern wie Du es anderen rechtmachen kannst. «‹Gib Dich halt›, sagte meine Mutter zu mir, wenn ich mich über irgend etwas bei ihr beklagen wollte», erzählte eine Frau im Rückblick auf ihre «Aschenputtel»-Jugend; «es sollte wohl so viel heißen wie: Was sollen wir schon machen ...»

Dieser kleine Satz kann an dieser Stelle übrigens noch eine recht wichtige zusätzliche Einsicht liefern; er erlaubt zu verstehen, wie der Wechsel von einer besonders *guten* Mutter zu einer «Stiefmutter» möglich ist. Wenn die «Güte» der Mutter wesentlich darauf gründet, sich nicht abgrenzen zu können noch zu dürfen, so ist der Zustand der Erschöpfung und Überforderung nicht fern, den wir im Hintergrund einer «Aschenputtel»-Kindheit voraussetzen müssen. Das «Gib Dich halt» dient als Ausdruck der mütterlichen Moral nicht nur zum Vorbild und Ideal der wenig durchsetzungsfreudigen Wesensart eines «Aschenputtels», der Satz bietet in gewissem Sinne auch eine Erklärung für den seelischen «Tod» der Mutter und ihre Ersetzung durch die «Stiefmutter», und zwar in ein und derselben Person; der Satz erklärt, wie aus der «guten Mutter» die «böse» Mutter werden kann: Das «Nein», das die «gute» Mutter nicht zu äußern wagt, führt am Ende nicht zu einer größeren Bejahung des «Aschenputtel»-Mädchens, sondern im Gegenteil schon aufgrund der ständigen Überforderungen zu einer totalen Verneinung des Kindes in einem Feld ständiger Schuldgefühle. Am meisten wohltuend, *nota bene,* ist für ein Kind nicht eine Mutter, die sich opfert, leidet und «stirbt», bis sie notgedrungen als «Stiefmutter» wiederaufersteht, am meisten wohltuend für das Glück eines Kindes ist eine Mutter, die selber zu leben versteht, indem sie die Grenzen markiert, die sie braucht, um selber relativ glücklich zu sein. Freilich: wenn das möglich wäre, hätten wir eine andere Geschichte vor uns als die Erzählung von der Kindheit eines «Aschenputtels».

Für das «Aschenputtel» ergibt sich jetzt nämlich eine eigentümliche Umkehrung all seiner unmittelbaren Interessen und Gefühle. Im Stich gelassen von der Mutter, die es einmal geliebt hat, ausgeliefert an eine Schwester, die an Mutters Stelle auf es achthaben soll, unfähig, eine Instanz zu finden, die es seines Rechts, zu leben, glaubhaft versichern könnte, heimgesucht von Schuldgefühlen, allen Menschen ringsum lästig, überflüssig und unerwünscht zu sein, verbleibt ihm jetzt nur ein einziger Weg, die ursprüngliche Ablehnung durch seine gesamte Umgebung, wenn schon nicht rückgängig zu machen, so zum mindesten ein wenig zu verringern: Es kann *sich selbst verneinen,* um von den anderen nicht verneint zu werden, es kann sich selber ablehnen, um nicht immer wieder hören zu müssen, wie die anderen es ablehnen, und es kann hoffen, ein gewisses «Recht» zum Leben doch noch zu gewinnen, wenn es seine eigene Rechtlosigkeit möglichst vollständig akzeptiert.

«Wer Brot essen will, muß es verdienen», sagen die «Stiefschwestern» zum «Aschenputtel» und zitieren dabei, bibelfest wie sie sind, 2 Thess. 3,10: «Wer nicht arbeiten will, soll auch nicht essen.» Es ist ein Satz, der so klar wie nichts sonst als eine brutale Regel der Gesellschaftsethik ausspricht, was das Lebensgefühl eines im Grunde unerwünschten Kindes psychisch durch und durch bestimmen wird: Du verdienst nicht zu leben; also mußt Du Dir verdienen, leben zu dürfen. Und das Empfinden, das sich daraus ergibt, kann nur lauten: «Hinaus mit der Küchenmagd.» Man muß zufrieden sein mit dem Allerniedrigsten, man muß tun, was die anderen wollen, man muß jede Demütigung sich gefallen lassen, als sei es das Natürlichste von der Welt – man muß *alles* hinnehmen, nur um dazuzugehören, in dem sicheren Wissen zudem, niemals wirklich «dazuzugehören»; *Magd* zu sein und «hinaus» gekehrt zu werden als etwas, das sich so nützlich machen mag, als es will, es wird doch stets verachtenswert bleiben – mit diesem Gefühl tritt «Aschenputtel» jetzt in sein Leben.

Und doch verfügt es ganz im Inneren über diesen rätselhaften Stolz, den es niemals verlieren wird und der unter all den Demütigungen eher wachsen als abnehmen wird: je herausfordernder die Stiefschwestern es behandeln werden, desto sicherer auch setzen sie selbst sich ins Unrecht: *so,* wie sie es treiben, ist es *nicht* gerecht, das steht fest. Die Stiefschwestern können nicht ahnen, daß sie «Aschenputtel» ein unsichtbares Ehrenkleid umhängen, wenn sie ihm «seine schönen Kleider» wegnehmen, und daß sie sein Selbstwertgefühl gerade stabilisieren, indem sie «die stolze Prinzessin» in ihre «Küchenmagd» zu verwandeln suchen. «Mögen sie mich auch erniedrigen und beleidigen, wenn ich nur ‹gut und fromm› bleibe und mir selber nichts vorzuwerfen habe, so ist doch alles gut», das scheint die innere Lebensregel des «Aschenputtels» zu werden. Das Mädchen wird dabei freilich nicht ahnen, wie ähnlich es mit einer solchen Devise der Lebensform seiner «guten» verstorbenen Mutter wird … «Es ist keine Sünde, arm zu sein, aber es ist eine Sünde, reich zu sein und die Armen zu beleidigen», sagt die Mutter der kleinen Nelly einmal in F. M. DOSTOJEWSKIS Roman: *«Die Erniedrigten und Beleidigten».*[32] Es ist der Stolz der Armen, daß die Niedrigkeit ihrer Erniedriger tiefer reicht als ihre eigene Erniedrigung.

In «Aschenputtels» Erleben gesellt sich also zu der Trauer um die verstorbene Mutter jetzt auch noch die Trauer über die erniedrigte Stellung in seiner Familie. Wir kennen das *«Sitzen in der Asche»* schon aus der Bibel und der griechischen Antike als einen Ausdruck der Schmach und der Schande[33]: Nichts als «Staub» zu sein – so haltlos, verächtlich und nichtig, und nicht mehr zu wissen, wie man sich aus all dem *«Schmutz»* noch erheben könnte – es ist das Bild einer nicht endenden Klage, ohne jede Aussicht, jemals noch gehört oder gar verstanden zu werden.

Gleichwohl findet innerhalb dieser durch und durch depressiv getönten Welt des «Aschenputtels» eine erstaunliche innere Entfaltung statt, die man als eine wachsende geistige Unterscheidungsfähigkeit verstehen kann. Ein Kind, das sich unter den ständigen Druck gestellt sieht, sein Daseinsrecht Tag um Tag neu «verdienen» zu müssen, wird geistig sich gewiß recht stürmisch entwickeln. Es ist das alte Gesetz der HEGELschen Dialektik, daß nach einer Weile der Knecht seinen Herrn übertreffen wird[34], indem er durch alltägliche Arbeit sich einen Sachverstand erwirbt, den man durch bloßes Kommandieren und Befehlegeben als «Herr» niemals lernen wird. Ein gutes Bild für diese Dialektik bietet andeutend das Grimmsche Märchen selbst: Reinweg, um ihren Mutwillen mit dem armen Mädchen zu treiben und nur, wie um ihren Schikanen noch eine weitere hinzuzufügen, werfen die beiden «Stiefschwestern» *Erbsen und Linsen* in die Asche und heißen das «Aschenputtel», sie wieder herauszulesen. Den «Stiefgeschwistern» scheint es offensichtlich Freude zu bereiten, wenn sie sogar die tägliche Speise des «Aschenputtels» in den Dreck ziehen und das Mädchen zwingen, sich seinen Lebensanteil mühsam wie ein Vögelchen zusammenzulesen; gerade auf diese Weise aber gewinnt das Kind die kostbare Fähigkeit, immer genauer *unterscheiden* zu können zwischen dem, was wirklich «schmutzig» ist, und dem, wovon sich leben läßt, zwischen Unwertem und Wertvollem, zwischen keimhaft Wachsendem und ausgeglüht Totem. Noch helfen «Aschenputtel» keine «Täubchen» bei seiner Arbeit, und doch wird es mehr und mehr gerade in der Schule von Unrecht und Leid ein nachdenkliches, suchendes, geistig differenziertes Kind werden, das Körnchen um Körnchen die Fähigkeit der Tauben lernen wird: «rein zu lesen».

Konkret müssen wir uns das «Heraussuchen» der «Linsen» und «Erbsen» aus der «Asche» als das paradoxe Bemühen eines Kindes vorstellen, seiner Umgebung, die alles tut, ihm das Leben so schwer zu machen wie möglich, das Leben so leicht zu machen wie möglich. Genauso, wie ein «Aschenputtel» versuchen muß, die Last seines Daseins gegenüber seiner Mutter durch ein möglichst bereitwilliges Entgegenkommen zu verringern, so muß es jetzt bestrebt sein, den wirklichen oder vermeintlichen Wünschen der älteren (Stief-) Schwester(n) so nahe zu kommen wie nur möglich. Vielleicht könnte es doch noch geduldet werden, wenn es sich nur als irgendwie brauchbar erweisen würde?

«Ich habe stundenlang als Kind am Fenster gehockt und hinausgeschaut, was den Menschen, die draußen vorübergingen, wohl fehlen könnte», berichtete eine Frau, die sich mit dem «Aschenputtel»-Märchen der Brüder Grimm noch heute auf Du-und-Du fühlt. «Es wurde mein Lieblingsspiel, Gedanken zu lesen und die Wünsche der anderen zu erfüllen, noch ehe sie sagen mußten, was sie brauchten.» – «Und hatten Sie Erfolg damit?» fragte ich. – «Das nicht gerade. Im Gegenteil. Ich sehe mich noch eines Morgens in die Schule gehen, die meine ältere Schwester besuchte. Sie hatte ihr Rechenheft vergessen – oder auch nicht, jedenfalls hatte ich ein Heft gefunden, von dem ich glaubte, sie würde es brauchen; und so ging ich schmutzig, den Mund verschmiert, mit durchlöcherten Strümpfen, die Haare ganz wirr, ich war ja doch höchstens vier Jahre alt, einfach in ihre Klasse: Plötzlich stand ich da unter all den Kindern; die Lehrerin fragte: ‹Was willst Du denn hier?› Ich hielt ihr nur ganz stumm das Heft hin. Alle fingen an zu lachen. Nur meine Schwester schämte sich zu Tode. Sie hätte wohl auch ohne das Heft auskommen können. Aber ich war so allein. Und zu Hause hörte sie nicht auf, mit mir zu schimpfen. Auch Mutter sagte, ich hätte die ganze Familie blamiert. Ich verstand das alles nicht. Aber in den folgenden Tagen mußte ich es herausfinden.»

Das muß es heißen, aufzuwachsen als eine entehrte «Prinzessin» und aus der «Asche» «Linsen» und «Erbsen» lesen zu sollen. Es heißt, in grübelnden Gedanken nach etwas suchen zu müssen, von dem man leben könnte, das aber wie mutwillig von den anderen in Schmutz und Schande geworfen wird. Im Schatten einer überforderten (Stief-)Mutter und einer überforderten älteren (Stief-) Schwester wächst mithin ein stets überfordertes, weil ursprünglich überzähliges und abgelehntes Mädchen heran, das seinen Lebenssinn darin setzen muß, den anderen so hilfreich zu werden, wie es irgend geht. Das ist die eine Seite eines «Aschenputtels». Es gibt allerdings noch eine andere: Ein Kind, das nur leben darf als ein besonders nützliches Wesen, muß eines Tages auch denken, daß es im Leben irgendwie wesentlich auf es ankommen wird.

Um die Gefühle eines «Aschenputtels» zu begreifen, muß man verstehen, daß alles Außerordentliche außerordentliche Charaktere hervorbringen wird, auch außerordentlich im Leid. Am Ende wird ein «Aschenputtel» seine Größe und seine Schönheit nicht zuletzt gerade aus all dem gewinnen, was man ihm als Kind an Leidvollem angetan hat. Und man wird es liebgewinnen auch un d gerade für seinen Schmerz, für seine Traurigkeit und für seine Tränen. Doch so weit sind wir noch lange nicht.

2. Das Geschenk des Vaters

Was in all der Zeit, müssen wir uns fragen, macht eigentlich der Vater? Daß von seinem Engagement als Erzieher nicht viel Rühmliches zu vermelden ist, wissen wir mittlerweile. Doch daß er nun «auf Reisen geht», schafft eine neue Situation für das «Aschenputtel».

Zu denken ist *psychologisch* natürlich nicht an eine räumliche, sondern an eine innere «Entfernung», die zwischen Tochter und Vater beginnt; denn, wie immer, müssen wir auch hier Ereignisse, die das Märchen wie eine äußere Zufügung schildert, als eine Bewegung in der Psyche der Zentralfigur der Erzählung selber deuten.[1] Nicht daß der Vater «verreist», sondern daß das «Aschenputtel» die bisherige Form seiner Bindung an ihn aufgibt, bildet das Thema dieses Motivs. Dann freilich fällt die relative *Passivität* auf, die das Aschenputtel-Märchen über weite Strecken kennzeichnet. Normalerweise erzählen uns die Märchen zur Symbolisierung wichtiger Reifungsschritte im Leben ihrer Hauptakteure, wie diese selber sich auf den Weg machen, um nach einer Kette verwickelter Abenteuer am Ende eine verwunschene Prinzessin (oder einen Prinzen) zu erlösen und zur Feier einer glücklichen Hochzeit nach Hause zurückzukehren.[2] Die Geschichte eines *«Aschenputtels»* gibt sich an dieser entscheidenden Stelle weit zurückhaltender; nicht was das «Aschenputtel» tut, sondern was ihm angetan wird, ist Gegenstand seiner Darstellung.

Vorausgesetzt ist offenbar, daß das «Aschenputtel» unter den genannten Umständen durchaus nicht über die Fähigkeit verfügt, von sich aus in ein eigenes Leben zu treten – nicht es selber entfernt sich von seinem Vater, es muß damit leben, daß der Vater beschließt, «einmal in die Messe zu ziehen». Er, nach wie vor, ist offenbar ein alter Krämergeist, dem an äußerem Reichtum weit mehr gelegen ist als an dem Glück seiner Tochter, soll man bei dieser Bemerkung wohl denken. Charakteristisch ist indessen, daß der Vater seinen Töchtern mitzubringen verspricht, was irgend diese sich wünschen. Der Weggang des Vaters dient also mittelbar der Formulierung und der Erfüllung der wesentlichen Wünsche seiner «Töchter»; was diese sich jetzt von ihrem Vater wünschen, wird über ihr ganzes weiteres Lebensschicksal entscheiden. Alle werden dabei bekommen, was sie möchten, doch eben: was sie bekommen *möchten,* ist der Ausdruck und die Bestimmung dessen, was sie sind, beziehungsweise die Darstellung ihrer Wahlmöglichkeit zwischen Wesentlichem und Unwesentlichem, je nach der Art ihrer eigenen Orientierung.

Das Alter, in dem die Szene von Weggang und Rückkehr des Vaters spielt, wird man sich entwicklungspsychologisch wohl schon recht früh, am Ende der «ödipalen Phase», in der Zeit des 5./6. Lebensjahres also, zu denken haben.[3] Es ist das erste Mal, daß ein Mädchen lernen muß, die Bindung an seinen Vater aufzugeben und den «Reichtum» seiner Gestalt «neu» sich schenken zu lassen. Wenn der Vater «zurückkehrt», wird er all das *innerlich* zurückbringen, was sich schon vorher inhaltlich mit ihm verband, und sein Weggang ist psychologisch die Bedingung, daß zu einem «Lebensgeschenk» werden kann, was er als Person seinen Töchtern bedeutet. *Das* aber, was er seinen Töchtern jeweils bedeutet, hängt ganz von der Art ab, in der er bisher von ihnen erlebt wurde, und diese Art erweist sich zwischen den (Stief-)Geschwistern als denkbar unterschiedlich. *«Schöne Kleider»,* erklärt die eine Stiefschwester, möchte sie von ihrem Vater geschenkt bekommen; *«Perlen und Edelsteine»* wünscht sich die andere; beide, soll der Leser vor allem im Kontrast zu der Bescheidenheit des «Aschenputtels» denken, hängen allzusehr an *Äußerlichkeiten.* Wohl können *«Perlen»* in den Märchen der Völker ein bevorzugtes Bild für die Kostbarkeit einer in sich «rund» gewordenen Lebensform, für die Integration des «Selbst» sein[4]; sogar in den Gleichnissen des Neuen Testamentes taucht die «kostbare Perle» als ein Bild für den überragenden Wert eines richtigen Lebens vor Gott auf (Mt 7,6; 13,45–46).[5] Im Aschenputtel-Märchen hingegen bezeichnen die «schönen Kleider» und die «Perlen und Edelsteine» durchaus nichts «Geistiges», sondern nur sich selbst. Plötzlich taucht da mitten in dem Grimmschen Märchen ein Problem auf, dessen Lösung wohl nur religiös gelingen wird: in welcher Weise ein Mensch versucht, sein *«Glück»* zu machen beziehungsweise glücklich zu werden.

Das Leben *«äußerlich»* zu nehmen – das bedeutet, sich in genau den Fragen zu verfangen, die in der Bergpredigt geradezu unter Verbot gestellt werden: «Sorgt euch nicht», heißt es dort, «um euer Leben, was ihr essen oder was ihr trinken sollt, noch um euren Leib, was ihr anziehen sollt. Ist nicht das Leben mehr als die Speise und der Leib mehr als die Kleidung?» (Mt 6,25).[6] Für die (Stief-)Schwestern des «Aschenputtels» hingegen steht die Frage, wie man sich äußerlich schön macht und wie man sich möglichst eindrucksvoll kleidet, absolut im Vordergrund ihres Interesses. Sie hoffen, durch ein auffallendes Äußeres selber Gefallen zu finden; sie vermeinen, durch Schmuck und Geschmeide selber als schmuck und geschmeidig erlebt zu werden; doch man ahnt schon im voraus: *attraktiv* mögen sie auf diese Weise werden, *liebenswert* aber werden sie auf diese Weise nimmermehr. Kein Mensch, der sein Leben wesentlich an den Fragen seines Äußeren festmacht, hat eine wirkliche Chance, zu sich selber zu finden; er wird vielmehr notwendigerweise immer abhängiger von fremden Bewertungen, von äußeren Veränderungen, von der Gunst der Umstände werden, und die Frage, was andere von ihm halten, wird für ihn allemal wichtiger sein, als was oder wer er selber ist.

Der dänische Religionsphilosoph Sören Kierkegaard hat einen solchen Standpunkt zutreffend als «Ästhetisierung» des Daseins bezeichnet.[7] In der «Ästhetik» bleibt das Leben wesentlich durch den Zufall und durch das Äußerliche bestimmt – man ist *zufällig* schön, man hat *zufällig* Glück, man ist heute mal so und morgen mal so – man kommt niemals dazu, ein inneres Prinzip der Selbstgestaltung und der Selbstverantwortung in sein Dasein zu bringen. «Schöne Kleider» und «Perlen und Edelsteine» sind in diesem Sinne der Ausdruck eines *verzweifelten Mißverständnisses* des Lebens, das glaubt, in unmittelbarer Weise glücklich werden zu können, und das doch durch den Ausfall an Innerlichkeit sich selber dazu verurteilt, auf immer «unglücklich», das heißt *ungeliebt,* weil menschlich unwert zu bleiben.[8]

Ganz anders das «Aschenputtel». Gefragt von seinem Vater, äußert es einen sehr sonderbaren Wunsch, der im Kontrast zu den Wünschen seiner (Stief-) Schwestern wie ein Muster an Bescheidenheit wirken muß; wir sehen aber, daß der eigentliche Gegensatz hier nicht in der Höhe oder in dem Umfang der jeweiligen Wünsche, sondern in deren *Eigenart* besteht: der wesentliche Unterschied zwischen den (Stief-)Schwestern und dem «Aschenputtel» liegt in dem Widerspruch von Äußerlichkeit und Innerlichkeit, von Ästhetik und Ethik, von «Vergnügen» und «Verantwortung», von Verflechtung in die Umstände und Verpflichtung gegenüber den Umständen. Schon jetzt zeigt sich, was das «Aschenputtel» in der Schule des Lebens gelernt hat; doch können noch viele Jahre vergehen, um aus der Vergangenheit seines Leidens die Zukunft seines Glücks zu formen. Der erste Schritt dahin aber liegt in dem merkwürdigen Wunsch, den es jetzt an den Abschied seines Vaters richtet: «Das erste Reis, das Euch auf Eurem Heimweg an den Hut stößt.»

Ein wenig unvoreingenommener gegenüber den «Stiefschwestern», ließe sich der Unterschied zwischen ihren Wünschen und denen des «Aschenputtels» als weitgehend *altersbedingt* erklären: Nehmen wir an, daß die älteren Stiefschwestern bereits in den *«Jahren des Aufblühens»* stehen (*«Pubertät»* ist ein Ausdruck, den jedes Mädchen und jede Frau ganz zu Recht als unerträgliches Medizinerdeutsch ablehnen wird), so dürfen wir ihr (neu erwachtes) Interesse an Schmuck und schönen Kleidern, mithin ihren Wunsch, die eigene mädchenhafte Schönheit und beginnende Fraulichkeit zu entdecken und zum Ausdruck zu bringen, für etwas ganz Normales halten; erst in den Augen des allzu «bescheidenen» «Aschenputtels» erscheint hier etwas Überwertiges, Maßloses, Arrogantes, das wie von selbst seiner wohlverdienten Strafe harrt. Von dem «Aschenputtel» hingegen wird man sagen müssen, daß *seine* Phase der Loslösung von dem Vater entschieden früher liegt; offenbar steht es erst am Beginn der *«Latenzzeit»* in der Sprache der Psychoanalyse – am Beginn des ersten großen Aufbruchs zu einer selbständigen Persönlichkeit, können wir auch sagen[9]; denn was in dieser

Zeit zwischen dem 5. und 6. Lebensjahr erlebt wird, faßt nicht nur die bisherige kindliche Entwicklung auf einer neuen Stufe der Selbstorganisation der Psyche zusammen, es bilden sich in dieser Zeit insbesondere auch all die Überzeugungen und sittlichen Ideale heraus, die das ganze weitere Leben mitbestimmen und mitgestalten werden, sofern sie nicht durch neue prägende Erlebnisse noch einmal verändert werden. Worum also geht es bei «Aschenputtels» Wunsch an den Vater?

Eines ist von vornherein klar: ein derart spezieller, eine ganz bestimmte Situation voraussetzender Wunschinhalt stellt in sich selber das Produkt einer komplexen symbolischen *Verdichtung* dar, die man – probeweise – zunächst von ihren einzelnen Elementen her untersuchen kann und muß; schon bei einem solchen – an sich ungenügenden – Verfahren vermag man zu einer ganzen Reihe brauchbarer und überraschender Annäherungswerte zu gelangen.

Beeindruckend ist als erstes schon das Bild des *reitenden Vaters* selbst. Die Vorstellung von dem Vater hoch zu Roß weist diesen Mann in der Sicht seiner Tochter ohne Zweifel als eine immer noch machtvolle Persönlichkeit aus, in der sich Es und Überich, Triebenergie und leitende Vernunft zu einer Einheit verbinden; es deuten sich in dieser Vorstellung aber auch eine Reihe *sexueller* Motive an, die in überraschende Zusammenhänge hineinführen.

In seiner *«Traumdeutung»* hat S. FREUD einmal eine vergleichbare Erinnerung an einen Traum *Bismarcks* analysiert, wie dieser «auf einem schmalen Alpenpfad ritt, rechts Abgrund, links Felsen», und mit einer «Gerte in der linken Hand gegen die glatte Felswand» schlug, um sich einen Ausweg zu öffnen; «die Gerte wurde unendlich lang, die Felswand stürzte wie eine Kulisse und eröffnete einen breiten Weg...»[10] Die Reitgerte, die in der Hand des Reiters unendlich lang wird, war für FREUD selbstredend ein phallisches Symbol, das er im Sinne einer kindlichen Onaniephantasie deutete. Auch das Haselreis des Aschenputtelwunsches läßt sich ganz gewiß so verstehen, und selbst der väterliche *«Hut»* (das erhobene Mittelstück mit den Seitenrändern) kann für das männliche Genitale stehen[11] – im Deutschen bringt die Redewendung: «eine Frau unter die Haube bringen», diese Bedeutung sogar sprichwörtlich zum Ausdruck. «Stock» und «Hut» sowie das Bild des *reitenden* Vaters lassen sich demnach allesamt als der (ödipale) Wunsch der erwachenden Sexualität des Mädchens verstehen. Was das «Aschenputtel» von seinem Vater begehrt, besteht mithin in dem Wunsch, von ihm geliebt zu werden; es ist ein sehr verschwiegener, nur zeichenhaft angedeuteter Wunsch, der im Bild darstellt, was in der Wirklichkeit bislang so sehr verweigert wurde.

Bestärkt werden wir in einer solchen Auffassung des Textes vor allem, wenn wir sehen, wie das «Aschenputtel» das Geschenk seines Vaters sorgsam nimmt und *auf dem Grab seiner Mutter* anpflanzt. Die Vaterbeziehung wird hier, deutlich genug, *aufgelöst,* indem sie auf die irdisch gestorbene, doch im Himmel lebende Mutter rückbezogen wird. Zur Mutter im Grab werden all diejenigen Gefühle zurückgetragen, die ursprünglich dem Vater gegolten hätten. Die Tatsache einer solchen stark *regressiven* Haltung des «Aschenputtels» wird uns nicht mehr wundern, wenn wir bedenken, daß in «Aschenputtels» Leben von Anfang an eine wirklich haltgebende Bindung an den Vater nicht zustandekommen konnte; es mag aber noch eine andere Ursache hier eine Rolle spielen, die in dem «phallischen» Symbol des Haselreises anklingt.

Wir haben die Aschenputtel-Mentalität anhand des Grimmschen Märchens bisher ganz und gar aus den Ängsten und Schuldgefühlen eines Kindes gegenüber seiner «sterbenden», vom Tod bedrohten Mutter abgeleitet und dabei zu zeigen versucht, wie ein entsprechendes Grundgefühl sich in die Ambivalenzen des Vaterbildes und die Konflikte der Geschwisterrivalität fortsetzen muß. Das so entwickelte Schema dürfte bereits verständlich machen, warum ein «Aschenputtel» sich zwar sehr nach einem «Vater» sehnt, warum es aber dem wirklichen Vater eher mit Scheu und Angst begegnet. All diese Gefühle aber werden spätestens vom 5. Lebensjahr an eine zusätzliche Dramatik durch das Erleben der *Sexualität* erfahren. Der Vater *müßte* seine Tochter liebhaben – das war all die Zeit über der innigste Wunsch des «Aschenputtels»; wenn er es *nicht* tut, so ließ sich das bisher als die «einfache» Ablehnung von seiten eines ohnedies schon überforderten Mannes erklären. Jetzt aber, bei Eintritt in die ödipale Phase der kindlichen Entwicklung, wird das gesamte Verhältnis von Sehnsucht und Zurückweisung *sexualisiert* und kann dadurch eine neue Deutung erlangen. «Der Vater müßte mich liebhaben» – daraus kann jetzt die Gewißheit werden, daß der Vater seine Tochter *eigentlich* doch liebt und sie «nur» deshalb zurückstößt, um sie nicht sexuell zu begehren. Insbesondere wenn der Vater seine Tochter *schlägt,* so kann das im Erleben des Mädchens daran liegen, daß er sich seiner eigenen sexuellen Wünsche nach Zärtlichkeit gegenüber der Tochter erwehren muß[12]: er prügelt auf die Tochter ein, um sie nicht lieben zu müssen; das heißt: er schlägt sie, *weil* er sie eigentlich liebt, und die *«Strafe»,* welche das Mädchen erdulden muß, gilt im Grunde dem verführerischen Anblick seiner Schönheit. War «Aschenputtel» bisher schon schuldig durch die bloße Tatsache seines Daseins, so wird es jetzt bei dem ersten Erleben genitaler Sexualität zusätzlich dafür schuldig, so zu sein, wie es ist: ein schönes Mädchen. Dasselbe väterliche Organ, das als Symbol der Liebe ersehnt werden konnte, gewinnt somit den Charakter eines Straforgans[13]; beides ineins aber umfaßt die Symbolisierung des «Haselreises» als «Stock» oder «Rute». Was ursprünglich in Liebe erwünscht wurde, erhält jetzt einen züchtigenden, strafenden Aspekt. Statt die Liebe des Vaters (beziehungsweise eines Mannes überhaupt) noch länger zu wünschen, gilt es fortan, sie angstvoll zu fliehen und in die sexuell unschuldige Beziehung zur Mutter zurückzutragen. Oftmals, wenn man Frauen von der Art eines «Aschenputtels» zuhört, ist es erstaunlich, wie ausgedehnt Phantasien oder Erinnerungen dieser Art sich in ihrem Leben ausgestalten. Manche Frauen sind geneigt, die sexuelle Beziehung zwischen Mann und Frau überhaupt in der Weise einer sadistischen Schlagephantasie zu assoziieren; andere wiederum wissen sich an Erlebnisse zu erinnern, die ihnen die männliche Sexualität in der Tat als etwas Bedrohliches und Ungeheuerliches erscheinen ließen. Die «überlastete», «sterbende» Mutter – das kann nicht selten auch bedeuten, daß eine Frau nicht mehr über die Vitalität verfügt, mit ihrem Manne ehelich zusammenzuleben, und es eher als das kleinere Übel ansieht, wenn in den Hohlraum ihres eigenen Liebeslebens «irgendwie» die Tochter einrückt.[14] Ein «Aschenputtel» aber, wie wir es uns denken, wird sich in dieser Situation als dreifach hilflos erfahren: *Einerseits* hat es nie die Erlaubnis erfahren, fremden Wünschen gegenüber sich zu verschließen und ihnen ein klares Nein entgegenzusetzen – wie also sollte es jetzt plötzlich dazu imstande sein? *Zum anderen* sehnt es sich wirklich sehr nach der Liebe seines Vaters. Nur allzu deutlich spürt es womöglich, daß der Vater es *seiner Schönheit wegen* vielleicht doch liebhaben könnte, und es liegt eine entsprechend starke Versuchung darin, auf diesem Wege eventuell doch die väterliche Liebe zu erringen. *Schließlich* wird schon der Kontrast zwischen der frommen Prüderie der «guten» Mutter und der normalen Vitalität des «reichen» Vaters für allerlei Verwirrungen gut sein: was für ihn ein zärtlicher Klaps oder ein bübischer Witz, kann in der Sicht eines streng erzogenen Mädchens sich ausnehmen wie ein Abgrund an Verworfenheit.

Wenn ein Mädchen in dieser Notlage noch einen Ausweg finden will, so wird er zumeist darin bestehen, die eigene Schönheit entgegen dem eigenen Wunsch *zu verleugnen* und ihr somit die Gefährlichkeit zu nehmen. Zu der Psychologie eines «Aschenputtels» scheint dieses Moment der *Verleugnung der eigenen Schönheit* unbedingt zu gehören. Viele Jahre ihres Lebens können gerade auffallend schöne Frauen damit zubringen, jeden offenen Blick in den Spiegel zu meiden, wegzuhungern oder wegzudrücken, was sie als allzu weiblich erscheinen lassen könnte, und im ganzen so ähnlich zu handeln wie das «Aschenputtel» des Grimmschen Märchens: mit Ruß und Asche das Gesicht zu entstellen, nur damit niemand (wie ursprünglich der eigene Vater oder dessen Ersatzgestalt) durch die erblühende Schönheit der eigenen Weiblichkeit in «Versuchung» geführt werden könnte. Beim Einmarsch der Roten Armee in Ostpreußen und Schlesien 1944/45 zum Beispiel bestreuten viele Frauen aus Angst, vergewaltigt zu werden, ihr Gesicht mit Asche und zogen sich die häßlichsten Kleider an; für ein «Aschenputtel» bildet diese Angst vor der männlichen Sexualität offenbar eine Mitgift aus Kindertagen. Es fürchtet das Leben, es fürchtet die Liebe, es fürchtet *um* sich selber, es fürchtet sich *vor* sich selber, es

hat Angst um die Mutter, es hat Angst vor dem Vater – es kann nur immer wieder zurückfliehen zum *Grab* als dem Lebensraum seiner Kindheit.
Doch gerade indem das «Aschenputtel» den Haselzweig des Vaters am Grab der Mutter anpflanzt, arrangiert es objektiv eine Szene, die ihrerseits noch einmal die ursprüngliche Familiensituation erhellt: Der Wunsch des «Aschenputtels» gilt nicht einfach dem Vater, sondern dient letztlich dem Bemühen, es möchten der Vater und die (gute) Mutter doch (wieder) zusammenkommen! Gewiß, der Wunsch jetzt ergibt sich auch aus der Ablösung des Mädchens von seinem Vater, er drückt den *Verzicht* aus, den das heranwachsende Kind gegenüber seinen ursprünglichen Impulsen zu leisten hat, und er orientiert sich zudem an der Tatsache des *Todes* der Mutter; gleichwohl dürfen wir annehmen, daß sich darin auch etwas von dem anfänglichen Bestreben des Kindes widerspiegelt, mit all seinen eigenen Wünschen im Leben zurückzutreten, wenn nur Vater und Mutter dadurch in der rechten Weise zueinander fänden und vor allem: wenn dadurch der Tod der Mutter *verhindert* werden könnte! Die «Bescheidenheit» des «Aschenputtels» zeigt sich unter diesen Umständen als ein mehrfach determiniertes Gebilde aus Ängsten, Schuldgefühlen und Widersprüchen vielfältiger Art, die ihren *Grund* allesamt in den Gegensätzen zwischen dem «reichen» Vater und der «sterbenden» Mutter haben und die ihren *Ausweg* in einer extremen Form von Selbstverzicht und Selbstunterdrückung suchen.
Wo denn, das muß man sich fragen, bleibt bei all dem das «Aschenputtel« selbst mit seinen eigenen Lebensansprüchen? Ein «Aschenputtel» zu sein, das bedeutet nach dem Gesagten, überhaupt erst leben zu dürfen, wenn durch das Opfer des eigenen Ichs die Konflikte der Eltern zumindest in der Vorstellung des Kindes einigermaßen überbrückt worden sind. Doch ein Kind, das so leben muß, wird in seiner demonstrierten Haltung des «Aschendaseins» bei aller Selbsterniedrigung auch so etwas wie einen gewissen *Protest* anklingen lassen.
Bei der Analyse der Wünsche des «Aschenputtels» an seinen Vater sind wir bislang wesentlich bei einer *objektalen* Deutung der einzelnen Symbole stehengeblieben. Schauen wir uns indessen das gesamte Bild des Aschenputtel-Wunsches einmal näher an, so werden wir bald merken, wieviel auch an verzweifeltem *Vorwurf* sich in den Worten des Kindes ausspricht.
Am merkwürdigsten an «Aschenputtels» Wunsch erscheinen zweifellos *die drei Bedingungen,* die es an den «richtigen» Zweig stellt, den der Vater ihm von der Reise mitbringen soll: es muß *das erste* Reis sein, das ihm *auf dem Heimweg an den Hut stößt;* dieses Reis soll er für die Tochter abbrechen; und tatsächlich: als er «durch einen grünen Busch» reitet, streift ein Haselreis ihm den Hut ab, und er nimmt den abgebrochenen Zweig mit nach Haus. Welch ein sonderbarer Wunsch! Könnte nicht «Aschenputtel», wenn ihm in äußerem Sinne an einem Haselzweig gelegen wäre, an dem nächstbesten Waldweg selber sich holen, was es will? Warum dieser Wunsch an den Vater? Abwegig ist zusätzlich auch der Gedanke, daß das Kind ein einzelnes Reiseereignis wie die Begegnung des Vaters mit dem Haselzweig hätte vorausahnen können oder wollen. Alles aber fügt sich recht gut zusammen unter der Annahme, daß «Aschenputtel» in seinem «Wunsch» an den Vater nicht eigentlich etwas Neues *bekommen,* sondern *etwas sehr Altes ausdrücken* möchte; wir müssen, um den Inhalt der vorgestellten Szene zu verstehen, den Haselzweig, der dem Vater an den Hut stößt, nur einmal *subjektal* als ein Bild für die Situation des «Aschenputtels» selber verstehen.
«Brich Du», scheint der «Wunsch» des «Aschenputtels» dann zu besagen, «nur den Zweig ab, der Dir bei der Rückkehr nach Hause den Hut vom Kopfe stößt! Denn genau das hast Du all die Zeit über mit mir längst schon getan. Ich wuchs auf wie ein Reis, das Dir nur hinderlich im Weg stand, das Dir ein ‹Anstoß› war, wenn Du nach Hause kamst, und das Du abgebrochen und entwurzelt hast, weil seine Existenz Dir ganz wörtlich ‹über die Hutschnur ging›. Was ich mir von Dir wünsche, ist eigentlich nur, daß Du selber begreifst, nicht was Du für mich tun sollst, sondern was Du mit mir längst schon gemacht hast. Von Dir wünsche ich mir gar nichts mehr; wann denn wärest Du jemals mein Vater gewesen? Alles, was ich bin, mein ganzes Dasein, ist längst schon wie ein abgebrochener Haselzweig in Deinen Händen. Doch ich möchte nicht länger mehr

hoffen und warten auf Deine nie zu erreichende Liebe; ich möchte mich selber, mein abgebrochenes Leben, aus Deiner Hand endgültig lösen und mich dort anpflanzen, wo ich mein Leben lang weit mehr zu Hause war als bei Dir: am Grab meiner Mutter. Wenn mein Leben je noch eine Chance für die Zukunft behalten sollte, dann in der Erinnerung an ihre Liebe.»
Eine solche «sujektale» Deutung der Szene steht nicht in Widerspruch zu der eben genannten «objektalen» Interpretation der Stelle; sie zeigt uns lediglich *den Sinn* dessen, was mit der Ablösung von seinem Vater sich für ein «Aschenputtel» erlebnismäßig verbindet: Wir lernen auf diese Weise den verhaltenen *Protest* kennen, der in «Aschenputtels» «Bescheidenheit» steckt: «Wenn Du mir die Liebe eines Vaters schon nicht zu schenken vermagst», besagt dieser so demütig klingende Wunsch, «so brauchst Du mir gar nichts zu schenken außer einem solchen Sinnbild für die Wirklichkeit unserer Beziehung beziehungsweise für die Wahrheit unserer Nicht-Beziehung. Du bist nicht länger mehr mein Vater, und ich bin nicht länger mehr Deine Tochter; sondern alles, was ich bei Dir war und werden mußte, trage ich hinüber zu der Erinnerungsstätte meiner Mutter. Dort werde ich leben. Dort werde ich blühen. Dort wird etwas Großes aus mir werden.» Bescheidenheit mischt sich hier mit einem gewissen Stolz, der den eigenen Anspruch ans Leben zum ersten Mal ahnt und der beweist, welch enorme Erwartungen aufgrund der eigenen Überverantwortung ebenso wie der reaktiven Sehnsucht nach einer stets vermißten Liebe seitens des Vaters gerade in einem «Aschenputtel» schlummern. Ein verborgenes «Königtum» bereitet sich hier vor, das niemand von den Umstehenden jemals für möglich halten würde und dessen «Wurzeln» doch gerade jetzt gelegt werden.
Schaut man sich an, wie «Aschenputtel» des weiteren seine Kindheit verbringt, so ist sie nach wie vor geprägt von Einsamkeit und Trauer. Nie würde der «Haselzweig» auf dem mütterlichen Grab zu wachsen beginnen ohne die Tränen des Kindes. Die Schwermut und der Schmerz, der äußere Verzicht und die innere Isolation bilden die Voraussetzungen dafür, daß der abgebrochene Zweig sich überhaupt erst zu «Aschenputtels» «Wunschbaum» auswachsen kann. Inmitten einer Welt der vollständigen Entbehrung lernt «Aschenputtel», indem es Tag für Tag dreimal zum Grab der Mutter geht, wie sehr Traurigkeit und Frömmigkeit, Weinen und Beten in seinem Leben ein und dasselbe sind. Auf alle Wünsche des äußeren Besitzens hat es Verzicht getan; doch für all seine Opfer erfährt es eine «Belohnung» in der Gestalt des *weißen Vogels,* der sich in dem Haselbaum niederläßt und der dem Kinde vom Himmel herabwirft, was immer es sich wünscht. Der *«Vogel»* ist seit alters her ein Symbol der menschlichen Seele[15], der *«weiße»* Vogel aber wird als ein Bild der seelischen Unschuld und Gewissensreinheit zu verstehen sein, er ist wie eine Himmelsbotschaft, welche die Mutter auf das Mädchen herabsendet. Ein *gutes* Kind zu sein, das in all seiner Trauer ganz bestimmt niemandem etwas Böses tut, *das,* immerhin also, ist die Prämie des Aschenputtel-Daseins und der Inbegriff all seiner Wünsche im Bannkreis der Mutter – andere kennt es nicht (mehr).
Will man ein solches Leben sich konkret vorstellen, so wird man an das Los eines Kindes denken müssen, das, ganz wie es das Märchen erzählt, sehr früh schon alle nur möglichen Arbeiten zu Hause verrichten muß, und zwar wie selbstverständlich, ohne je eine Anerkennung dafür zu erhalten. Ein solches Mädchen muß im Gegenteil stets in der Furcht leben, Schimpfe zu ernten für seine Bemühungen und aus scheinbar nichtigen Gründen zurückgewiesen und abgelehnt zu werden. Eigentlich wird ein Kind unter solchen Umständen nie wirkliche *Schuldgefühle* entwickeln – es gibt ja niemals etwas, für das es sich schuldig fühlen müßte; es lebt nur in einer ständigen Angst vor der ihm unverständlichen Grobheit und Rücksichtslosigkeit der anderen, der es doch mit all seinem guten Willen nicht wird ausweichen können. Ein «Aschenputtel» wird mithin in jedem Konfliktfall geneigt sein, sich nach dem Willen der anderen zu richten; es wird jede Art von Mißhandlung als das gute Recht der anderen zu akzeptieren und zu verstehen suchen; und nur irgendwo, tief versteckt in seinem Inneren, wird es um den weißen Vogel auf dem Haselbäumchen am Grab seiner Mutter wissen, der ihm sagt, daß es zumindest sich selber nichts vorzuwerfen braucht. Mö-

gen die anderen es auch für «dumm», «schmutzig» und «unansehnlich» halten, es wird doch versuchen, den anderen so dienstbar und nützlich zu sein, daß ihm ein gewisses Geschick dabei nicht abzusprechen ist. Das Allerwichtigste aber: es meint alle Dinge so gut! Wer es wirklich kennen würde, der könnte es nimmermehr verstoßen. Diese Hoffnung wird es umgeben wie ein unsichtbarer mütterlicher Schutz und gerade seinem Leben Zukunft schenken.

3. Die Hochzeit des Königssohnes

Viele Jahre werden so ins Land gegangen sein – gerade wohl so viel, wie ein etwa sechsjähriges Kind braucht, um sich zu einem liebeerwachten, hochzeitträumenden Märchen zu entfalten. Da begab es sich, erzählt das Märchen, «daß der König ein Fest anstellte, das drei Tage dauern sollte und wozu alle schönen Jungfrauen im Lande eingeladen wurden, damit sich sein Sohn eine Braut aussuchen möchte». Die Selbstverständlichkeit, mit der das Motiv der Königshochzeit hier auftaucht, muß jeden Kulturgeschichtler erstaunen. Wann je hätten an den Höfen Europas die Landesherren auf solche Art Hochzeit gehalten? Sie nahmen mit Vorliebe das «Recht der ersten Brautnacht» wahr, indem sie selber, die Wohlgeübten, die Herrschafts- und Liebeerfahrenen, für einen Abend in die frohe Rolle des Ehemannes schlüpften, den sie zum Hahnrei machten früher noch, als dieser sein «Weib» «ehelichen» durfte; doch damit hatte die Sache auch ihr Bewenden.[1] Die Ehe einer «Bürgerlichen» zu versprechen – das war aus Standesgründen schon unmöglich. Man durfte überall im Lande Kinder zeugen, schon um dem Volk des Herrschers Rüstigkeit zu zeigen; die Ehe selber aber war ein derart heilig Gut, daß man sie für die höheren Zwecke höfischer Diplomatie reserviert hielt. Nicht nach Gründen der Liebe, sondern nach Gründen der politischen Vernunft pflegten die Könige Europas ihren Söhnen die Hochzeit auszurichten; alle romantischen Gefühle dabei mochten querfeldein sich ausbreiten, wie sie wollten, sie hatten gerade ihrer unberechenbaren Willkür wegen mit der Heiratslogik königlicher Machtausdehnung und Machtsicherung nicht viel zu tun.[2] Noch heute etwa gilt es den Briten als ein Jahrhundertereignis, daß im Jahre 1936 der englische *König Edward VIII.* nach elfmonatiger Regierung auf die Krone verzichtete aus Liebe zu der geschiedenen Amerikanerin *Wallis Simpson,* die er als Herzog von Windsor heiratete. Erst nachdem die demokratische Gesinnung so weit Einzug gehalten hatte, daß die verbliebenen Reste europäischer Königshäuser zu bloßem politischem Dekor entwertet worden waren, gewannen auch die Könige Europas das bürgerliche Recht der «Liebesheirat» mit den «Töchtern» des Landes.

Hält man indessen Ausschau nach einer politischen Kultur, in welcher eine Heirat nach «Aschenputtels» Vorbild denkbar wäre, so findet man sie seit biblischen Zeiten im (Alten) Orient. Schon der Prophet Samuel warnt in 1 Sam 8,13 die Israeliten vor der Einführung des «heidnischen» Königtums mit der durchaus berechtigten Horrorvision, wie die künftigen Machthaber im Königsrang den einfachen Leuten die Töchter rauben und als billige Arbeitssklavinnen in ihren Harem entführen würden.[3] Ja, der Psalm 45 besingt nach seinem üblichen Lobpreis auf den König als einen Helden des gerechten Krieges[4] ausführlich, wie man ein Mädchen moralisch auf eine echte Prinzen-Hochzeit vorbereitet: «Höre, meine Tochter», heißt es dort, «und sieh und neige dein Ohr: Vergiß dein Volk und das Haus deines Vaters! Und verlangt den König nach deiner Schönheit – er ist ja dein Herr –, so neige dich ihm... Lauter Pracht ist die Königstochter... In gestickten Gewändern wird sie zum König geführt, Jungfrauen sind ihr Geleite, ihre Gespielinnen führen sie hin... An deiner Väter Statt treten einst deine Söhne» (Ps 45,11–17).[5]

Verse dieser Art offenbar sind es, in denen ein «Aschenputtel» sich seine große Liebe als ein königliches Festereignis erträumt. Zu lernen gilt es an dieser Stelle indessen vor allem, daß man zum Verständnis eines Märchens weit weniger der Kulturgeschichte als vielmehr der Psychologie bedarf: Nicht als ein Niederschlag bestimmter historischer Erinnerungen an die geschichtliche Institution des Königtums sind die «Könige» der Märchen und ihre Hochzeiten zu verstehen, sondern als ein Ausdruck bestimmter Sehnsüchte gewisser Gemüter zu allen Zeiten und an allen Orten quer durch die Geschichte.

Um *welche* Gefühle es sich dabei freilich handelt, kann man überraschend gut nachfühlen, wenn man zum Beispiel sieht, wie der Psalm 45 noch heute in der Gelöbnisfeier von Ordensschwestern in der katholischen Kirche verwandt wird: am Tag, da sie Christus, dem himmlischen Bräutigam, ewige Liebe geloben, müssen sie die Worte dieses altorientalischen Haremspsalms beten. Es ist ein Text, der *psychologisch* als das Dokument einer einzigartigen ödipalen Überhöhung der Liebe im Erleben dieser «Bräute des Herrn» verstanden werden muß: da genügt es nicht, sich den Geliebten als einen machtvollen König nach väterlichem Vorbild zu erträumen, es gehört vielmehr zu Phantasien dieser Art eine metaphysische Steigerung ins Überirdische, Himmlische, indem der Vatergeliebte, der König, zugleich als Gott selber verherrlicht – und entsinnlicht wird. Die Frauen, denen solche Gedanken von der Kirche als fromme Anmutungen vorgelegt werden, folgen selber als «Bräute Christi» dem Beispiel der *Mutter* Gottes, die nach theologischer Ansicht ihren Sohn zwar nicht ehelichte, wohl aber als «immerwährende Jungfrau» ihr ganzes Leben in «ungeteilter Liebe» Gott und ihrem beziehungsweise *seinem* Sohn «zur Verfügung stellte»: jede Ordensfrau übernimmt mit der Profeßfeier deshalb ausdrücklich den Namen der Madonna: Maria.[6] Aus Gedanken dieser Art werden sich wohl auch die «frommen» und «guten» Phantasien der Liebe im Leben eines «Aschenputtels» zunächst zusammensetzen. Für wie viele Ordensschwestern zum Beispiel kann das Bild des «Aschenputtels» nicht als die beste Wiedergabe ihrer gesamten Kindheit und Jugendzeit gelten! Ein einfaches, «normales» Glück war ihnen niemals vergönnt; um auch nur geduldet zu werden, hatten sie sich möglichst dienstbar und nützlich zu machen; «beten und arbeiten» – diese benediktinische Formel des Klosterlebens umschreibt treffend ein Leben, das ausschließlich gekennzeichnet ist durch die charakteristischen Aschenputtel-Begriffe «fromm» und «gut».[7] Alle Gefühle der Liebe, wenn irgend denn sie sich regen sollten, gehören deshalb als erstes Gott selber, in dessen Bild, wie wir schon sahen, die Idealgestalt der verstorbenen Mutter sich mischt mit dem Kontrastbild der Sehnsucht nach dem über alles vermißten Vater. Innerhalb eines solchen Lebens aus Pflicht, Opfer und «Hingabe» kann die «irdische» Form der Liebe zwischen Mann und Frau allenfalls als ein Verhältnis «königlicher» Überwältigung beziehungsweise als ein Akt gehorsamer Unterwerfung zum Zwecke der Zeugung von Kindern erscheinen. Dasselbe «nonnenhafte» Ritual psychischer Prägung aber müssen auch viele Mädchen durchleiden, die uns später als «normale» Ehefrauen begegnen: sie haben ihre Ehe nahezu klösterlich führen müssen. Nur: Wie läßt sich der Traum eines «Aschenputtels» von der Hochzeit des Königs buchstäblich vom Himmel auf die Erde holen? Das ist jetzt die Frage.

a) Die Taubenfrau in der Asche

Die «Erde» – das kann im Leben eines heranwachsenden «Aschenputtels» in unseren Tagen zum Beispiel *die Schule* sein – ein Erfahrungsraum, der zur Zeit der Grimmschen Märchen, lange vor Einführung der allgemeinen Schulpflicht, so zwar noch nicht bestand, der für die Biographie heutiger Aschenputtel-Kinder aber äußerst wichtig ist. «Ich fühlte unter den anderen Kindern mich stets wie der letzte Dreck», gab eine Frau die entsprechenden Erinnerungen an ihre Schulzeit wieder; «alle anderen kamen mir stets ordentlicher, klüger und besser gebildet vor. Dabei achtete meine Mutter stets darauf, daß ich sauber gekleidet war – die Haare straff frisiert, die Hände gewaschen, die Schuhe geputzt – niemand sollte über uns etwas Schlechtes sagen können. Nur ich selber empfand mich als ganz ‹unmöglich›. Ich wagte kaum, den Mund aufzumachen, und wenn der Lehrer mich fragte, bekam ich stets einen solchen Schrecken, daß ich kaum noch etwas sagen konnte oder nur so langsam und stockend sprach, daß die anderen ungeduldig wurden und mich auslachten. Ich wußte eigentlich nie, ob das, was ich sagte, gut oder dumm war; oft saß ich nur in der Bank und betete im stillen, daß ich nicht aufgerufen würde und die Schulstunde bald vorüber sein möchte. Doch auch in den Pausen erging es mir nicht viel besser. Überall bestanden feste Gruppen von Freundinnen und Spielkameradinnen, während ich mich stets sehr allein fühlte – ich kam schon um vor Dankbarkeit, wenn die anderen mich auch nur duldeten. Um ihnen nicht als zu tollpatschig zu erscheinen, übertrieb ich es beim Fangenspielen oder beim Völkerballspiel oft, und wenn ich dann einmal hinfiel und mit zerrissenem Kleid

oder aufgeschlagenen Knien nach Hause kam, schimpfte meine Mutter mit mir. Irgendwie war ich gar nicht fähig, in Ruhe bei mir selber und bei den anderen zu sein.»
So in etwa wird man sich das Verhalten eines «Aschenputtels» auf dem Hintergrund seiner Familiensituation jetzt erweitert als sein *Sozialverhalten* vorzustellen haben; stets wird ein «Aschenputtel» sich als ein Kind der letzten Bank empfinden, aufs äußerste dabei bemüht, hellwache Augen dafür zu entwickeln, was andere von ihm mögen könnten, um selber gemocht zu werden. Und doch entsteht *gerade deshalb,* in Analogie zu dem Wechselspiel von Nichtakzeptiertheit und Liebessehnsucht in den Tagen der Kindheit, jetzt, in der Reifezeit, vor dem Hintergrund schwerer Gefühle der Selbstablehnung und der Minderwertigkeit ein um so größeres Verlangen, von einem überlegenen, verständigen und verständnisvollen Mann, der den fehlenden eigenen Vater ersetzen könnte, von Grund auf geliebt und umfangen zu werden. Bei einem Mädchen, in dessen Erziehung dabei die «Frömmigkeit» besonders bevorzugt wird, könnte als Gegenüber eines solchen Wunsches als erster zum Beispiel der Priester des Ortes oder auch einer der Lehrer in Frage kommen; – es genügt, daß da ein Mann ist, der von Alter und Erscheinung her entsprechend den Idealvorstellungen des heranwachsenden Mädchens ein gewisses «königliches» Format besitzt, um die entsprechenden Phantasien eines «Aschenputtels» auf sich zu lenken.
Dabei wäre es ein schwerer Fehler, die scheinbare Irrealität sowie den offenbar kompensatorischen Charakter derartiger Sehnsüchte für ein Argument zu halten, um derlei «typische Teenie-Träumereien» als lächerliche Schwärmereien abzuqualifizieren. Es handelt sich im Gegenteil um den wohl einzigen noch verbleibenden Zugangsweg eines «Aschenputtels» in das «Königreich» der Liebe. Über subjektiv überzeugende Gründe zur Rechtfertigung seiner hochgespannten sehnsüchtigen Hoffnungen verfügt das «Aschenputtel» dabei allemal: Hat es nicht seit eh und je gelernt, ein Übermaß an Verantwortung für andere zu übernehmen? Irgendwo weiß ein «Aschenputtel» schon, was es anderen bedeuten könnte, wenn es nur jemand in der Gutwilligkeit seines Wesens wirklich (an)erkennen würde; doch wer könnte das sein? Die gleichaltrigen Mädchen oder Jungen sind dazu nicht imstande, das versteht sich von selbst; aber auch ältere weibliche Personen kommen dazu kaum in Frage – zu sehr steht einer solchen Erwartung die Erfahrung mit der eigenen «Stiefmutter» und den «Stiefschwestern» im Wege; es bleibt also nur die Hoffnung auf die Liebe eines *älteren Mannes.* Wenn es gelingen könnte, sich dem heimlich Geliebten nur irgend als hilfreich oder gar als unersetzlich zu erweisen!
Manch ein «frommes» und «gutes» «Aschenputtel» wird man in dieser Zeit seiner ersten Jugendliebe verständlicherweise als die «Seele» der Jugendarbeit einer Pfarrei wiederfinden oder als ein unermüdliches Mitglied schulischer Sing- und Spielkreise oder auch nur als ein stummes Mauerblümchen, das in Französisch oder in Chemie zur Überraschung aller in der Klasse plötzlich lernt und lernt, um die Gunst seines Fachleiters zu erringen.
Man lasse sich aber durch den Augenschein nicht allzusehr täuschen: Selbst wenn ein «Aschenputtel» es eines Tages wirklich zur Klassenbesten in Französisch bringen sollte, oder wenn es aufsteigt zur Rolle einer allseits beliebten Jugendgruppenleiterin, so wird in ihm selbst doch das alte Gefühl der Selbstverachtung und der Minderwertigkeit ungehemmt weiternagen. Alles, was es tut, dient ja keinesfalls der Besserstellung des eigenen Selbstwertes, sondern es wird sozusagen als Opfer und Vorleistung jener «königlich» richtenden Instanz überantwortet werden, von deren Urteil künftig alles Heil und alle Seligkeit oder eben alles Unheil und alle Pein erhofft beziehungsweise gefürchtet wird.
Wirklich ist unter diesen Umständen das «Aschenputtel» eine «Königin im Staube», und es ist vor allem religionspsychologisch von erheblicher Bedeutung, dieses *«Magnificat»-Motiv* jetzt, in der Übergangsform seiner Jugendgestalt, möglichst genau zu erfassen, um seine erlebnismäßigen Voraussetzungen zu verstehen: Da ist ein Mädchen, das subjektiv sehr wohl weiß, was es an Last und Verantwortung für andere übernimmt, doch hat es in seiner Familie niemals erlebt, dafür Anerkennung zu ernten; sein Wertgefühl, mit anderen Wor-

ten, bleibt sein *Geheimnis* und trägt sich durchs Leben als eine verschwiegene Hoffnung, eines Tages doch noch *entdeckt* zu werden; dieser andere aber, sein mutmaßlicher Entdecker, entscheidet, ob er will oder nicht, mit seinem Urteil über «Aschenputtels» Wert oder Unwert im ganzen. Natürlich ist er unter diesen Umständen ein *«König»*! Das «Aschenputtel» jedoch steht hier in jedem Falle vor einer *absoluten Wahl,* die es aus seiner Sicht freilich nicht selber treffen kann: Wird es abgelehnt, sinkt es unwiderruflich zurück in den Staub, und zwar schlimmer denn je, da es zumindest das Glück seiner wahren Berufung immerhin doch schon einmal von ferne gespürt hat; wird es hingegen aufgenommen, so wird es selbst eine Königin, und hervortreten wird vor aller Augen die wahre Schönheit seines Wesens. *Eins von beidem.* So unbedingt und total fühlt und sehnt sich ein «Aschenputtel»: Ja oder Nein; ein Drittes gibt es nicht.

Wie diese Entscheidung sich vorbereitet, kann im einzelnen gewiß sehr unterschiedlich ausfallen; gemeinsam aber im Erleben aller «Aschenputtel»-Mädchen ist unfehlbar ein hohes Maß an Traum und Poesie und an äußerst feinfühliger Sensibilität – einer Fähigkeit, geringfügigste Schwingungen in den Gefühlen eines anderen wahrzunehmen, verbunden stets mit einer sprungbereiten Fluchtbereitschaft bei jeder Andeutung einer möglichen Enttäuschung. Oft im Rückblick auf eine «Aschenputtel»-Jugend wird man erstaunt feststellen, wie weniger Anregungsmittel es bedurft hat, um seinerzeit die lebhaftesten Gedanken an Zärtlichkeit und Liebe zu beflügeln. Das Dorfkino an der Ecke mit seinen obligatorischen Happy-End-Filmen konnte vollauf genügen, die Seele einer Heranwachsenden von gütigen Prinzen und unbesiegbaren Helden träumen zu lassen; die Liebesromane, wir hörten es schon, mit ihren Geschichten über die Romanzen eines Barons mit einem armen Dorfmädchen ließen für fünf Groschen das schier Unmögliche doch trotz allem als eine greifbare Wirklichkeit erscheinen; sie widerlegten zumindest die jederzeit latent vorhandene Neigung, nach rückwärts zu fliehen und am Ende aus lauter Angst vor der Zurückweisung aller Hoffnungen einzig den Tod als wirklich zu nehmen! Denn gerade diese Gefahr droht einem «Aschenputtel» am allermeisten. Kennzeichnend für die Erlebnisweise eines «Aschenputtels» inmitten seiner widerstreitenden Gefühle von Hoffnung und Angst in dem Grimmschen Märchen sind jetzt vor allem die ständigen Dreinreden der «Stiefmutter» und das Gefühl des Zurückgesetztseins. Ein «Aschenputtel» wird niemals bewußt so etwas erleben wie Eifersucht, Zorn, Protest oder Auflehnung – lange bevor es dergleichen fühlen könnte, wird ihm das kindliche Gefühl sagen, daß es dazu keinerlei Recht besitzt; statt seinen Anspruch auf Glück vor den anderen geltend zu machen, wird es in jedem Konfliktfall in eine tiefe, unstillbare Traurigkeit geraten, die immerhin andeutet, was es ursprünglich einmal gefühlt und gemocht hat. Es wird um so mehr nach außen hin fortfahren, dienstbar und «gut» zu sein wie eine Sklavin, die ihrer ärgsten Konkurrentin noch die «Haare bürstet», ihr die «Schuhe putzt» und die «Schnallen festmacht»; doch im Hintergrund wird es *verzweifelt* darüber sein, daß allen anderen zustehen soll, was ihm selber stets verwehrt scheint. Inwendig, als Erinnerung an die Grundsituation der Kindheit, oder auch äußerlich, als reale Reaktion der «Stiefmutter», bekommt das «Aschenputtel» Stelle um Stelle, da es sich ein wenig mehr ins Leben getrauen möchte, dem Sinn nach gerade diejenigen Worte zu hören, die das Grimmsche Märchen meisterlich präzis aufführt: «Du, Aschenputtel, ... bist voll Staub und Schmutz und willst zur Hochzeit?» «Nein, Aschenputtel, du hast keine Kleider und kannst nicht tanzen, du wirst nur ausgelacht.» Und: «wir müßten uns deiner schämen.»

Es ist die schwere Hypothek der sozialen Armut beziehungsweise der psychischen Armseligkeit, an der jeder Aufbruch im Leben eines «Aschenputtels» zu scheitern droht. Wie könnte auch ein Mädchen hoffen, geliebt zu werden, das so «ungebildet» und «primitiv» ist? Den «Schmutz» der «Asche» könnte man äußerlich leichthin abwaschen; doch was ist zu tun, wenn bereits die Körperform oder die Hautfarbe oder der Dialekt das «Schmutzigsein», die Herkunft aus «einfachen» Verhältnissen, unübersehbar und unüberhörbar macht? «Du bist voll Staub und Schmutz» – das kann sich beziehen auf alles, was «aus der Gosse» stammt und sich unter den feinen und gebildeten Leuten nicht blicken lassen darf. Ein Blumenmädchen wie *Eliza Doolittle* zu einer «feinen Dame» zu machen, ist nicht nur ein Problem gesellschaftlicher «Umerziehung», es ist – anders als bei George Bernard Shaw[8] – vor allem ein Problem des wachsenden Selbstwertgefühls. «Du wirst nur ausgelacht» – das ist die Hauptangst eines «Aschenputtels», wohin immer es kommt, denn: «du kannst nicht tanzen». Der «Tanz», ehe er wirklich auf des «Königs Hochzeit» anhebt, bestünde als erstes darin, sich so zu drehen und zu wenden, wie es Charme und Eleganz verlangen, und wo sollte ein «Aschenputtel»-Mädchen dergleichen jemals gelernt haben? Was immer es sagen wird – es wird nicht gut genug sein, es wird nicht gebildet genug sein, es wird nicht «wendig» genug sein – schon tuscheln zwei Frauen drüben am Tisch – bestimmt lachen sie schon über die letzte Bemerkung des «Aschenputtels». Oder der Tischnachbar dreht einen Moment lang sich weg – sicher zieht er sich schon gelangweilt zurück, denn bestimmt hat die Nachbarin ihm etwas Interessanteres mitzuteilen. Am besten also, man sagt überhaupt nichts, man sitzt nur dabei, man lächelt nur still vor sich hin oder nickt freundlich und hört den anderen zu... Doch wozu soll man dann noch an solchen Geselligkeiten, an solchen königlichen «Bällen» teilnehmen? Die im voraus verlorene Konkurrenz führt immer wieder zu Resignation, Rückzug und Traurigkeit. Alle anderen erscheinen so klug – sie kennen sich aus in Geschichte und Kunst, sie reden zwei fremde Sprachen, sie kennen so viele Fachausdrücke, sie wissen in allen Dingen der Politik und des Wirtschaftslebens so gut Bescheid – ein «Aschenputtel» hingegen hat nicht die «Höhere Schule» besucht, es hatte nicht die Möglichkeit zu studieren, es mußte zurücktreten und Hauswirtschaftslehre lernen, damit die ältere Schwester wenigstens Ärztin werden konnte. Es war und ist durchaus nicht dümmer als die ältere Schwester, nur die Verhältnisse sind ungerecht.

Oder die Fragen des «Anstands» und «Benehmens»! Wie sitzt man in großer Gesellschaft bei Tisch? Was fängt man mit viererlei Besteck an? Bei wieviel Grad serviert man Champagner? Wie unterscheidet man Mosel- und Rheinwein? Ein «schmutziges» «Aschenputtel» wird diese Welt nie ganz verstehen, und man wird ihm beibringen, wie lächerlich es ist, jemals in diese Welt haben aufsteigen zu wollen. Doch in Wahrheit will ein «Aschenputtel» auch gar nicht «aufsteigen» – es möchte nur jemanden finden, der es wirklich liebhat. Aber: es wird fürchten, sich schämen zu müssen, und selbst wenn es die Scham für sich selber je einmal ablegen sollte, so verbleibt doch stets noch die Angst, als eine «Schande» der Familie betrachtet zu werden. – «Was werden die Leute über uns reden?», so lautet wohl die häufigste Frage aller Mütter, die von ihren Töchtern als «Stiefmütter» betrachtet werden. Nicht ein eigentliches «Schuldgefühl» im moralischen Sinne, wohl aber die «soziale Angst» vor Ächtung und Strafe[9] prägen das Verhalten eines «Aschenputtels».

Und dann das Äußere, die Kleider! «So kannst Du nicht gehen!», das steht einem «Aschenputtel» von vornherein fest, egal, was es tut. Wollte es sich «unauffällig» und «fromm» im Sinne seiner «verstorbenen Mutter» kleiden, so könnte es schwerlich hoffen, mit den anderen Mädchen Schritt zu halten – es müßte sich schämen, nicht schön genug zu sein; wollte es aber sich «auffällig» kleiden wie die eine oder die andere unter seinen Gefährtinnen, so käme es sich auf andere Weise als «schmutzig» vor, und es müßte sich schämen, «*zu* schön» zu sein. Was immer es anfängt, es ist verkehrt.

Die gesamte Jugend – und ein großer Teil des Erwachsenenalters! – im Leben eines «Aschenputtels» läßt sich deshalb in dem Bild wiedergeben, das im folgenden gleich dreimal gestaffelt das Grimmsche Märchen bestimmen wird: Stets wenn das «Aschenputtel» seinen Wunsch vorträgt, zu des Königs Hochzeit mitgehen zu dürfen, geht die «Stiefmutter» hin und schüttet ihrer «Stieftochter» «Linsen» (oder «Erbsen») in die «Asche», um sie wieder herauslesen zu lassen. Wir haben dieses Bild vorhin schon kennengelernt, um die ängstliche «Erbsenzählerei» und «Grübelei» eines «Aschenputtels» als einen kindlichen Charakterzug zu beschreiben. Jetzt, in den Jahren der Reifung, lockert sich diese Haltung offenbar; sie wird in gewissem Sinne punktueller und zielgerichteter, dafür aber auch mechanischer und sinnloser. In Kindertagen mußte das «Aschenputtel» wohl vor allem darüber nachsinnen, warum es gegenüber seinen «Stiefschwestern» schon wieder etwas falsch gemacht hatte – es hatte eigentlich gar nichts «Böses» getan, aber ein Kind, das von seiner Mutter oder seinen älteren Geschwistern beschimpft wird, muß selber herauszufinden suchen, worin seine «Schuld» wohl besteht. Jetzt hingegen wird deutlich, daß die «Maßnahmen» der «Stiefmutter» von einst sich aus Strafen für vermeintliche oder wirkliche Fehler in Boykottmaßnahmen gegen jede Wunschregung nach eigenem Glück verwandelt haben. «Darf ich?», «kann ich?», «soll ich?» – diese Fragen ließen sich beantworten, nicht aber die ständigen Selbstwertzweifel, die von der chronischen Verneinung der «Stiefmutter» ausgehen und jegliche Eigeninitiative «verhageln» beziehungsweise «verschütten» können. Am Ende sitzt das «Aschenputtel» wieder im «Schmutz» da und muß von sich denken wie bisher, der «letzte Dreck» zu sein. Und wie bisher kann es dagegen nur sein «Zaubermittel» von einst, die Botschaft des weißen Vögleins im Haselbaum auf dem Grab seiner Mutter, setzen: im Grunde ein «gutes und frommes Kind» zu sein, das niemandem etwas zuleide tut und an die anderen alles hergibt, was es besitzt.

Das «Mädchen mit den Tauben» (siehe Umschlagbild) ist an sich ein Bild, das uns schon in prähistorischen Zeiten begegnet. Dabei wurde *die Taube* selber sehr unterschiedlich gesehen: Ihrer unersättlich scheinenden Liebesbereitschaft wegen galt sie den semitischen Völkern als Vogel der *Astarte*[10], seit dem 4. Jahrhundert vor Christus den Griechen als Tier der *Aphrodite.*[11] Natürlich kann dementsprechend, wie in A. Hitchcocks berühmtem Film *«Die Vögel»*[12], auch im Aschenputtel-Märchen die Vielzahl der Vögel jetzt die Heftigkeit des Sexualwunsches ausdrücken, der sich im Erleben des heranwachsenden Mädchens trotz aller «stiefmütterlichen» Vorhaltungen nicht zurückdrängen läßt. Andererseits bewunderte man schon im Altertum die Geschwindigkeit, mit der Tauben selbst die winzigsten Körner im Handumdrehen aus Sand und Steinen herauslesen können[13], eine Fähigkeit, von der das «Aschenputtel» jetzt profitiert. Bis dahin ist das Taubenmotiv gut verständlich. Doch hat man jemals Tauben beobachtet, die, so wie in der Grimmschen Erzählung, «die schlechten ins Kröpfchen», «die guten ins Töpfchen« picken? Es verschlägt zur Erklärung dieses merkwürdigen Bildes nicht viel, darauf hinzuweisen, daß «Hilfstiere» in den Märchen ein allseits beliebtes Motiv darstellen[14]; die Frage ist vielmehr, was für eine Bedeutung ein *bestimmtes* Tiersymbol im Leben eines einzelnen Menschen beziehungsweise im Aufbau eines bestimmten Märchens annimmt.

In der Erzählung vom «Aschenputtel» fällt es nicht schwer, in dem Verhalten «all der Vöglein unter dem Himmel», die das Mädchen um Hilfe anruft, *das bildhafte Widerspiel seiner eigenen Grundhaltung* zu erkennen: Bestand bislang die Pflicht eines «Aschenputtels» nicht geradewegs darin, alles «Schlechte» buchstäblich «herunterzuschlucken» beziehungsweise «ins Kröpfchen» zu stecken, alles «Gute» aber für andere «ins Töpfchen» zu sammeln? Die «zahmen Täubchen», die «Turteltäubchen», sind insofern gewiß nicht nur ein Symbol der Sehnsucht des «Aschenputtels» nach der Liebe eines Mannes, sie sind, ganz entsprechend der Grimmschen Darstellung, vor allem das entscheidende Mittel, durch eine Art umgekehrten Lebens zu einer solchen Liebe überhaupt zugelassen zu werden. In dieses Bild fügen sich eine Reihe von Assoziationen ein, die in der *Volkskunde* für gewöhnlich mit der Taube verbunden werden: Im Unterschied zum Adler gilt *die Taube* als sanftmütig und gut, sie ist sozusagen das zweibeinige «Schaf» unter den Vögeln[15] – selbst im Neuen Testament spricht Jesus einmal im Kontrast zu der (Hinter)List der Schlangen von der «Arglosigkeit» der Tauben (Mt 10,16)[16]; auch eine gewisse *Ängstlichkeit* wird – merkwürdigerweise! – den Tauben zugeschrieben. All das «paßt» indessen sehr gut zu dem Bild, das wir bisher schon von der Wesensart eines «Aschenputtels» gewonnen haben.

Es gibt im Umkreis der Taubensymbolik freilich auch *ein* Moment, das all dem diametral zu widersprechen scheint, während es psychologisch sich paradoxerweise aus dem Gesagten wie von selbst ergibt. Die «Taube» als das Tier der Astarte – daraus wurde im Volksmund ein Synonym für die Liebe *einer Dirne;* zudem sagte man, wohl im Umkreis derselben Vorstellungen, den Tauben nach, daß sie besonders *geschwätzig* seien, weil sie nicht nur mit dem Schnabel, sondern auch mit dem Hinterteil reden könnten[17]. Beides will sich in das Betragen eines «frommen» und «guten» Mädchens augenscheinlich ganz und gar nicht fügen; es macht aber Sinn, wenn man das Bild der «Dirne» einmal nicht als ein soziales Klischee versteht, sondern darin den Ausdruck der Bereitschaft erblickt, alles, buchstäblich *alles* für den anderen zu tun, wenn dafür nur etwas Liebe zu erhoffen steht.

In der Tat liegt eine nicht geringe Gefahr in dieser Richtung in dem Wesen eines «Aschenputtels» selbst begründet. Man pflegt eine *«Dirne»* gemeinhin (wenngleich gewiß sehr zu Unrecht) für etwas «Billiges» und «Minderwertiges» zu halten, und zwar einfach aufgrund dessen, was sie tut; der umgekehrte Schluß hingegen besitzt psychologisch eine gewisse Berechtigung: ein Mädchen, das sich von Grund auf als «dreckig» und «schmutzig» empfindet, wird selbst vor einer Menge Dreck und Schmutz nicht zurückscheuen, wenn anders es die Liebe eines anderen Menschen sich nicht zu «erkaufen» vermag. Das Gegenstück zu der hingebungsvollen «Königsphantasie» eines «Aschenputtels» von der Liebe ist die schwer zu überwindende Opferhaltung, mit welcher ihm jede Form der Selbsterniedrigung als «Anzahlung» möglicher Liebenswürdigkeit immer noch akzeptabel scheint.[18] Nur so wird man verstehen können, welch eine Unzahl von wirklich dirnenähnlichen Demütigungen manche Frauen in einer «Aschenputtel»-Ehe ohne Weigerung und Widerstand über sich ergehen lassen, zumeist sogar in der Vorstellung, mit all ihren Erniedrigungen ihrem «König» von Ehemann seelisch (oder wirtschaftlich) helfen zu können. Das Motiv, sich dem anderen «nützlich» zu machen, rettet ihnen dabei sogar eine sonderbare Form verbleibender Selbstachtung; denn wer sich dazu hergibt, dem anderen alles zu geben, was dieser braucht, der gibt sich, moralisch betrachtet, nicht weg, der gibt sich «nur» *hin* mit allem, was er ist und war er vermag. Das eigentümliche Doppelspiel zwischen Selbsterniedrigung und Selbsterhöhung, zwischen offenbarer Demütigung und einer verborgenen Art von Stolz tritt hier in eine neue Phase.

Und ebenso das sonderbare Motiv taubenhafter *Redseligkeit.* Ein «Aschenputtel» hat in seinem Leben niemals sagen dürfen noch können, was innerlich in ihm vor sich geht; dieses Unvermögen war bisher eine Folge von Scham, Angst und Resignation; jetzt aber kann es sich zugleich mit dem Gefühl verbinden, eigentlich *mehr* zu sagen zu haben als manch einer der Vielredner an seiner Seite, und dieser Eindruck wird sich auch objektiv nur bestätigen lassen, ist doch die Verstehensbereitschaft und die Verständnisfähigkeit eines «Aschenputtels» in aller Regel äußerst ungewöhnlich; die Frage ist nur: wer wird ihm zuhören? Die Angst, gerade von dem (erträumten oder wirklichen) Geliebten als zu «geschwätzig» empfunden zu werden, wird es einem «Aschenputtel» immer wieder äußerst schwer machen, gerade diesem einen, von dessen Zuneigung alles abhängt, mitzuteilen, was es wirklich denkt und fühlt: seine Sorgen und Nöte, seine Minderwertigkeitsgefühle und Zweifel, sein Mißtrauen und seine Verzweiflung; der Zwang, dem anderen nicht lästig werden zu dürfen, staut zudem ein so gewaltiges Mitteilungsbedürfnis auf, daß ein ehrliches Gespräch unter diesen Umständen in der Tat ein prinzipiell unvollendbares Unterfangen werden kann.

Was das «Aschenputtel» der Grimmschen Erzählung an dieser Stelle besonders schmerzhaft lernen muß, ist die definitive Aussichtslosigkeit, vor allem mit seiner «Stiefmutter» jemals ins reine zu kommen. Mal mit Mal hören wir in dem Grimmschen Märchen, wie die «Stiefmutter» das arme Mädchen damit vertröstet, es müsse nur erst die nächste Aufgabe perfekt erledigt haben, dann werde es alsbald die Erlaubnis erhalten, sich um des Königs Heirat zu bewerben; doch in Wahrheit kann das «Aschenputtel» die Schikanen seiner «Stiefmutter» so oft und so sorgfältig abarbeiten wie nur möglich, am Ende wird es sich nur umso mehr an der Nase herumgeführt sehen, wird es doch förmlich bestraft für seinen Erfolg und abgelehnt für die Erfüllung der gestellten Forderungen.[19] Auch gibt es keinen Weg, mit den Erwartungen und Ansprüchen dieser Frau jemals einen Kompromiß zu schließen. Die «Stiefmutter» *will* überhaupt nicht das Glück ihrer Tochter; was sie will, ist identisch mit einer nicht endenden Form von Unterwerfung und Abhängigkeit auf seiten des «Aschenputtels». Deutlich zeigt sich hier, daß diese «Stiefmutter» in dem Grimmschen Märchen insgesamt nichts weiter darstellt als eine ständige Quelle von Ängsten, Schuldgefühlen und einengenden (Selbst)Bestrafungen aller Art. Wenn also das «Aschenputtel» jemals eine Chance erhalten soll, in seinem Leben den Mann seiner Träume kennenzulernen, so muß es mit dieser «Stiefmutter» wohl oder übel brechen. Das Problem aber ist, daß ein «Aschenputtel» zu einem solchen offenen Bruch mit irgendeinem Menschen, geschweige denn mit seiner «Stiefmutter», durchaus nicht imstande ist. Schon aufgrund seiner Wehrlosigkeit bleibt ihm daher nichts anderes übrig, als seine «Stiefmutter» in wörtlichem Sinne zu *hintergehen:* Wie eine Diebin sehen wir es, wohlgemerkt nach getaner Arbeit, sich «durch die Hintertür nach dem Garten» begeben, um von dem Haselbäumchen auf dem Grab seiner Mutter sich die Kleider und Schuhe schenken zu lassen, mit denen es seinen bevorzugten «Stiefschwestern» nacheifern und es ihnen schließlich sogar zuvortun wird. Alles, was da geschieht, steht zunächst durchaus im Zeichen des Illegitimen, des nach wie vor Verbotenen; das Wichtigste in seinem Leben muß das «Aschenputtel» sich heimlich, auf Umwegen und Hinterwegen, eher erschleichen als erobern, und immer wird es dabei begleitet werden von dem Gefühl, eine Art Diebstahl zu begehen, wenn es endlich wagt, gerade das zu tun, wonach es so lange Zeit sich derart gesehnt hat und was es nach all seinen Vorleistungen im Grunde längst schon verdient hat. Mit Recht fühlt das «Aschenputtel» sich angesichts des Unrechts der «Stiefmutter» zu seinem «Diebstahl» in höherem Sinne legitimiert, und so handelt es eigentlich mit einem durchaus guten Gewissen, in einer Art Notrecht, wenn es gerade noch rechtzeitig, um sich nicht gänzlich zu verspäten, jene «Hintertüre» zum «Garten» benutzt, die das Grab der verstorbenen Mutter für sein Leben bedeutet.

b) Die Tänzerin

Der «Garten» mit dem Haselbaum, so erfahren wir jetzt, hat sich inzwischen für das «Aschenputtel» von einem «Ort» der Trauer und der Tränen in ein Ersatzparadies all seiner unerfüllten Wünsche und tröstenden Sehnsüchte verwandelt. Nicht allein, daß von dorther die hilfreichen «Vöglein» geflogen kommen, um ihm beim Sortieren des Wertvollen und des Wertlosen zur Hand zu gehen, es ist dies auch der Ort, das arme Mädchen mit einem *Kleid aus Gold und Silber* auszustatten und ihm *Pantoffeln,* gewirkt aus Seide und aus Silber, zu schenken.

Daß ein «Vogel» von einem «Baum» herab den Menschen Gegenstände zuwirft, die sie in Freude oder Trauer stürzen und sie, je nachdem, zu Leben oder Tod bestimmen können, ist in den Märchen ein nicht ungewöhnliches Motiv. In der («hamburgischen») Erzählung «Von dem Machandelboom» (KHM 47)[20] zum Beispiel wird ein *Junge,* dessen Mutter bei seiner Geburt verstarb, von der bösen Stiefmutter erschlagen, und sein Fleisch wird dem ahnungslosen Vater als besonders wohlschmekkende Speise vorgesetzt; die treue Schwester jedoch begräbt unter dem Baum die Gebeine ihres getöteten Bruders, der sich in einen wunderschön singenden Vogel verwandelt und vom Baum herab den Vater und die Schwester mit einer goldenen Kette und roten Schuhen belohnt, die böse Stiefmutter aber mit einem Mühlstein erschlägt. Offensichtlich ist der «Vogel» in diesem Märchen als die «Seele» des (getöteten) Bruders zu verstehen; und ganz entsprechend steht auch der (weiße) Vogel in dem Haselbaum im Aschenputtel-Märchen für die «Seele» des (von der «Stiefmutter» fast schon getöteten) «Aschenputtels» selbst. Hier wie dort handelt es sich um eine Form der *Gerechtigkeit,* deren Spruch als ein *inneres,* geistiges Geschehen sich vollzieht. Statt zu sagen: «Aschenputtel» empfängt «Kleider» in «Gold und Silber», sollte man deshalb vielmehr sagen: Es gibt im Leben eines «Aschenputtels» trotz aller Erniedrigung und Beschämung eine wundersame, nie versiegende Kraftquelle des Vertrauens und des Hoffens, die aus der Erfahrung seiner «guten» «verstorbenen» Mutter entspringt; von ihr her empfängt das «Aschenputtel» eine Bestätigung seiner selbst, die ihm all die Schönheit und Unschuld, all die Anmut und Würde zurückschenkt, die ihm von seiten der «Stiefmutter» stets abgesprochen wurde. Auch bisher war es dem «Aschenputtel» ja nicht um *äußeren* Schmuck zu tun, sondern wonach es, im Unterschied zu seinen «Stiefschwestern», verlangte, war die

Verwurzelung seines Wesens in der Nähe seiner «wahren», das heranwachsende Mädchen bejahenden Mutter. Und in dieser Bejahung seines Wesens liegt im folgenden der eigentliche Grund seiner «Schönheit».

Wer eigentlich hat je gesagt, es sei das *Kleid,* das eine Frau schön mache? Die Wahrheit, mindestens im Reich der Liebe, lautet, daß es die Schönheit einer Frau ist, die all ihre Kleider als schön erscheinen läßt. Was da vom «Baum» des mütterlichen Grabes herab der «weiße Vogel» dem «Aschenputtel» zuwirft, ist, psychologisch betrachtet, vor allem ein Gewand des Mutes, sich trotz allem zu wagen – als im Wesen gut und liebenswert genug! Was hier geschieht, ist ein unerhörter Schritt, mit dem das «Aschenputtel» lernt, seine Sehnsucht nach Liebe nicht länger mehr zu träumen, sondern wirklich nach außen hin zu leben.

Der amerikanische Dramatiker Tennessee Williams hat in seinem Theaterstück *«Die Glasmenagerie»* einmal geschildert[21], was ein Mädchen durchlebt, das, zusammen mit seinem Bruder *Tom,* ganz und gar im Schatten seiner Mutter, *Amanda Wingfield,* aufwächst, die nach dem Weggang ihres Mannes mit allen Kräften sich bemüht, ihren beiden Kindern ein gutes Familienleben zu ermöglichen. Vor allem ihre Tochter *Laura* aber, die infolge eines Hüftleidens etwas hinkt und sich schon deswegen als benachteiligt empfindet, wird von ihr mit einer übergroßen Lebensangst erfüllt und an jeglichem Kontakt mit der Wirklichkeit draußen gehindert. Als die Mutter sich schließlich daranmacht, für die Zögernde und Unentschlossene selber auf Brautschau zu gehen, flüchtet Laura sich in ein regressives Spiel mit gläsernen Tierfigürchen, die auch nur vom Sims zu nehmen diesen zerbrechlichen Wesen als nicht zumutbar erscheint. J. Rapper hat diesen Stoff 1950 verfilmt[22] und den tragischen Ausgang der Bühnenvorlage in ein konsequentes Happy-End verwandelt: Einem Freund, den Tom einlädt, gelingt es schließlich doch, das ängstliche Mädchen endgültig davon zu überzeugen, daß es sein Leben nicht länger mehr in Angst, Einsamkeit und wehmütigen Ressentiments verhocken darf: es muß akzeptieren, daß die Tierfigürchen zerbrechen müssen, um ins Freie zu finden. Ein «Aschenputtel» steht im Grunde vor genau dem gleichen Konflikt, nur erlebt es ihn vom anderen Ende her: es hat keine Mutter, die es mit ihrer Überfürsorge *er*drückt, sondern es ist konfrontiert mit einer «Stiefmutter», die es mit ihren Verboten *unter*drückt; beides aber, Härte wie Verwöhnung, kann psychologisch zu dem gleichen Ergebnis führen[23]: zu einer Angst, die nötigt, gerade das zu fliehen, was man am meisten sich ersehnt, und gerade dorthin sich zu wenden, wo man am wenigsten Bestätigung erfährt.

«Ich muß lernen, endlich zu mir zu stehen.» «Es hilft nichts: ich muß mich jetzt auf die eigenen Füße stellen.» «Wenn ich es jetzt nicht wage, meinen eigenen Gefühlen und meinen eigenen Gedanken zu trauen, werde ich niemals selbständig werden.» Solche Äußerungen an der Wende zwischen kindlicher Abhängigkeit und erwachsener Eigenständigkeit lassen sich symbolisch kaum besser wiedergeben als in dem Bild von den *silberbestickten Pantoffeln,* die dem «Aschenputtel» unter dem Haselbaum der Mutter geschenkt werden. Das *Gold und Silber*[24] der *Kleider* umspannt die gesamte Sphäre von Sonne und Mond, Tag und Nacht, Bewußtsein und Unbewußtem – es gilt, fortan in eigener Entscheidung und innerer Überzeugung das Eigene sich wirklich zu eigen zu machen und es bewußt zu bejahen, sagt diese Symbolik der Farben des Kleides; die *Seide* des Stoffes scheint zusätzlich darauf hinzuweisen, wie leicht und zärtlich dieser neue Umgang mit sich selber künftighin sein kann. Von den *Pantoffeln* indessen hören wir *hier,* beim ersten Mal, nur, daß sie mit *Silber* ausgestickt sind; so viel an Eigenständigkeit sich mit dem Bild der «Pantoffeln» auch verbinden mag – es wird im Leben eines «Aschenputtels», folgt man der Symbolsprache des Märchens, (vorerst noch) bei einer nur «silbrigen», nur «mondhaften», ihrer selbst noch unbewußten und entsprechend unsicheren Form des Selbstbewußtseins bleiben, die sich mehr träumt als denkt und eher über sich selber tänzelnd hinweggleitet, als daß sie selber «aufzutreten» wagte.

Gerecht betrachtet, steht es an dieser Stelle der seelischen Entwicklung eines «Aschenputtels» auch kaum anders zu erwarten. Wie denn sollte das Mädchen in seiner Einsamkeit einen anderen Zugang zu anderen Menschen gewinnen, außer, indem es seine mitgebrachten, das heißt seine hausgemachten Probleme zunächst ganz einfach *überspielt?* Wem unter den Menschen ringsum dürfte es etwa von der Traurigkeit und Einsamkeit seiner Kindheit erzählen, die mit dem Tod der «guten» Mutter so früh verstarb? Wem von den Quälereien der «Stiefmutter» und den Schikanen der «Stiefschwestern», die es seither Tag um Tag zu erdulden hatte? Wem könnte es jemals zutrauen, er möchte von all dem etwas erfahren? Schon um nicht «lästig» zu werden, muß ein «Aschenputtel» nach Möglichkeit alles zu verschweigen oder, noch besser, zu *vergessen* suchen, was man ihm angetan hat. Von all dem inneren und äußeren Druck, dem es sich ausgesetzt sieht, sagt es den anderen folglich am besten kein einziges Wort, ja, am liebsten denkt es auch selber schon gar nicht mehr daran. Um die anderen nicht mit der Last der eigenen Traurigkeit zu beschweren, gibt es sich mit Vorliebe heiter, aufmunternd und unterhaltsam; und um die anderen nicht mit der Hypothek der eigenen Vergangenheit zu behelligen, wird es versuchen, so gut es geht, sich *in der Gegenwart* aufzuhalten. Nicht mit dem Gewicht des eigenen Daseins aufzutreten, sondern seidenfüßig-leicht zu *schweben* – so wird ein «Aschenputtel» allein schon aus lauter Angst vor neuerlicher Ablehnung sich vor den anderen zu bewegen suchen. Als Ausdruck für diese Haltung aber dient im Aschenputtel-Märchen offenbar der *Tanz.*

Es ist gewiß leichthin möglich, über das Tanzen manch Heiteres und Munteres zu sagen, gehört der Tanz doch zu einem der ältesten Ausdrucksrituale, die von seiten der Evolution den Menschen mitgegeben wurden.[25]

Schon Tiere können tanzen vor Freude, wenn zum Beispiel nach den Monaten der Trockenheit in der Namib in Afrika endlich Regen über die dürstende Erde fällt; sie können in bestimmten tanzähnlichen Bewegungen Aufregung und Aggression einander signalisieren; und vor allem können sie beim Balzspiel in der Paarungszeit ein überaus reiches Repertoire an Tänzen entfalten.[26] Auch die Menschen tanzen aus den gleichen Gründen und Anlässen: aus Freude beim Erntedank, zum Imponieren des Gegners im Kriegstanz, zur Werbung und Annäherung zwischen Mann und Frau beim Paartanz.[27] Der Tanz des «Aschenputtels» hat natürlich einzig mit dem letzteren zu tun: er gilt dem erklärten Ziel, die Favoritin des «Königssohnes» zu werden. Aber wie? Das ist jetzt die Frage.

Die große Bedeutung, die der Tanz für die Begegnung des «Aschenputtels» mit dem «Königssohn» im folgenden annimmt, hat offensichtlich mehrere Gründe, die allesamt weniger dem Ausdruck von Lebensglück und Freude dienen als der Überwindung althergebrachter Ängste.

Zum ersten: Vergessen wir nicht, daß ein «Aschenputtel», wie wir soeben noch gehört haben, niemals von sich aus eine «Erlaubnis» besitzt, sich einem anderen Mann, gleich in welcher Form, zu nähern; seinem Lebensgefühl nach ist es nach wie vor nichts weiter als eine Stall- und Küchenmagd, die am besten daran täte, sich in Reue und Schuldgefühl in der «Asche» zu wälzen; daß es überhaupt die Stirn hat, sich auf des Königs Ball zu begeben, muß in den Augen der «stiefmütterlichen» Zensur als eine ungeheuerliche Widersetzlichkeit und überhebliche Anmaßung erscheinen, und dieses Gefühl schleppt das «Aschenputtel» auch mit auf den Ball des «Königs». Bei all dem lustigen Singen und Springen wird es die Schwere des Vorwurfs, eigentlich sich etwas zu *stehlen,* niemals ganz abstreifen können. Der Gegensatz zwischen der Art, wie es sich nach draußen hin gibt und wie es sich innerlich fühlt, kann unter diesen Voraussetzungen vorerst sogar nur noch zunehmen. Während das «Kleid» des «Aschenputtels» sich durchaus so ansieht, als wenn hier Traum und Tag, Mond und Sonne, Wunsch und Wirklichkeit schon ineinander «wirken» würden oder bereits «gewirkt» wären, ist sein «Pantoffel», sein «Standpunkt», noch tief dem «Mondhaften» und Unbewußten verhaftet. Das «Aschenputtel» wagt mit seinem Gang zu dem Königsball in der Grimmschen Erzählung zwar endlich zu tun, was es will, doch handelt es dabei noch gänzlich *incognito,* ohne die Fähigkeit, vor den anderen offen zu «vertreten», was es da tut. Nicht bemerkt zu werden ist hier schon beinah so viel wie die Lösung.

Vermischt ist diese Halbentschlossenheit eines an sich doch bereits schon reiferen Tuns gewiß *zum zweiten* wohl auch mit einer Reihe von Schuldgefühlen aus dem sexuellen Erleben, und gerade darin liegt ein besonderer Reiz des Tanzes. Das Tanzen bietet gesellschaftlich die Erlaubnis, einander so nahe zu kommen, wie man es sonst, auf der Straße oder im Café, wohl niemals dürfte. Die meisten «Aschenputtel»-Seelen werden gewiß kein größeres Verlangen tragen nach sexuellen Abenteuern – gerade wenn wir uns den Hintergrund vorstellen, nach dem, entsprechend dem vorhin entwickelten Vatervorbild, ein «Aschenputtel» die Welt der Männer erleben wird, können wir ohne Mühe die Ängste und Vorbehalte verstehen, mit denen es normalerweise dem Kontakt mit einem Jungen auszuweichen suchen wird. Der Tanz aber hüllt das an sich Verbotene und Gefährliche in den Schein des Gestatteten und Harmlosen, ja, er macht es möglich, zumindest in der Vorstellung eine Geborgenheit und Zärtlichkeit zu erleben, die über all die Zeit hin so sehr vermißt wurde. Es ist beim Tanzen vor allem möglich, eine gewisse *schützende Zweideutigkeit* aufrechtzuerhalten: man ruht in den Armen eines Mannes, man spürt seinen Atem, man fühlt seine Hand zwischen den Schultern, man lehnt leicht die Brust gegen ihn, man vernimmt das leise Flüstern seiner Worte und schaut ganz nah in seine lachenden Augen – und doch geht aus all dem noch keinerlei Verbindlichkeit hervor. Der Tanz, so betrachtet, gewährt einen vollendeten Genuß ohne Reue. Sollte hinterher der Junge bestimmte Avancen machen, läßt sich alles mühelos als ein bloßes Mißverständnis aufklären. 100 Tänze sind noch immer kein Kuß, sind noch keine Umarmung – was er sich nur einbildet! Noch ist man frei.

Hinzu kommt, *drittens*, beim Tanzen *die angstmildernde Form eines festgelegten Rituals*. Säße man einander nur einfach am Tisch gegenüber, so fühlte man sich wohl sehr unsicher, was man einander sagen sollte. Gerade für das Naturell eines «Aschenputtels» bedeutet es ohnedies keine Kleinigkeit, persönlich von sich selber reden zu sollen, und es wird in aller Regel sich sehr schwer tun, sein Inneres nach außen zu tragen, schon aus Angst, der andere könnte die Wahrheit über die Traurigkeit des eigenen Grundgefühls bemerken – und ablehnen! Der Tanz hingegen stellt eine Kontaktform vollkommen ohne Worte dar! Man braucht überhaupt nichts zu sagen! Nicht ein einziges Wort! Es genügt, nur einfach da zu sein und sich in den Armen des andern zu spüren. Statt zu reden und zu reden, gilt es, auf den Rhythmus der Musik zu hören und sich in jede Bewegung des Partners hineinzufühlen. Diese vollkommene Verschmelzung, die dennoch im eigentlichen Sinne nicht «sexuell» genannt werden kann, bedeutet zumeist die reine Seligkeit im Erleben eines «Aschenputtels». Während es soeben noch bei allem, was es im Hause der «Stiefmutter» tat, die heftigsten Vorwürfe zu gewärtigen hatte, ohne überhaupt zu wissen, warum, treten ihm jetzt beim Tanzen eine Reihe von fertigen Regeln zur Seite, die jeden Verdacht möglichen Tadels beruhigen: man braucht sich nur so zu drehen und zu wenden, wie die Bewegungsformen des Tanzes es vorschreiben, und schon kann man nichts mehr falsch machen. Die endlos marternde Frage: werde ich akzeptiert oder abgelehnt, beantwortet sich jetzt wie von selbst: Es gibt keine Fehler, solange man sich nur an die vorgeschriebenen Regeln hält.

Insofern stellt der Tanz in seiner Zweideutigkeit einen idealen *Kompromiß* zwischen der Angst und der Sehnsucht eines «Aschenputtels» dar, indem er die widersprüchlichen Tendenzen zu Flucht und Annäherung zu einer *Kontaktform der festgelegten Grenzen* verschmilzt: Der Tanz scheint persönliche Zuneigung auszudrücken, während er doch selber rein rituell und unpersönlich bleiben kann; er scheint starke Gefühle zu offenbaren, während er doch gerade auch in der Disziplinierung der Gefühle besteht; er ist – als Paartanz – eine Gebärde sexueller Werbung, die doch in sich selber nichts ist als Vorspiel und Verspieltheit. Der Tanz, mit anderen Worten, erfüllt alle Bedingungen einer perfekten Rolle menschlicher Beziehung und Erlebnisfähigkeit, in deren Schatten immer noch die alte Beziehungslosigkeit und Erlebnisverweigerung ihr angsterfülltes Spiel zu treiben vermag.

Umso mehr können wir freilich die Intensität verstehen, mit der ein «Aschenputtel» vom Tanzen fasziniert wird. Endlich hat es eine Form des Kontaktes gefunden, in der es einmal *problemlos,* leicht und luftig, wirklich wie in Schuhen aus Seide, auftreten kann; endlich kann es in der Nähe eines Mannes all die Konflikte *vergessen,* die sein Leben bis-

lang derartig verwüstet haben; endlich kann es hoffen, über seine Trauer und Einsamkeit hinwegzugleiten beziehungsweise alle Gefühle dieser Art mit fröhlichem Schwung an den Tanzboden abzugeben. Sich drehn und sich drehn bis zu Schwindelgefühl und Bewußtlosigkeit – das ist wie eine Erlösung von der leidigen Welt der «Stiefmutter».
Es mag sein, daß es einem «Aschenputtel» wirklich gelingt, seine Umgebung von der Lustigkeit und Geselligkeit seiner Wesensart zu überzeugen; doch der Wahrheit am nächsten kommt unter diesen Umständen ein frühes Gedicht, das (noch einmal) R.M. Rilke dem Kontrast von Tanz und Trauer gewidmet hat:

> Wenn ich dir ernst ins Auge schaute,
> klang oft dein Wort so kummerkrank
> wie eine leise Liebeslaute,
> die einsam einst ein Meister baute,
> als seine Seele Sehnsucht sang.
>
> Sie lernte seither leichte Lieder
> und tönte gern zu Tag und Tanz, –
> da greift ein Träumer ihre Glieder:
> und wie erwachend weint sie wieder
> das Heimweh ihres Heimatlands.[28]

Es mag sein, daß die ganze Umgebung schließlich das «Aschenputtel» vollkommen mit dem identifiziert, was es nach außen hin zu sein scheint; nur für sich selbst vermag es all das nicht zu glauben. Alle anderen mögen in ihm eine wunderschöne Frau erblicken; es selber aber *weiß,* daß es zu dick und zu unförmig ist oder daß es unvorteilhaft gefärbte Haare hat, und vor allem: daß man schon an seinen Augen sehen kann, wie müde, traurig und verzweifelt es oft ist. Alle anderen mögen es für eine kluge und einfühlsame Persönlichkeit halten; es selbst aber *weiß,* daß es zu ungebildet, zu dumm und zu kleingeistig ist. All die Vorurteile, mit denen es bisher sich traktiert hat, bestehen ja unverändert weiter – sie sind niemals durchgearbeitet worden, sie wurden nur überspielt, sie wurden nur übertanzt. Insofern ist es dem «Aschenputtel» wirklich nicht möglich, an seine «Erfolge» zu glauben oder sie gar zu genießen. Im Gegenteil, es weiß nur allzu gut, wie weit das Bild, das es nach außen kehrt, von seinem eigenen Selbstbildnis abweicht; und so wird es stets auf der Flucht davor sein müssen, «entdeckt» und «erkannt» zu werden. Mit anderen Worten: mehr noch als vor seiner «Stiefmutter» mit all den Schuldgefühlen dafür, sich eines eigenen Lebens zu getrauen, muß das «Aschenputtel» jetzt davor auf der Hut sein, wirklich an das Ziel seiner Wünsche zu gelangen! Gerade wenn das Glück ihm zum Greifen naherückt, muß es davor Reißaus nehmen und zurückfliehen in die alten Rollen von «Küche» und «Asche», von Unterwerfung und Trauer. Mit dem Glück der Liebe zu *spielen,* beginnt es tänzerisch gerade zu lernen; das Glück der Liebe *anzunehmen* aber macht ihm noch viel zu viel Angst, als daß es dazu imstande wäre – es wäre gerade so riskant, wie die erbeuteten Geldscheine eines Bankeinbruchs als legales Geld auf den Markt zu werfen. Noch schaudert das «Aschenputtel» vor dem entscheidenden Schritt zurück, sich offen zu seinem Verlangen nach Liebe und Glück zu bekennen und der «Stiefmutter» zu erklären, daß sie nicht länger etwas einen «Diebstahl» nennen darf, was nichts weiter ist als die Normalität eines Reifens der Seele und des Körpers. Doch selbst bis zum Ende des Aschenputtel-Märchens wird es dahin nicht kommen. Vielmehr sehen wir Mal um Mal das «Aschenputtel» vor der Möglichkeit seines Glücks fliehen und fliehen, als befände es sich leibhaftig in Todesgefahr. Und doch: selbst in seiner Angst wird es, in der Asche liegend, gewiß sogleich wieder zu träumen beginnen vom nächsten Mal; und seine größte «Leistung», das größte Wunder seines Lebens, wird gewiß eben darin zu suchen sein, daß es trotz aller Angst diese Träume unerfüllter Sehnsucht niemals gänzlich verlieren wird.
Unter dem Titel *«Tanz in der Stadt»* hat Auguste Renoir im Jahre 1883 ein Bild (180x90) gemalt, das heute im Musée d'Orsay in Paris hängt und das sich ausnimmt wie das Wunschbild einer vollendeten Tänzerin (Tafel 4).[29] Man sieht dort (nach dem Modell der siebzehnjährigen Weißnäherin Marie-Clémentine) in Rückenansicht ein Mädchen beim Tanzen in einem vornehmen Salon, in der Nähe einer marmornen Wand unter den Zweigen einer exotisch wirkenden baumhohen Zierpflanze. Das Mädchen trägt ein schweres weißes Seidenkleid, dessen Oberteil die Arme und den Rückenausschnitt freigibt, um dann, von der Taille abwärts, gerafft, in ausladenden Wellen bis zum Boden her-

abzufließen und noch über den Bildrand hinaus sich schleppenähnlich zu verbreitern. Der linke Arm, bedeckt mit einem weißen enganliegenden Satinhandschuh, der bis zum Ellenbogen reicht und die Zartheit der verhüllten Formen ahnen läßt, ruht angewinkelt auf der Schulter eines ebenfalls jungen Mannes in einem schwarzen Gehrock, der mit dem rechten Arm die Taille seiner Partnerin umfaßt hält, während er mit der Linken von unten her die rechte Hand des Mädchens zärtlich aufhebt. Marie-Clémentine trägt eine rosafarbene Nelke in ihrem leicht gelockten rötlich-braunen Haar, mit dem sie das Gesicht des Mannes vor den Augen des Betrachters fast gänzlich verdeckt – nur seine schwarzen Haare über der Stirn und die dunkle Braue des linken Auges verraten uns die Züge eines schönen, vornehmen Jünglings. Marie-Clémentine indessen wendet ihr Gesicht mit geschlossenen Augen und einem leicht geöffneten, ganz kleinen, lachenden Mund seitwärts von ihrem Partner ab, wie in sich versonnen noch, wie erst langsam erwachend. – Auch dieses Mädchen selbst übrigens, das RENOIR Modell stand, durchlebte auf seine Weise den Weg eines «Aschenputtels»: es hatte ein großes Interesse an der Malerei und, nicht zuletzt durch RENOIRS Einfluß, gelang es ihm später, als *Suzanne Valadon* sich einen Namen als Malerin zu machen.[30] – Vielleicht ist es also doch nicht unmöglich, den «Königssohn» für sich zu gewinnen? Man würde tanzen und tanzen, und es wäre nicht mehr Zweideutigkeit und Flucht, es wäre *das Tanzen* ein Rauschen der Sinne, ein Rausch der Verwandlung, ein alles ergreifendes, inniges, alles durchflutendes, alles durchbebendes *Verliebtsein bei Musik.* Wäre da nur nicht wieder die Angst!

c) Die dreimalige Flucht

Was jeden überraschen muß, der sich mit einer tiefenpsychologischen Deutung der (Grimmschen) Märchen beschäftigt, ist die zumeist traumwandlerische Sicherheit und Genauigkeit in Abfolge wie Auswahl der jeweiligen Symbole. «Haben die Brüder Grimm denn von alledem wirklich gewußt, was in der Interpretation anklingt?» Ja und nein, muß regelmäßig die Antwort lauten. Geahnt haben sie vieles, gewußt wohl nur weniges; doch alle große Kunst besteht darin, den Ahnungen des Unbewußten Gehör zu schenken und den gestaltenden Kräften seiner Gestalten Ausdruck zu verleihen.[31] Im folgenden jedenfalls treffen wir bei dem *Motiv der dreimaligen Flucht* des «Aschenputtels» auf eine Montage von Bildern, die zur Verdeutlichung der Stadien seelischer wie körperlicher Reifung und Entwicklung der Fähigkeit zur Liebe nicht glücklicher hätte ersonnen werden können.

Alles beginnt mit dem überragenden Eindruck, den «Aschenputtel» auf dem «Königsball» in den Augen aller hinterläßt. Es ist, ganz wörtlich, nicht wiederzuerkennen. Nicht einmal die haßgeschärften Augen ihrer «Stiefschwester(n)» kommen darauf, daß hier das Wunder einer Verwandlung in Liebe stattfindet. Niemand freilich auch, gewiß nicht der Königssohn, ja, nicht einmal das «Aschenputtel» selbst, wird in diesem Moment schon bemerken, in welch eine Zerreißprobe zwischen zwei Ebenen das Mädchen fortan hineingerissen werden wird. Man kann diese beiden Ebenen des Konfliktes, der sich jetzt anbahnt, *tendentiell* beschreiben als einen Kampf zwischen *Vergangenheit* und *Gegenwart* (beziehungsweise jener Zukunft, die sich in dieser Gegenwart vorbereitet) – immer wieder werden wir sehen, wie getrieben von Angst das «Aschenputtel» in diese beiden Richtungen seiner Existenz: nach vorn und nach rückwärts hin und her gestoßen werden wird. *Inhaltlich* aber geht es um eine stufenweise Entscheidung *gegen* den moralischen Zwang zum Unglück und *für* den Mut, in der Liebe glücklich sein zu dürfen, *gegen* den eingeübten Hang zur angstvollen Selbstdemütigung und resignierten Trauer und *für* die ebenso alte Sehnsucht nach Zärtlichkeit und Nähe, *gegen* das Prinzip der Selbstbewahrung in kontaktferner Unschuld und *für* die Möglichkeit wahrer Selbstfindung.

Wie zweideutig die Eingangsszene selbst aus der Sicht des «Königssohns» noch erscheint, mag man daran erkennen, daß auch er den Worten nach in seinem «Aschenputtel» nichts weiter zu erkennen vorgibt als «meine Tänzerin». Natürlich weiß man, was die «Wahl» des «Königssohns» bedeutet – sie ist im Grunde eine Vorentscheidung seiner

Liebe für das ganze weitere Leben; aber eingeleitet wird sie doch als etwas, das scheinbar ganz und gar nur auf den Augenblick bezogen ist. Zwar tanzt der «Königssohn» den ganzen Tag lang nur mit dieser Frau, die selbst den «Stiefschwestern» und der «Stiefmutter» vorkommt wie «eine fremde Königstochter», aber es gehört zu der erwähnten Zweideutigkeit des Tanzes, daß in dieser Tatsache, je nach der Auslegung, alles oder nichts enthalten sein kann. Selbst am Ende eines solchen Tages steht es dem «Königssohn» immer noch frei, dem «Aschenputtel» zu sagen: «Es war ein wunderschönes Erlebnis, Sie kennenzulernen und mit Ihnen zu tanzen, Madame. Sie sind eine ausgezeichnete Tänzerin, und so danke ich hiermit für die vergnüglichen Stunden, die Sie mir bereitet haben» – verbeugt sich artig *und geht.* Oder auch anders noch: Es wäre im folgenden durchaus eine Entwicklung denkbar, in welcher das «Aschenputtel» im Genuß seines Erfolges als «Tänzerin» so erfolgreich wäre, daß es das Motiv verlöre, überhaupt noch etwas anderes sein zu wollen als eine tanzende Gesellschaftsdame, die sich infolge der alten Ängste auch jetzt noch ihrer wahren Gefühle nicht getraut und deshalb zu einer wirklichen Begegnung in alle Zeit unfähig bleiben müßte. Die Choreographie des Tanzes ließe sich zur Not steigern bis zur Virtuosität, aber mit dem ursprünglichen Ausdrucksverhalten mag all das so wenig zu tun haben wie das Lächeln einer Schaufensterpuppe mit dem Gefühl der Freude.

Das «Aschenputtel« hingegen nimmt das Erleben des Tanzes glücklicherweise so ernst, daß die Beziehung zu dem «Königssohn» ihm «am Abend» *Angst* zu machen beginnt. Zu der Art, wie ein «Aschenputtel» mit seinen Gefühlen umgeht, gehört wohl immer wieder *die jähe Bedeutungsänderung* des gerade Erlebten: eben noch wie auf Wolken schwebend, kann es plötzlich wie in einen Abgrund stürzen; vor wenigen Minuten noch strahlend und glücklich, versinkt es mit einem Mal in einem Meer von Tränen; vorhin noch selbstsicher scheinbar und standfest, besteht es jetzt nur noch aus panischer Angst. Was ist passiert?

Was das Grimmsche Märchen erzählt, mutet spätestens an dieser Stelle nicht länger mehr als die Geschichte einer «Königshochzeit» an, sondern als das unglückselige Finale eines ersten Mädchen-Rendez-vous, und wem es bisher noch fraglich erschienen sein mag, ob man den Ball eines «Königssohnes» denn so einfach als eine «banale» Liebesgeschichte interpretieren dürfe, dem werden hier die letzten Zweifel genommen. Bereits erfahren haben wir, daß das «Aschenputtel» beim Tanzen auf alle den Eindruck einer «fremden Königin» hinterlassen habe; gilt dies, so ist die Absicht des Königssohnes absurd, sehen zu wollen, «wem das schöne Mädchen angehörte» – unter «Königen», sollte man meinen, hat man wohl schon bei der gegenseitigen Vorstellung ein Recht auf eine eindeutige Erklärung von Herkunft und Namen. Noch sonderlicher mutet das Angebot des Prinzen an, «Aschenputtel» nach Hause zu begleiten – ein «Königreich» endet für gewöhnlich nicht gerade vor der Haustür. Und schließlich: wo auf Erden pflegten «Könige» ihr Tanzvergnügen bei Einbruch der Dunkelheit zu *beenden,* statt mit ihren Festlichkeiten die Nacht zum Tag zu machen!

Die ganze Szene versteht sich indes wie von selbst, wenn man sie als das nimmt, was sie auch ist: als die erste Begegnung eines jungen Mädchens von der Art eines «Aschenputtels» mit seinem Geliebten, der nur durch die Verehrung und Wertschätzung der Liebe selbst in den Rang eines «Königs» erhoben wird. Kaum daß es Abend wird, *«will»* nicht, doch *muß* wohl ein «Aschenputtel» vom Tanzen «nach Haus gehen»; und von diesem Augenblick an scheint sich sein Wesen vollkommen ins Gegenteil zu verwandeln. Aus der eben noch stolzen «Königin» wird jetzt ein verschüchtertes Mädchen, das nachts sich nicht mehr mit einem jungen Manne herumtreiben darf; selbst das höfliche Angebot des «Königssohnes», das «Aschenputtel» bis zur Tür zu begleiten, steigert unter diesen Umständen eher noch den Schrecken des Mädchens, statt ihn zu beruhigen. All das ist äußerst erstaunlich. Die Gründe dafür aber sind leicht zu erraten; es sind mindestens zwei.

Der erste ergibt sich wie von selber aus allem, was wir von einem «Aschenputtel» bereits zu wissen glauben – er liegt in dem Kontrast zwischen dem äußerst niedrigen Selbstwertgefühl des «Aschenputtels» und den (reaktiv dazu) enorm gesteigerten Erwartungen an den Partner der Liebe: so «königlich» der Geliebte erscheinen muß, um als «Retter» aus allem Elend tauglich zu sein, so «aschenverputtelt» beschämend muß im Vergleich dazu das eigene Ich erscheinen. Die ständige verzweifelte Ungewißheit eines «Aschenputtels»: «Liebt er mich auch noch?» und «Bin ich auch gut genug?», beginnt zumeist schon im Außenbereich: Was soll nur werden, wenn der «Königssohn» das elterliche Zuhause kennenlernen würde, wenn er erfahren müßte, was für Verhältnissen ein «Aschenputtel» entstammt, wenn er die Armseligkeit und «Unkultiviertheit» des Elternhauses mitansehen würde – man müßte sich schämen bis ans Ende der Tage, und man würde gewiß all seine Liebe verlieren. Gerade weil die Gestalt der «Tänzerin», der «fremden Königin», nur ein erster Versuch ist, das ganze Lebensgefüge kindlicher Erniedrigungen und Demütigungen hinter sich zu lassen, ist die Angst riesengroß, von dem anderen, an dessen Zuneigung doch alles hängt, «durchschaut» und «erkannt» zu werden. Was für den «Königssohn» erscheint wie ein harmloses, freundliches Angebot – eine Kavalliers-Pflicht, die Tanzpartnerin nach Hause zu begleiten –, das erlebt das «Aschenputtel» notwendigerweise wie eine tödliche Bedrohung. Sein ganzes Leben hat es in diesen Traum seiner Kindheit, in dieses Wagnis seiner gesamten Existenz gesetzt – es hat alles aufs Spiel gesetzt, um die Liebe eines «Königssohns» zu erringen; doch eben deshalb würde es alles verlieren, wenn ihm der «Königssohn» seine gerade erst gewonnene Liebe schon wieder entziehen würde. Müßte er aber nicht ganz gewiß das gerade tun, sollte er jemals erfahren, in was für einem «Dreck» seine vermeintliche «Königin» wirklich lebt?

Die tragische Gefahr einer «Aschenputtel»-Liebe liegt allemal darin, daß sie dem eigenen Dasein vom anderen her, *geliehenermaßen, gnädigerweise* sozusagen, einen Wert und eine Würde verleihen soll, die ihm nach eigener Einschätzung vermeintlich an sich selber vollkommen abgeht. Alles in einer solchen Beziehung schwingt, aufs äußerste gespannt, in extremer Belastung hin und her zwischen Alles und Nichts, zwischen Himmel und Hölle, zwischen Sein oder Nichtsein. Am schlimmsten aber ist wohl, daß der Partner einer solchen Liebe in aller Regel kaum eine Chance erhält, auch nur zu merken, welch eine Angst er gerade mit seinen zärtlichsten Versuchen der Annäherung in einem «Aschenputtel» auslösen muß. «Je näher er mir kommt und je besser er mich kennenlernt, umso nackter und armseliger werde ich vor ihm stehen, und dann wird alles aus sein» – *das* ist die Angst, die augenblicklich entsteht, sobald ein «Aschenputtel» versuchen sollte, den Traum seiner Lebenshoffnung von einem «Prinzen», der kommt, es zu retten, in der Wirklichkeit zu leben. Gerade die Nähe der Liebe, an der ihm doch so sehr liegt, wird es unter diesen Umständen wie eine Lebensbedrohung fliehen müssen, um die Illusion seiner Liebeswürdigkeit nicht zu zerstören, an die es doch all seine Hoffnung gehängt hat – ein Widerspruch, der logisch kaum lösbar scheint.

Dabei muß man sich *zum zweiten* noch einmal klarmachen, daß das, was in dem Märchen als das Ereignis eines einzigen Abends geschildert wird, in der alltäglichen Wirklichkeit als ein *Dauerproblem* erscheinen wird. Über lange Zeit hin kann dieses Hin und Her zwischen Liebessehnsucht und Angst auf dem Hintergrund schwerer Minderwertigkeitsgefühle das Leben eines «Aschenputtels» ebenso verwüsten wie das seines Partners. Noch gar keine Rede war zum Beispiel von der *Angst* des «Aschenputtels» *vor seinen «Stiefschwestern»* – das Märchen hat uns bisher nur erzählt, daß sie das «Aschenputtel» in der Rolle einer tanzenden «Königin» nicht wiedererkennen. In Wahrheit aber wird das «Aschenputtel», eben weil es am allerbesten um das «Angemaßte» seines Auftritts am «Königshof» weiß, während all der Zeit seines Tanzes nicht aufgehört haben, sich vor seinen «Stiefschwestern» zu fürchten, die ihm in allem buchstäblich «zuvorgekommen» sind und allemal «früher» am Platze waren als es selber mit seinem spektakulären Nachzüglerdebüt. Ein «Aschenputtel» hätte seinen Namen nicht verdient, wenn es nicht immer wieder bei jedem Versuch, Liebe zu glauben und Liebe zu schenken, in Angst ausbräche, eine andere, das heißt *jede beliebige* Frau brauchte nur daherzukommen, um es von der Seite des Geliebten wieder zu verdrängen; denn: bestimmt ist jene andere Frau schöner oder klüger oder fröhlicher oder gebildeter oder auch nur ganz einfach skrupelloser und durchtriebener; in jedem Falle ist sie gewiß so, wie man selber glaubt, sein zu müssen, um geliebt zu werden, und doch trotz aller Anstrengung niemals glaubt, geliebt werden zu können, selbst wenn es nach außen hin längst so erscheint. Man mißverstünde solche Ängste gründlich, wollte man in ihnen lediglich so etwas sehen wie ein ausuferndes Mißtrauen oder Kontrollbedürfnis gegenüber dem Geliebten oder wie ein chronisches Verhalten von Eifersucht und Herrschsucht; im Gegenteil leidet ein «Aschenputtel» wohl am meisten unter solchen Gefühlen, die doch allesamt nur einen einzigen Ursprung haben: das abgrundtiefe Gefühl der eigenen Unwürdigkeit, einen solchen «König» von Geliebten, wie man ihn doch stets herbeigesehnt hat, überhaupt zu verdienen.

Allein von diesen Gefühlen her ließe sich schon recht gut die überstürzte Flucht des «Aschenputtels» vor seinem angehenden «Prinzgemahl» nach Hause erklären. Doch es kommt noch sonderbarer: um den Augen des «Königssohnes» zu entfliehen, nimmt das «Aschenputtel» seinen Weg ausgerechnet ins *«Taubenhaus»*. Die Szene selber, stellt man sie sich als «real» vor, mutet, wie vieles sonst in dem Grimmschen Märchen, vollkommen unglaublich an: Wie sollte der «Königssohn», wenn er schon dem «Aschenputtel» bis zum «Taubenhaus» nachfolgt, nicht imstande sein, das flüchtende Mädchen am «Entwischen» zu hindern? Wieso wartet der hilflose Prinz vor dem «Taubenhaus», bis «Aschenputtels» Vater kommt? Und was für ein Umstandskrämer soll dieser Vater sein, daß er mit Axt und Hacken hingeht, um das «Taubenhaus» entzweizuschlagen, statt im Taubenhaus selber nachzusehen? Zudem: wenn er selber schon vermutet, jenes schöne Mädchen auf dem Ball könnte seine Tochter sein, warum fällt ihm dann nicht ein, daß dieses «Taubenhaus» offenbar zwei Türen hat, von deren Existenz doch auch wohl das «Aschenputtel» wissen dürfte? Alles an dieser Darstellung erscheint ungereimt und wie aus den Fugen – selbst solche Details, daß «Aschenputtel» am Ende seiner Flucht sich in der Küche «*zur* Asche gesetzt» haben soll, während es von Vater und Königssohn im Hause «in seinen schmutzigen Kleidern *in* der Asche» bei dem trüben Schein eines Öllämpchens gefunden wird, scheinen irgendwie nicht richtig erzählt. Alles hingegen fügt sich erneut ohne Schwierigkeiten, wenn man die ganze Begebenheit als einen *inneren*, psychischen Vorgang interpretiert; man braucht dann nur sich zu erinnern, welch eine Rolle das «weiße Täubchen» sowie die hilfreichen Tauben bislang schon in «Aschenputtels» Leben gespielt haben.

Die *«Tauben»*, soviel ergibt sich nach dem Bisherigen, stehen symbolisch für die geistige Welt der «Unschuld» und «Reinheit» des Mädchens; dorthin also, in das Gefühl seines *guten* Gewissens, flieht das «Aschenputtel» jetzt vor den «Nachstellungen» des «Königssohnes». «Unschuldig» zu bleiben – das ist nicht nur das Ziel, das ist demnach auch der Grund für «Aschenputtels» erfolgreiche Flucht. *Tragischer* freilich könnte es schwer kommen; kaum nämlich sieht das Mädchen seine Wünsche bereits erfüllt, da hindern es allem Anschein nach gewisse moralische Bedenken, darauf zuzugehen. Statt zu seiner Sehnsucht nach Liebe *bewußt* und entschlossen zu stehen, zeigt es sich außerstande, den «Mondstandpunkt» seiner «*silbernen* Pantoffeln» durch das «Gold» seines Bewußtseins zu ergänzen und trotz seiner Angst zu vertreten. Der Glaube an seine «Unschuld» gegenüber der «Stiefmutter» machte es soeben noch «schön» und verlieh ihm das Aussehen einer «Königin»; die Angst *um* die «Unschuld» aber im Erleben eines Mannes nötigt es jetzt offenbar, sein Kleid aus «Gold» und «Silber» an das «weiße Täubchen» zurückzugeben und auf das Grab der «Mutter» zu legen. Wie denn auch kann ein Mädchen, das nach mütterlichem Vorbild sein ganzes Leben lang nur «gut und fromm» sein mußte, jemals zur Liebe imstande sein? Ehe wir darauf keine Antwort finden, werden wir das «Aschenputtel»-Märchen niemals verstehen.

Den Schlüssel zur Lösung bietet eigentümlicherweise das rätselhafte Verhalten des Vaters. Der «Prinz» für sich allein kommt offenbar an das «Aschenputtel» so lange nicht heran, als die Gestalt (beziehungsweise das Bild) des «Vaters» ihm nicht hilfreich zur Seite tritt: Der Vater ist es, der das «Taubenhaus», diese Fluchtburg einer «unschuldigen» Phantasiewelt des Mädchens, gewaltsam zerstört. In gewissem Sinne geschieht hier etwas Ähnliches wie in

T. Williams *«Glasmenagerie»* beim Zerbrechen der Tierfigürchen: die Zeit der Jugend geht hier endgültig durch eine Art Gewaltstreich zu Ende. Und doch beginnt für das «Aschenputtel» jetzt eine neue Phase der Widersprüchlichkeit.

Es sucht eine Beziehung zu dem «Prinzen» seiner Liebe, doch seine Gefühle werden dabei überlagert von den Erinnerungen an seinen Vater, beziehungsweise es «wartet» nur alles darauf, daß der Vater hinter dem Prinzen «nachkommt». Dessen Gestalt aber erscheint hier wie der dunkle Schatten des lichtvollen «Königssohnbildes» selbst, das sich in der Vorstellung des «Aschenputtels» von seinem Geliebten geformt hatte. Mit anderen Worten: Der «Königssohn» und der «Vater» bilden nicht nur an dieser Stelle des Märchens eine Art «Aktionseinheit», sie hängen auch innerlich als zwei einander bedingende Bilder zusammen.

Anders kann es, recht verstanden, wohl auch gar nicht sein, wurde doch alles, was das «Aschenputtel» bisher sich an Liebe erhofft und erträumt hat, geboren aus dem Gefühl des *fehlenden,* ja, wenn wir an das Bild von dem Haselreis denken, auch wohl *gewalttätigen* Vaters. In jedem Falle hat das «Aschenputtel» gelernt, daß bereits aus den Gefühlen der Minderwertigkeit, Unsicherheit und Wehrlosigkeit heraus es sich wohl oder übel gefallen lassen muß, bestenfalls als eine Dienstmagd im Hause geduldet zu werden, und allein schon in dieser Grund«erkenntnis» völliger Rechtlosigkeit und Gleichgültigkeit der eigenen Existenz liegt ein unerhörtes Maß an Gewalttätigkeit im Erleben des Vaters. Hinzu aber kommt wohl eine spezifisch sexuelle Angst vor dem Vater (oder einem entsprechenden Vaterersatz), die wir (in Übereinstimmung mit dem Märchenmotiv von *«Allerleirauh»*, KHM 65)[32] an dem Bild des mitgebrachten «Stockes» festmachen konnten. Die Sehnsucht nach dem fehlenden Vater und die Angst vor dem realen Vater übertragen sich jetzt gemeinsam auf den Geliebten: Indem er als «Prinz» all die unerfüllten Wünsche des «Aschenputtels» gegenüber seinem Vater auf sich zieht, folgen ihm notwendig die Erinnerungen an den «wirklichen» Vater nach, und *sie* werden – neben der Angst, als «Aschenputtel» entdeckt zu werden – den Hauptgrund für die dreimalige überstürzte Flucht des Mädchens bilden: Es soll sich um keinen Preis mehr wiederholen, was sich damals zwischen dem Vater und ihm, gleich, ob in der Realität oder in der Phantasie, ereignet hat. In dem Motiv von dem *Haselreis* klang die Angst vor der sexuellen Bedrohung durch den Vater nur an; jetzt, in der Art, wie er mit *«Axt und Hacken»* das «Taubenhaus» des «Aschenputtels» flachlegt und damit den letzten Rückzugsraum mädchenhafter Unschuld zerstört, tritt der aggressive Zug seines Wesens, der bisher nur zu vermuten stand, offen zu Tage. Es ist, so besehen, «nur» die andere Seite des Vaterbildes, es ist «nur» die Kehrseite der Vatersehnsucht, vor der das «Aschenputtel» sich in das «Taubenhaus» seiner Unschuld flüchtet und durch die es aus dem «Taubenhaus» vertrieben wird.

Wir haben schon gesehen, daß die ganze «Aschenputtel»-Existenz unter anderem auch so etwas sein kann wie der Selbstschutz einer besonders schönen Frau vor den Nachstellungen der Männer. «Lieber äußerlich in Schande leben, dabei aber ‹gut und fromm› bleiben, als geschändet zu werden von der Gewalttätigkeit männlicher Roheit», lautet die Maxime einer solchen Moral ängstlicher Schüchternheit; sie allein schon langt aus, um den Rückzug des «Aschenputtels» in das Halbdunkel seines «Aschenlagers» nur allzugut verständlich zu machen. Gleichwohl erzählt das Grimmsche Märchen eigentlich noch genauer. Seiner Darstellung nach vernichtet der «Vater», um dem «Königssohne» bei der Suche nach seiner «Tänzerin» behilflich zu sein, das Versteck seiner Tochter, und *dann erst* finden beide gemeinsam das «Aschenputtel» in der Asche liegen. Die Zerstörung der «Taubenexistenz», die Beseitigung der «Unschuld» des Mädchens durch einen Akt männlicher Aggressivität geht demnach einher mit dem angstvollen Rückzug des «Aschenputtels» in die Rolle der bloßen Dienstmagd. Auf diese Weise kommt ein Bild zustande, das zur Erklärung der Art nicht nur vieler Erstbekanntschaften, sondern gewiß auch so mancher Eheschließungen im Zeichen des «Aschenputtels» dienlich sein kann. Das Hauptproblem eines «Aschenputtels» bei seiner Suche nach Liebe besteht dem Gesagten zufolge in der chronischen Schwierigkeit, wie es das Wechselspiel von Minderwertigkeit und Hoffnung, von Angst und Sehnsucht, von negativem und positivem Selbstbild und Vaterbild in eine lebbare Synthese zu bringen vermag. Zur Aufhebung dieses logisch schier unauflöslichen Konfliktes gibt es zumindest *einen* Ausweg, der indessen so abenteuerlich und widersprüchlich anmutet, daß es im wirklichen Erleben selbst den jeweils Betroffenen äußerst schwerfallen dürfte, auch nur zu merken, was sich da begibt: Es ist möglich, die eigene Unschuld, das eigene gute Gewissen, die relative Zufriedenheit mit der eigenen Frömmigkeit und Güte sich *zerstören* zu lassen bzw. der männlichen Aggressivität zu *opfern, wenn* man damit dem anderen *helfen* kann. Was in dem Grimmschen Märchen zunächst wie schlecht erzählt wirkt, ist psychologisch im Grunde genial empfunden: es ist kein getrenntes Geschehen, es ist vielmehr ein und derselbe Vorgang, in dem *zeitgleich,* das heißt sachlich identisch, der Vater das «Taubenhaus» zerstört und das «Aschenputtel» sich *zur Asche* setzt und damit wieder in die Pose der Dienstmagd zurückfällt.

«Als ich meinen Mann kennenlernte», erzählte eine Frau von ihrer ersten Liebe, «hätte ich mich ihm niemals hingegeben, wenn ich nicht seine wehmütigen Augen gesehen hätte. Ich dachte, er braucht das, und ich wollte ihm helfen. Danach freilich hatte ich furchtbare Schuldgefühle. Ich kam mir wie entwürdigt vor und hätte am liebsten alles ungeschehen gemacht. Ich habe immer geglaubt, mein Mann würde mich lieben, wenn ich in allem tue, was er möchte. Selber habe ich nie gewagt, etwas auch nur zu wünschen, was nicht auch von meinem Manne zugleich gewünscht und angeregt wurde. Auch wenn er mich kränkte und verachtete, habe ich mich nie gewehrt – ich habe fast gar nicht gemerkt, wie weh er mir tat; ich fragte ihn höchstens, warum er plötzlich zum Beispiel so streng mit mir redete. Aber – was blieb mir auch? Ich hätte höchstens von ihm fortgehen können. Doch das wollte ich auch nicht. Irgendwann wird er mich doch lieben, hoffte ich, wenn ich nur lerne, wie ich mich ihm gegenüber richtig verhalte.»

Diese Frau hätte wohl niemals die innere Erlaubnis gespürt, einen Mann kennenzulernen ohne das Gefühl eines tiefen Mitleids (das eigentlich ihr selber hätte gelten sollen) und ohne den Willen zu einer bedingungslosen «Aschenputtel»-Dienstbarkeit. Die Vorstellung der Hilfsbedürftigkeit ihres Mannes bot ihr nicht allein die «Entschuldigung» für die Zerstörung des «Taubenhauses», das neu begründete «Aschenputtel»-Dasein hernach war auch eine Strafe und Wiedergutmachung für die begangene «Ausschweifung». Im Grunde liebte sie, wie sich nach und nach im Gespräch zeigte, ihren Mann auf dieselbe Weise wie vormals ihren *Vater:* sie *opferte* sich ihm, um überhaupt in seiner Nähe bleiben zu dürfen, gleichzeitig aber erlebte sie ihn in ihrer Ausgeliefertheit als nahezu sadistisch und gewalttätig; sie wehrte sich indessen nicht dagegen, sondern *verstärkte* im Gegenteil noch ihr Bestreben nach Unterordnung; und als sie schließlich ihm gänzlich zu willen war, übernahm sie für sich zudem noch obendrein den Vorwurf, ihn selber durch ihr Auftreten wohl zu seinem Verhalten verleitet zu haben – eine Schuld, die sie mit noch größerer Hingabe- und Opferbereitschaft sühnen wollte; eine Schraube ohne Ende.

Gleichwohl wäre es gänzlich verkehrt, alles, was in dieser Szene des Märchens von der Zerstörung des «Taubenhauses» und der Rückkehr in die «Asche» geschieht, nur für eine tragische Wiederholung der unglückseligen Vaterbeziehung in der Kindheit des «Aschenputtels» zu halten. Denn trotz aller Widersprüche, trotz aller Ängste und trotz aller Beschämungen kommt das «Aschenputtel» gerade so auf dem einzigen ihm noch verbleibenden Weg dem Hauptziel seines Lebens: der Liebe, einen ganz entscheidenden *ersten* Schritt näher. Es hat immerhin eine Form gefunden, «Dienstmagd» *und* «Tänzerin» nebeneinander stehen zu lassen. Zwar: das «Opfer» dafür erscheint übergroß – die Zerstörung der Unschuld; zwar: eine wirkliche Synthese zwischen der Rolle des «Aschenputtels» und der Rolle der «Königin» ist damit noch nicht gefunden; zwar: immer noch erkauft sich das «Aschenputtel» mit einem Übermaß an Hingabebereitschaft und Verantwortung ein viel zu Wenig an Liebe und Geborgenheit; doch trotzdem: es ist jetzt eine alles verändernde Wandlung eingetreten: Es gibt fortan nicht länger mehr nur ein «Aschenputtel», es gibt ab sofort auch die «Tänzerin». Und so darf man gespannt sein, wie es in dieser Doppelbödigkeit der Existenz jetzt weitergeht.

Sonderbar: die wichtigsten Fragen kann das Leben beantworten durch scheinbar endlose *Wiederholungen,* die doch nicht nur «Wiederholungen» sind, sondern inmitten des vermeintlich Gleichen charakteristische Veränderungen aufweisen[33]. Noch sitzt das «Aschenputtel» «in seinem grauen Kittelchen» in der «Küche», da sinnt es doch schon auf eine baldmögliche Erneuerung seiner Abenteuer. Nichts in seinem Leben bisher ist gelöst; alles, was es tut, ist ein einziger *Widerspruch* – zu sich selbst, zu seiner Umgebung, zu allem, was man ihm beigebracht hat, und doch ist da das *«Täubchen»* auf dem Haselbaum der verstorbenen Mutter, das es ermächtigt und ihm ermöglicht, so *fortzufahren,* wie es jetzt begonnen hat. Wenn *in der Bibel* das Bild der *Taube* religiös als ein Symbol des Friedens und der Versöhnung (oder auch der Stimme Gottes beziehungsweise des «heiligen Geistes») verwandt wird[34], so können wir wohl auch *psychologisch* in der Taube (zusätzlich zu den bereits genannten Bedeutungen) so etwas sehen wie ein Wesensbild, das aus dem Umraum der «guten» Mutter das «Aschenputtel» zu einem eigenen Leben befähigt. In der Zuverlässigkeit seines wundersamen, «himmlischen» Beistandes jedenfalls ersetzt *das Täubchen* ganz und gar die säkulare Form des *«guten Schutzengels»* in der Sprache des Kirchenglaubens[35]. Zwar ist das «Aschenputtel» nach der Zerstörung des «Taubenhauses» nicht mehr gänzlich «unschuldig»; doch gibt es im folgenden eine neue Idee, die es auch jetzt noch des Beistandes des «weißen Vogels» als würdig erscheinen läßt – *das ist das Motiv des Birnenbaums.*

Wieviel das «Aschenputtel» mittlerweile trotz seiner «Flucht» dazugelernt hat, zeigt sich im Märchen schon daran, daß der Vogel dem Mädchen am zweiten Tag des königlichen Festes «ein noch viel stolzeres Kleid» vom Haselbaum herabwirft «als am vorigen Tag». In der Tat kann das «Aschenputtel» jetzt um so mutiger auftreten, als es bereits von dem Prinzen «erwartet» wird. Es hat nicht länger mehr nötig, sich seinen Platz in der Gunst des Königssohns zu erobern, es darf in der Rolle der «Tänzerin» dieses Platzes im voraus schon sicher sein. Sogar die chronische Angst vor den möglichen Konkurrentinnen müßte eigentlich sich erübrigen; denn selbst wenn andere Männer erscheinen, um das «Aschenputtel» um einen «Tanz» zu bitten, besteht der «Königssohn» jedesmal energisch darauf, daß es keine andere Tänzerin für ihn gebe als nur diese Schönste von allen. Freilich, die Beruhigung der Angst, nicht wirklich geliebt zu werden, geht nach wie vor in diesem Verhältnis ganz und gar von der Person des «Prinzen» aus, und sie gilt allein der Rolle, die das «Aschenputtel» als «königliche» «Tänzerin» ihm gegenüber spielt, sie geschieht noch nicht in der Sicherheit des eigenen Wesens. Daran muß es denn auch liegen, daß sogar am Abend dieses prachtvollen Tages das «Aschenputtel» erneut versucht, sich der Entdeckung *seiner Niedrigkeit* durch Flucht zu entziehen. Immer noch hängt an jedem Ja oder Nein des «Königssohnes» alles Heil oder Unheil eines «Aschenputtels»; immer noch bleibt desgleichen die Frage vollkommen unbeantwortet, wie das «fromme» und «gute» Mädchen damit zurechtkommen soll, neuerdings als eine attraktive Frau von einem Mann geliebt zu werden; und vor allem die Angst, nicht «gut genug» zu sein, nötigt immer wieder zu schamvollem Rückzug. Alles das ist der Anlage nach gewiß nicht viel anders als beim «ersten Mal»; und doch hat sich etwas jetzt, da das «Taubenhaus» zerstört worden ist, entscheidend geändert, das sich ausdrückt in dem eichhörnchengleichen Herumgekletter des «Aschenputtels» auf dem *Birnbaum* im Garten.

Es versteht sich, daß auch diese Szene in keiner Weise «real» ist – wie sollte der «Königssohn» zwar erkennen können, wie behende sein «Aschenputtel» imstande ist, den «schönen, großen Baum» im Garten, «an dem die herrlichsten Birnen hingen», zu erklettern, zur gleichen Zeit aber völlig unfähig sein, zu bemerken, wie das Mädchen wieder von dem Baum herunterklettert? Und wie sollte vollends *der Vater* auf die Idee verfallen, dem ratlosen «Königssohn» dadurch helfen zu können, daß er den ganzen schönen Birnenbaum abholzt, nur um hinterdrein feststellen zu müssen, daß sich das «Aschenputtel» nicht mehr darauf befindet? Es leidet keinen Zweifel, daß wir auch diese Episode des Märchens interpretieren müssen wie das Bild eines Traumes angsterfüllter Nächte.

Ein *Baum* kann in den Träumen, Mythen und Märchen mit Vorliebe als *ein weiblich-mütterliches Bild* verwandt werden.[36] Der Grund für diese symbolische Bedeutung führt weit in die Stammesgeschichte zurück, als unsere baumbewohnenden Primatenvorfahren «Bäume» als Orte von Schutz, Nahrung und Geborgenheit erlebten, ganz wie ein neugeborenes Menschenkind den Körper seiner Mutter.[37] Insbesondere wenn jemand im *Baumtest* einen «Birnenbaum» mit betont großen und zahlreichen *Früchten* zeichnen würde, wäre diagnostisch darin gewiß ein deutlicher Hinweis auf eine ausgesprochen «oral» getönte Wunsch- und Phantasiewelt zu erblicken:[38] *«oral»* bezeichnet hier die gesamte Sphäre von Akzeptation, Anklammerung, Haltsuche und passiver Wunschbefriedigung;[39] in diesem Sinne läßt sich der Birnbaum insgesamt als das ideale *depressiv getönte Sehnsuchtsbild* eines «Aschenputtels» verstehen.[40] Der «Birnbaum» im Garten ist unter diesen Voraussetzungen das positive Gegenstück zu dem «Haselbaum» auf dem Grab der Mutter: er markiert den Übergang von der Trauer um die verstorbene Mutter in den Wunsch, selber Mutter zu werden.[41]

Wichtig an dieser Stelle ist insbesondere der *«subjektale»* Aspekt des «Birnbaumes», in dem das Mädchen sich inzwischen offenbar selber als eine «reife», voll entwickelte Frau zu betrachten beginnt. Ohne Mühe läßt sich eine solche «Baumphantasie» vor allem mit dem *Erleben des Gestaltwandels* in der Zeit der Pubertät in Verbindung bringen[42] – für ein «Aschenputtel» in aller Regel eine ganz dramatische, höchst beunruhigende Zeit, die der alten Ambivalenz zwischen der Suche nach Liebe und dem moralischen Verbot der Liebe neue Nahrung verleiht. Denn je schöner ein Mädchen zu einer Frau heranreift, desto mehr muß es unter den Voraussetzungen einer «Aschenputtel»-Biographie fürchten, «verführerisch» zu sein und von der eigenen (Stief)Mutter als «Hure» oder «Hexe» beschimpft zu werden. Erneut muß es also versuchen, sich vor den anderen mit gerade den Eigenschaften zu *verstecken,* die es ihnen eigentlich zeigen möchte.

All diese Zusammenhänge können verständlich machen, warum das Grimmsche Märchen gerade an dieser Stelle von einem *«Birnenbaum»* berichtet; doch was wir noch nicht verstehen, ist der Umstand, daß das «Aschenputtel», entsprechend unserer Symboldeutung, jetzt gerade in diesem Bild entfalteter Fraulichkeit *Zuflucht* vor der Begleitung des «Königssohnes» sucht.

Das Rätsel löst sich immerhin ein wenig, wenn wir das «eichhörnchenartige» Gekletter des «Aschenputtels» in dem «Birnbaum» als einen weiteren symbolischen Hinweis auf die Erlebnisweise eines heranwachsenden Mädchens interpretieren. Offenbar lebt das «Aschenputtel», sagt uns dieses Bild, mittlerweile in einer Form, in der es vor den Augen anderer als eine reife Frau in Erscheinung tritt; andererseits aber «bewohnt» es seine eigene Weiblichkeit nur wie im Vorübergang, *«flüchtig»* buchstäblich, mit «huschenden» Bewegungen, die es selber so gut wie unsichtbar machen. Ein «Aschenputtel» *darf,* trotz aller Angst, nicht «schön» genug zu sein, niemals zeigen, wie schön es wirklich ist, und versucht es dies trotzdem, so muß es über kurz oder lang bestimmt wieder zurück von dem «Birnenbaum» in die «Asche» seiner «Küche». So besehen, wird man das Erleben des «Aschenputtels» sich tatsächlich in einer gewissen Ähnlichkeit zu dem Verhalten eines *«Eichhörnchens»* vorstellen müssen: Wenn in den Frühlingsmonaten die Brunstzeit der Eichhörnchen einsetzt, beginnt zwischen den im Rivalenkampf siegreichen Männchen und den Weibchen ein geradezu tolles Fangspiel quer durch alle Baumwipfel.[43] Immer wieder versuchen dabei die Männchen, mit Imponierlaufen und Scheinangriffen die Weibchen einzuschüchtern, während diese, teils verschreckt, teils verspielt, ihr Heil in der Flucht suchen. Um die Kontaktangst der Weibchen zu besänftigen, geben die Männchen schließlich Laute von sich, die dem Ruf von Jungtieren ähneln. In die Paarung selbst freilich muß das Weibchen ausdrücklich einwilligen, da es sich mit seinem buschigen Schwänzchen jederzeit sperren könnte. Als einzige unter den Säugetieren teilen die Eichhörnchen alsdann ein etwa vierzehntägiges Liebeslager miteinander, bis aus irgendeinem nichtigen Anlaß das Weibchen den Erzeuger der künftigen Kinder aus dem Nest wirft – er hat seine Pflicht getan und wird nicht länger mehr gebraucht.

Betrachtet man das Verhalten des «Aschenputtels», so sieht man es nicht nur «eichhörnchengleich» an dem «Birnenbaum» hin- und herhuschen, es macht damit in der Symbolsprache des Märchens auch deutlich, welch eine Einstellung es zu dem «Königssohn» selbst auf dieser Stufe seiner Entwicklung einnimmt: Es gibt *eine* Bedingung, unter der es ihm mittlerweile doch möglich wäre, auf die Werbungen, das heißt ganz wörtlich: auf die *Nachstellungen* des «Prinzen» einzugehen: es müßte sich selber begreifen lernen als einen «Birnenbaum» – als eine Frau, deren ganze Weiblichkeit dazu dient, viele «Früchte», also *Kinder* hervorzubringen.[44]

Man wird diesem Wunsch, möglichst bald *Mutter* zu werden und viele Kinder zu bekommen, in den Träumereien eines «Aschenputtels» gewiß recht ausgedehnt begegnen; und es ist auch nicht schwer zu verstehen, warum. – Da ist zum einen *die eigene verlorene Kindheit,* die das Verlangen mit sich bringt, Kindern das Leben zu schenken, die in eine Welt hineingeboren würden, besser, als man sie selber erleben mußte – es ist sozusagen die eigene verschüttete Kindheit, die hier noch einmal stellvertretend durchlebt und durchlitten werden will. Zum anderen aber bietet die Mutterschaft gewissermaßen auch einen *Entschuldigungsgrund dafür, eine Frau zu sein* und die eigene Fraulichkeit zu bejahen. An sich, so lehrt zum Beispiel die katholische Kirche (in einer grotesk anmutenden Mißachtung aller Erkenntnisse der Biologie und der Psychologie) bis heute, ist ein sexuelles Erleben nur erlaubt *in der Ehe* und auch dann nur zum Zwecke möglicher Nachkommenschaft[45] (weshalb nach wie vor alle künstlichen Formen der Empfängnisverhütung «objektiv» als schwer sündhaft betrachtet werden)[46]. Ein Mädchen, das im Schatten solcher Ideen heranwächst, wird dem Ideal nach erneut auf das Beispiel der «Jungfrau» Maria verwiesen, der es vergönnt war, Mutter zu werden, ohne Frau sein zu müssen. Der Umkehrschluß liegt nahe: wenn es denn schon, weniger wunderbar, unumgänglich ist, eine Frau sein zu sollen, so legt sich doch *eine* Rechtfertigung über das an sich Verbotene: wenn es nämlich dahin führt, Mutter zu werden! Den Mann allerdings braucht eine Frau, eichhörnchenähnlich, in der Tat, wenn es so steht, bei dieser moralischen Einstellung wirklich nur noch zum Zwecke der Zeugung; *danach* nur hinweg mit ihm oder hinweg von ihm – gleichviel, wenn nur «weg». Hernach wird das «Aschenputtel» mit anderen Worten *als Frau* ab sofort selbst wieder unsichtbar sein für die Augen des «Prinzen», und man wird es – erneut – finden als *Küchenmagd* in der *Asche,* als ein nur dienstbares Wesen, das alles gut meint und gut macht, um den Preis freilich, daß es selber nicht lebt.

Es liegt in dem Bild von dem «Birnenbaum» allerdings auch noch ein anderes Moment, auf das man stößt, wenn man auf die «Zweigeschlechtlichkeit» der meisten Traumsymbole des Unbewußten achtet.[47] Der Baum mit den Früchten kann natürlich auch ein *männliches* Symbol sein, und das Herumklettern des «Aschenputtels» auf dem «Baum» liest sich dann als ein unbewußter Ausdruck gerade des Wunsches, den das Mädchen (beziehungsweise die zu ihrer Weiblichkeit herangereifte Frau) im Bewußtsein gerade am meisten fürchtet. Das «Aschenputtel» flieht, so betrachtet, mit seinem Herumklettern gerade in den Bereich des Männlichen hinein, den es an sich am meisten vermeiden möchte, den es aber auch am meisten ersehnt.

Von daher verstehen wir recht gut, daß es erneut *der Vater* ist, dessen Dazwischentreten im folgenden dazu führt, den neuen Zufluchtsort seiner Tochter zu zerstören. *Die Angst vor der väterlichen Gewalt* ist es, die es an dieser Stelle unmöglich macht, sich auf der Höhe der neu gewonnenen Synthese einer bejahten Weiblichkeit als Mutter zu halten; ein erstorbener «Birnenbaum» und eine gedemütigte Dienstmagd sind vorerst alles, was nach dem gewalttätigen Auftritt des «Vaters» von dem «Aschenputtel» noch übrigbleiben wird.

Doch so seltsam es sich auch anhören mag: gerade durch diesen Faktor der Vaterangst (auf dem Hintergrund einer ebenso starken Sehnsucht nach dem Vater) wird das «Aschenputtel» in seiner psychischen Entwicklung noch einmal einen Schritt weiter *voran*getrieben, und ein solcher neuer Reifungsschritt ist unerläßlich. Denn die entscheidende Frage ist nach wie vor ungelöst: Der «Königssohn» konnte seine «Tänzerin» nicht finden in dem «Taubenhaus» der Unschuld, er konnte sie nicht finden in dem «Birnenbaum» reiner Mütterlichkeit – das «Aschenputtel» entwischte ihm in der Rolle der «Tänzerin», und es muß für ihn unerkennbar bleiben in der

Rolle der «Küchenmagd»; wer aber ist dann das «Aschenputtel» selber, wenn es *nicht* ist, was es bisher vorgab zu sein: ein unschuldiges Mädchen, eine glückliche Mutter, eine verzaubernde Bajadere, eine hingebungsvolle Dienstmagd – wenn es nichts von all dem ist, als was es bisher erschien und in seiner Angst erscheinen mußte, indem es all dieses auch und zugleich war und ist, wer ist und wird es dann «selber» sein? *Das* ist die Frage jetzt, und sie duldet nicht länger mehr Aufschub.

Charakteristisch ist auch an dieser Stelle, daß das «Aschenputtel» von sich her nie und nimmer dazu kommt, «Farbe» zu bekennen. So wie ihm jeder Schritt nach vorn bislang nur durch einen erheblichen Schub an Angst und Trauer gegen all die Verbote und Einschränkungen seiner Kindheit förmlich abgepreßt werden mußte, so scheint auch in dem letzten entscheidenden Schritt jetzt, am dritten Tage des Königsballes, alle Aktivität bei dem «Prinzen» selbst, nicht beim «Aschenputtel» zu liegen. Dabei geht es im folgenden einzig darum, daß das «Aschenputtel» von sich selbst her lernt, zu dem zu stehen, was es in den Augen aller anderen lange schon ist: eine wunderschöne und überaus liebenswerte Frau.

Der «dritte» Tag des Prinzenballs beginnt für das «Aschenputtel» damit, daß es unter dem Haselbaum am Grab seiner Mutter ein Kleid von dem weißen Vogel herabgeworfen bekommt, «so prächtig und glänzend, wie es noch keins gehabt hatte», die Pantoffeln aber sind diesmal «ganz golden». Psychoanalytisch lassen sich die *«Pantoffeln»* gewiß als ein weibliches Genitalsymbol deuten[48]; hier aber geht es weit mehr darum, zu der eigenen Weiblichkeit «bewußt» «Stellung» zu nehmen – nicht mehr *«silbern»*, mondhaft-verschwommen, sondern «golden», in klarer taghellER Entschiedenheit.[49] Alles ereignet sich dabei indessen zunächst wie gehabt: Im entscheidenden Moment entwischt auch diesmal das «Aschenputtel» dem «Prinzen», nur jetzt noch früher als bisher, nicht im «Garten», sondern schon am Palastausgang, so «daß er (ihm) nicht folgen konnte». Aber auch der «Königssohn» hat sich vorgesehen: er hat «die ganze Treppe mit Pech bestreichen lassen», so daß «der linke Pantoffel des Mädchens» an der Stufe festklebt und der Königssohn den «kleinen und zierlichen und ganz goldenen» Pantoffel findet, um damit am nächsten Morgen sich auf die Suche nach der rechten Braut zu begeben. Der *linke* Schuh, wenngleich «ganz aus Gold», steht erneut für den Bereich des Unbewußten – eine sonderbare Konstellation, die man wohl so wird übersetzen müssen, daß das Mädchen inzwischen in seinem Denken bejaht, wo es in seinem «Unbewußten» bereits «steht», daß es aber immer noch große Angst hat, seinen objektiv schon eingenommenen «Standpunkt» auch subjektiv bewußt mitzuvollziehen.[50] Man kann diesen Konflikt gewiß gut verstehen. Denn natürlich haben die drei Tage des Königsballes auch das «Aschenputtel» inzwischen selber verändert; das spielerische «Tanzen» um die Gunst des «Königssohnes» hat längst einen solchen Grad der «Verbindlichkeit» erreicht, daß eigentlich beide, das «Aschenputtel» und sein «Prinz», zusammenhalten müßten wie «Pech» (und Schwefel), wäre da nicht immer wieder die alte *Angst vor dem Glück*, die das «Aschenputtel» wortwörtlich zum «Weglaufen» nötigt. Alle bisherigen Kompromißversuche aber fallen jetzt fort: dem Prinzen in «Unschuld» als «Dienstmagd» sich zu opfern – das ist nicht die Liebe, nach welcher das «Aschenputtel» sein Leben lang Ausschau hielt: in die Rolle einer treusorgenden, dienstbaren «Mutter» zu schlüpfen – auch das ergibt eine Existenzform, in welcher die eigentliche Person des «Aschenputtels» dem «Prinzen» nicht minder aus den Augen entschwinden müßte als sich selber. Wer also ist das «Aschenputtel» «eigentlich» – als «Küchenmagd» *und* als «Tänzerin»? Ehe diese Frage keine plausible Antwort findet, muß die Liebe zwischen dem «Aschenputtel» und dem «Prinzen» ein ständiges Vabanquespiel der Angst und der Hoffnung bleiben.

4. Die Suche nach der Identität

Es gibt heute nicht gerade wenige psychotherapeutische Bücher, die in recht anspruchsvollen Worten zu schildern wissen, wie «selbständig», «erwachsen», «mündig» und «partnerschaftlich» Liebespartner zu sein haben, um in der Liebe glücklich zu werden.[1] Wie aber wird man «selbständig», «erwachsen», «mündig» und «partnerschaftlich»? Das Grimmsche Märchen meint, wohl nicht zu Unrecht, dies könne man nur werden durch einen anderen Menschen, der durch seine Liebe all die uralten Wahrheiten des eigenen Wesens hervorlockt, die vor lauter Angst bisher verschwiegen und verheimlicht werden mußten und die doch wiedergefunden werden müssen, damit die ständige Flucht vor sich selbst endlich aufhören kann. Würde der «Prinz» in der Grimmschen Erzählung nicht Abend für Abend seiner «Tänzerin» «nachgehen» – sie käme nie bei sich selber an.

Es ist mithin schlechterdings entscheidend, daß der «Königssohn» jetzt darauf besteht, das «Aschenputtel» mit Hilfe des festgeklebten Pantoffels *zu identifizieren.* Als seine Braut, erklärt er, komme nur die Frau in Frage, «an deren Fuß dieser goldene Schuh paßt». Äußerlich gesehen, geht es darum, daß das «Aschenputtel» sich zu seinem «Schuh», mithin zu seiner Weiblichkeit wirklich bekennt, indem es sich hineinfügt in das, was es wirklich ist; in der Dramaturgie des Märchens aber kommt es an dieser Stelle vor allem darauf an, daß das «Aschenputtel» aufhört, sich immer wieder in die Rolle der «Küchenmagd» zu flüchten, nur aus Angst, in seiner «eigentlichen» Wirklichkeit für die Augen des «Königssohnes» gewiß nicht «passend» zu sein.

Die Frage stellt sich jetzt wirklich: zu wem «paßt» der Schuh, in dem das «Aschenputtel» auf den Ball gegangen ist? Welch eine Form seines «Auftritts» mit anderen Worten «paßt» überhaupt zu ihm? Bislang hatte es stets Angst, von dem «Königssohn» als ein bloßes «Aschenputtel» entlarvt zu werden, und gerade diese Angst zwang es immer wieder in die Rolle der «Küchenmagd» zurück; doch solange es bei dieser Aufspaltung zwischen der Zwangsform der Vergangenheit und der Form seines Anspruchs in der Gegenwart bleiben sollte, würde der «Prinz» niemals eine Chance haben, seine Geliebte wiederzufinden. Nur wenn das «Aschenputtel» sich ihm so zeigt, wie es «wirklich» seiner «Herkunft» nach ist, wird es auch die leer gebliebene «Form» seines «Auftritts» in Gestalt des goldenen Pantoffels ausfüllen können; in dieser Notwendigkeit allein liegt die ganze Lösung der Problematik einer Aschenputtel-Existenz. Anders gesagt: das «Aschenputtel» kann zu seinem Auftreten als strahlende «Tänzerin» nur stehen, wenn es die «Küchenmagd» zum Vorschein bringt, die in ihm auch lebt; es wird nur dann eine wirkliche «Königin» werden, wenn es sich zu dem «Aschenmädchen» bekennt, das es doch auch ist beziehungsweise das es über viele Jahre hin für sich und andere darstellen mußte.

Die jetzt folgende Szene wird wohl jedes Kind beim ersten Hören des Aschenputtel-Märchens mit Genugtuung und innerer Befriedigung aufnehmen: endlich jetzt werden *die bösen Stiefschwestern* ihrer Bosheit überführt und durch ihren eigenen falschen Ehrgeiz gründlich bestraft! Doch betrifft ein solches Verständnis nur die Außenseite der Geschichte. Es mag *bisher* als ausreichend erschienen sein, die Gestalt der (Stief)Schwester(n) «objektal» als die ältere(n) Schwester(n) eines «Aschenputtels» zu interpretieren; viele Formen verschobener Schuldgefühle, ersatzweiser Quälereien und Schikanen, verhaltener Eifersüchteleien und verzweifelter Unterwerfungsgebärden lassen sich im Leben eines «Aschenputtels» denn auch wohl mit großem Gewinn auf dieser Ebene verstehen; – insgesamt taugt die Deutung auf der «Objektstufe» vorzüglich dazu, die Wechselbeziehung unter den zentralen Kontaktpersonen *im frühen Erleben* der Kindheit psychoanalytisch bewußt zu machen. Je älter aber jemand wird, desto mehr zeigt sich, daß er all die einmal «objektiv» existierenden Personen in gewissem Sinne *subjektal* auch in sich selber trägt[2]; die verstorbene Mutter, die «böse» (Stief) Mutter, den fehlenden beziehungsweise ängstigenden Vater, die zänkische(n) (Stief)Schwester(n)… sie alle haben ihre

Spuren in der eigenen Psyche hinterlassen, und sie werden daraus nur verschwinden, wenn man sich die Einstellungen bewußt macht, die sich unter ihrem Einfluß geformt haben. So unglaublich es sich zunächst also auch anhören mag – man wird die Ängste und Konflikte eines «Aschenputtels» erst vollständig begreifen können, wenn man ein Stück weit achtgibt auch auf die «Stiefschwestern», die *in ihm selber* hausen.

Psychoanalytisch ist gerade *die innere Dialektik* aller seelischen Äußerungen, die sich wechselseitig bedingende *Widersprüchlichkeit* zwischen gehemmten Triebimpulsen und entsprechenden Haltungen[3], von größter Bedeutung. Ein Mensch zum Beispiel, der in seinem Bewußtsein so anspruchslos wie nur irgend möglich zu sein sich bemüht, kann doch im Hintergrund erhebliche Erwartungen an seine Umwelt richten. Ein «Aschenputtel» insbesondere wird sich in dem Gefühl seiner Rechtlosigkeit gewiß sehr schwer tun, auch nur seine kleinsten Wünsche einem anderen Menschen mitzuteilen; doch um so größer wird seine unausgesprochene Hoffnung sein, der andere werde von selber merken, was es braucht und möchte. Es wird gewiß niemals so «grob» und so «frech» sein, einem anderen Menschen an seiner Seite Vorwürfe zu machen, doch seine Trauerattacken können weit quälender und vorwurfsvoller wirken als alle offen geäußerten Beschwerden. Ein «Aschenputtel» wird in aller Bescheidenheit den anderen zu Diensten sein, so gut es nur geht, und doch wird hinter diesem Bemühen auch ein gewisser Anspruch spürbar werden, in gewissem Sinne mit der eigenen Demutshaltung ein besserer Mensch zu sein.

Um mögliche Mißverständnisse zu vermeiden: es geht an dieser Stelle nicht darum, Menschen, die sich ohnedies schon seelisch in der «Küche» oder im «Keller» fühlen, jetzt auch noch zu beschuldigen, sie seien im Grunde nach dem Vorbild ihrer (subjektal gedeuteten) «Stiefschwestern» hochnäsig, überanspruchsvoll und eingebildet – selbst wenn sie in ihrem Leben solche Vorwürfe jemals zu hören bekommen hätten, so wären sie ihnen vermutlich ganz unverständlich geblieben und gewiß als sehr ungerecht erschienen; jedenfalls hätten sie nur die mitgebrachten Haltungen verstärkt, nicht verändert. Worum es in psychoanalytischer Absicht geht, ist nicht eine neue Anklage, sondern eine längst fällige *Erlaubnis:* es soll, im Bild des «passenden» «Schuhs» gesprochen, dem «Aschenputtel» jetzt endlich möglich werden, das eigene Format zu finden und dabei jede Art der Zwangsanpassung und der Selbstverstümmelung aufzugeben. Freilich, solange die «Stiefmutter» das Leben bestimmt, inklusive all der Ängste und Minderwertigkeitsgefühle, die von ihr ausgehen, kann das «Aschenputtel» nur verzweifelt bemüht sein, sich so zurecht zu schneiden, daß es den Erwartungen des «königlichen» Maßes entsprechend wird; es wird selbst im Eigensten nicht das Eigene wiedererkennen; es wird immer noch glauben, sich passend machen zu müssen, statt zu seiner «Aschenputtel»-Existenz in Wahrheit zu stehen und zu erleben, daß es gerade so, wie es wirklich ist, einzig «passend» sein kann; immer wieder wird es versuchen, in den Augen des «Königssohnes» als «passend» *zu erscheinen*, um mit ihm «hoch zu Roß» in sein «Schloß» zu gelangen; doch selbst wenn es gelingen würde, allen Schmerz solcher *Selbstverstümmelungen* zu verbeißen und sich nicht anmerken zu lassen, so würden doch die «Täubchen» auf dem «Haselbaum» des mütterlichen Grabes den (Selbst)Betrug offen verkünden: die Stimme des eigenen Wesens und die Gefahr, nach und nach an den eigenen Verletzungen zu verbluten, sind Indizien genug, daß es «falsch» wäre, auf *solche* Weise zur «Braut» des «Königssohnes» werden zu wollen.

Wie kommt es überhaupt jetzt zu dieser blutigen Episode der «Selbstbeschneidung» und «Selbstverstümmelung» im Bilde der «Stiefschwestern»[4]? – Um sich klarzumachen, mit welch einem Verwirrspiel es der «Königssohn» an dieser Stelle zu tun haben wird, muß man sich die Situation verdeutlichen, in welche die Beziehung des «Prinzen» zu dem «Aschenputtel» nunmehr geraten ist. So oft das verschüchterte Mädchen aus seiner Rolle als einer königlichen Tänzerin auch zu «entwischen» suchte, es «klebt» seit jenem «dritten» Tage mit der Art seines Auftrittes fest: – Eine *Verbindlichkeit* ist in die Beziehung getreten, die das «Aschenputtel» zwar die ganze Zeit über sich von Herzen ersehnt und gewünscht, gleichwohl in seiner Angst aber nicht eigentlich «gewollt» hat. Was es hindert, sich zu seinem «goldenen» Schuh zu bekennen und *bewußt zu wollen,* was es wünscht, das ist, wie wir wissen, die nach wie vor bestehende Scheu, sich in den Hintergrundgefühlen seiner «Aschenputtel»-Existenz dem «Königssohn» zu offenbaren; immer noch besteht ja die Angst, von ihm brüsk abgelehnt zu werden, erführe er die ganze Wahrheit. Von sich selbst her kann ein «Aschenputtel» daher wirklich nur wünschen, den Kontakt zu seinem «Prinzen» in der Schwebe einer vollendeten Zweideutigkeit zu halten: die Rolle einer «Königin» der Bälle tänzerisch zu spielen – das möchte es schon; aber diese Rolle der eigenen Sehnsucht in der Wirklichkeit nun auch zu leben – das erscheint nach wie vor unmöglich. Daß es selber eine wirkliche Königin ist, das kann ja von ihm überhaupt nur glauben, wer es in Wahrheit gar noch nicht kennt. Diese immer noch bestehende negative Gewißheit ist der Preis des bislang nur geliehenen Lebens, des verdoppelten Daseins, der das «Aschenputtel» jetzt teuer zu stehen kommt. Denn: *der «Königssohn» glaubt,* was er bisher zu sehen bekam. Er sieht gerade in der Frau, die er zu lieben gelernt hat, all die Anmut, die Schönheit, die Gewandtheit, den Liebreiz verwirklicht, nach dem er selber sich sehnt, und in all dem erblickt er ihr wahres Wesen; er möchte seine Geliebte gerade so, wie sie ihm begegnet ist – unterhaltsam, unkompliziert und lustig; eine andere Frau kennt er nicht, eine andere vermutet er in seiner «Einfalt» bislang nicht einmal. Von der Lebens- und Todesangst seines «Aschenputtels» hat er gerade nur so viel mitbekommen, daß sich seine neue Geliebte immer wieder «irgendwie» vor seinen Augen «unsichtbar» gemacht hat, so daß er sie nicht zu erreichen vermochte. Und doch liegt ihm mittlerweile genug an ihr, um von ihr zu erwarten, sie werde trotz allem Tag um Tag zu ihm zum Tanze zurückkehren, und er hält sich im Moment geradewegs etwas darauf zugute, diese Schöne der Festlichkeiten auf die Art ihres «Auftritts» immerhin doch schon festgeschrieben oder, besser, «festgeleimt» zu haben. Für das «Aschenputtel» jedoch ist genau dies jetzt, subjektal betrachtet, die Stunde des Auftritts seiner «(Stief) Schwester(n)», indem es alles, was ihm bislang von außen an Demütigungen zugefügt wurde, nunmehr in der Regieanweisung des «Königssohnes» innerlich gegen sich selbst gerichtet fühlen muß. Was dabei herauskommt, ist eine schmerzhafte Travestie der Liebe, aber ein neues Meisterstück der Selbstunterdrückung, das man, adressiert an den «Königssohn», etwa so formulieren kann: «Nun, Du möchtest mich als Deine Königin, als Deine Vorzeigedame, als Dein lustiges Tanzgirl? Das kannst Du haben. Zwar paßt zu mir nicht, was Du von mir willst, es paßt in keiner Weise, weder ‹vorne› noch ‹hinten›, aber wenn Du es so haben willst – bitte, hier bin ich. Ich werde mich Dir anpassen in jeder Form, ich werde mich für Dich verstümmeln, ich werde an mir alles wegschneiden, was Dir zu viel wird, ich werde für Dich so sein, wie Du mich möchtest. Ich möchte dafür nur eines: daß Du mich liebhast! Und: Daß Du mich zu Deiner Königin erwählst.» Eine solche Einstellung markiert selbst innerhalb einer «Aschenputtel»-Haltung ein Extrem; doch kommt darin auch etwas von dem Verhaltensmuster zum Ausdruck, das in einer patriarchalisch dominierten Gesellschaft von «Königen» den Frauen insgesamt auferlegt wird. Im Rahmen der FREUDschen Psychoanalyse ist die Verstümmelung des Fußes natürlich als ein *Kastrationssymbol* zu lesen[5]; das Abschneiden der großen Zehe beziehungsweise der Hacke wäre, so betrachtet, als ein Bild für den Vorgang der Defloration oder, allgemeiner, als ein Symbol für die Beschaffenheit der Frau als eines «kastrierten» Mannes zu verstehen.[6] Das psychoanalytische Konzept, das einer solchen Interpretation zugrundeliegt, entstammt unzweifelhaft selber den Anschauungen einer patriarchalen Gesellschaft[7]; doch umso besser ist es geeignet, die Situation einer Frau zu verstehen, die sich unter den gegebenen Umständen selber als ein durch und durch ohnmächtiges, seiner Rechte und Möglichkeiten «beschnittenes», in seiner Eigenständigkeit behindertes Wesen betrachten muß und soll. «Ich werde nicht geliebt für das, was ich bin, sondern für das, was ich von mir preisgebe» – nach dieser «Aschenputtel»-Devise definiert sich das Leben vieler Frauen auch außerhalb der speziellen Problematik des Grimmschen Märchens; sie führen objektiv in ihrer gesellschaftlichen Rollenzuweisung bereits ein rechtes

«Aschenputtel»-Dasein, ohne daß für sie subjektiv die Psychologie eines «Aschenputtels» charakteristisch sein müßte; sie müssen, um auch nur geduldet, geschweige denn geliebt zu werden, sich ihrer Anerkennung jeweils erst mit enormen Vorleistungen und Selbsteinschränkungen verdienen. Die Tragik all dieser «Opfer» zur Gewinnung von Anerkennung und Liebe indessen liegt allemal darin, daß sie verhindert, was sie ermöglichen soll: Alle «Herrschaft» zerstört die Liebe, und Menschen können nicht zueinander finden nach den Spielregeln der Verehrung grausamer Gottheiten, die sich in ihrem Grimm erst versöhnen und zu «Gnade» bestimmen lassen, wenn man ihnen blutige Gaben auf den Altar legt und sich vor ihnen von dem Besten und Liebsten trennt, was man besitzt. Die Liebe gilt der Wahrheit der Person eines anderen Menschen, oder sie ist nicht.

Von daher droht es auf einen Lebensirrtum hinauszulaufen, wenn das «Aschenputtel» auch jetzt noch glaubt, gewiß nicht als es selber, wohl aber vielleicht in der aufgesetzten Gefälligkeitsrolle seiner «Stiefschwestern» geliebt zu werden und zur «Königin» erhoben zu werden. *Weder* in der Rolle dienstbarer Unschuld (im «Taubenhaus») noch in der Rolle der «Nur»-Mutter (im «Birnenbaum») noch in der Rolle äußerlicher Anpassung (in der Selbstamputation der «Stiefschwestern») besitzt in Wahrheit das «Aschenputtel» eine Chance, geliebt zu werden; einzig indem es wagt, sich selber so zu zeigen, wie es in Wirklichkeit ist, kann der Wunsch seines Lebens in Erfüllung gehen, einen Menschen zu finden, der seinem Dasein die Schönheit und Größe verleiht, die in ihm angelegt sind. Doch was gehört unter den gegebenen Voraussetzungen dazu!

Sein ganzes Leben lang hat das «Aschenputtel» gelernt, daß man es *niemals* lieben wird: nicht dafür, daß es da ist – es ist den anderen zu viel, daß es da ist; nicht dafür, daß es so ist, wie es ist – es ist den anderen lästig in der ganzen Art seines Wesens; nicht für die Demütigungen, die man ihm auferlegt und die es erträgt – man wird es ganz einfach verächtlich finden für die Schändlichkeit, in der es erniedrigt wird. Es darf nicht einmal andeuten, wie es wirklich um es steht – *das* hat es gelernt. Wenn es sich hätte beklagen wollen – wer je wäre bereit gewesen, ihm zuzuhören? Seine «gute» *Mutter* war tot, seine *«Stiefmutter»* fühlte sich stets als die Überlegene – immer war sie «im Recht», und der *Vater* war all die Zeit über irgendwie abwesend und unerreichbar. Es war niemals möglich, mit den Menschen zu sprechen, die eigentlich «ansprechbar» hätten sein müssen; und umso weniger scheint es jetzt möglich, mit demjenigen Menschen zu reden, den man eigentlich am meisten liebt.

Eine sonderbare Wirkung jeglicher Erniedrigung liegt darin, daß sie innerlich als Gefühl, wirklich «niedrig» zu sein, sich verfestigt; aus der Schändung wird die Schande, aus der Strafe – die Schuld[8]! Wie oft hat das «Aschenputtel» mit all seiner «Erbsenzählerei» ergrübeln müssen, warum es überhaupt derart mißhandelt wird? Immer mußte es «verstehen», was eigentlich niemals zu verstehen war! Und den anderen vor sich selber zu *ent*schuldigen, war stets weit wichtiger, als ihn all seiner Lieblosigkeit wegen offen zu *be*schuldigen. Wie könnte ein «Aschenputtel» da jemals glauben, es dürfte dem Menschen, dessen Zuneigung ihm am meisten auf Erden bedeutet, die Wahrheit gestehen? Wenn es jemals versuchte, mit seiner (Stief)Mutter oder mit seinem Vater zu reden, wurde eher alles noch schlimmer – *das* war seine Erfahrung; wenn es schlimm wurde, lag die einzige noch verbleibende Rettung stets im Verschweigen – *das* hat es gelernt; in die Einsamkeit zu fliehen und darin solange durchzuhalten, bis es den anderen wieder «tragfähig» und «zumutbar» sein würde – darin lag für das «Aschenputtel» am Ende der letzte Rest eines gewissen Stolzes. *Jetzt* wäre es schon von daher unsäglich beschämend, dem anderen, an dessen Urteil doch so viel liegt, die eigene Ohnmacht und Hilflosigkeit eingestehen zu sollen.

Insofern erzählt das Grimmsche Märchen außerordentlich treffsicher, wenn es berichtet, daß es dem «Aschenputtel» von sich selbst her keineswegs gelingt, den ersten Schritt auf den «Königssohn» zuzugehen und sich ihm vorbehaltlos zu öffnen. Gegen einen solchen Schritt steht verständlicherweise nach wie vor die Dauerangst, dem anderen *lästig* zu werden. Das «Aschenputtel» kann über lange Zeit hin durchaus nicht sehen, daß es mit seiner Rücksicht-

nahme des Schweigens, in der Absicht, nur niemandem «lästig» zu werden, in Wahrheit gerade in die Gefahr gerät, dem anderen wirklich zur Last zu fallen. Zum Beispiel möchte der «Königssohn» natürlich, daß seine geliebte «Tänzerin» *glücklich* ist; doch nicht einmal entfernt auch nur kann er ahnen, wie unglücklich sie in Wahrheit ist und wie schmerzhaft es für sie sein muß, sich in die Paßform einer heiteren Wunschprinzessin zu zwängen. Auf diese Weise teilt der «Königssohn» mit seiner Geliebten ständig ein Glück, das er als «fertig» voraussetzt, während es für das «Aschenputtel» in der Rolle seiner (Stief)Schwester(n) eine nicht endende, quälende Selbstverstümmelung darstellt. Was der andere zu sehen bekommt, *soll* ja nichts anderes sein als ein schönes, fröhliches, lebenslustiges, heiteres, unterhaltsames, munteres und aufmunterndes Wesen, das nichts lieber tut als sich zu amüsieren. Wie könnte der «Königssohn» unter diesen Umständen jemals die Wahrheit erraten: wie zutiefst traurig, gezeichnet von Tränen und geprägt von Leid, «seine» Tänzerin wirklich ist? Wieder und wieder wird er sie seiner Liebe versichern. Aber kann denn ein «Aschenputtel» jemals solchen Versicherungen Glauben schenken? «Er liebt mich, ja», wird es denken, «solange ich ihm so erscheine, wie es zu seinen prachtvollen Bällen paßt. Aber mich selber kann er doch gar nicht wirklich lieben. Mich kennt er ja nicht einmal. Wenn er mich kennenlernen würde, wäre bestimmt alles aus. Schon weil ich ihn so liebhabe, darf ich ihm deshalb niemals zumuten, die Wahrheit über mich herauszufinden.»
Das Paradox entsteht, daß bei einer solchen Regie, wie die Angst sie gebietet, das «Aschenputtel» von sich her ganz genau zu wissen glaubt, wie sehr es den «Königssohn» liebt, doch genau so gut wird es wissen, daß der «Königssohn» es von sich her eigentlich *gar nicht* lieben *kann,* schon weil niemals jemand so etwas «Schmutziges» und «Verbuttetes» (Flachgedrücktes, Plattes, Dummes)[9] wie ein «Aschenputtel» wird liebgewinnen können. Der «Königssohn» wiederum kann seiner «Tänzerin» von seiner Liebe, seinem Glück, seiner Treue vorreden, was immer er will, er kann an Beweisen für seine Ehrlichkeit so viel an demonstrativen Gesten und Zeichen aufführen, wie nur möglich, er wird die Ängste, die Minderwertigkeitsgefühle, die Niedergeschlagenheiten und Depressionen der Frau, die er wirklich liebt, so wenig erreichen wie jemand, der eine verdorrende Blume zu begießen sucht, die man, um sie vor Ungewittern zu schützen, unter einen Glassturz gestellt hat. All seine Anstrengungen, der Geliebten näherzukommen, müssen bei dieser Konstellation wortwörtlich verlorene Liebesmüh' bleiben, ist es doch gerade die wachsende Vertrautheit und Nähe, die das «Aschenputtel» sich zwar über alle Maßen ersehnt und erhofft, die es im Grunde aber noch weit mehr fürchtet und abwehrt. Alle guten Worte vermögen nicht den Hohlraum der Angst zu schließen, der im Erleben eines «Aschenputtels» die Außenseite der «Tänzerin» von der Realität der «Küchenmagd» trennt. Die Furcht, als «lästig» empfunden zu werden, wenn erst einmal das ganze Ausmaß an *«Schmutz»:* an Trauer, an Einsamkeit, an Hilflosigkeit, bekannt würde, kann jetzt wirklich die einfachsten Dinge in eine schwer erträgliche Last für den «Königssohn» verwandeln: – es hält schwer, sich eine mühseligere Aufgabe vorzustellen, als jemandem «beweisen» zu sollen, daß man ihn liebhat, während er selber sich gar nicht glauben *darf,* daß so etwas auch nur von ferne möglich sei.
Insofern hilft jetzt wirklich nichts anderes, als daß der «Königssohn» selber den Königspalast verläßt und sich auf die Suche nach seiner verschwundenen Geliebten begibt, *in der Hand* die Paßform ihres eigenen «Auftritts» und *im Ohr* die Erklärung des Vaters: «Nein, ...das kann unmöglich die Braut sein», nebst den Worten der Mutter: «Ach nein, das ist viel zu schmutzig.» *«Er wollte es aber durchaus haben.»* «Da wusch es sich erst Hände und Angesicht rein, ging dann hin und neigte sich vor dem Königssohn.» Was hier – wie üblich scheinbar in einem einzigen Augenblick, in Wahrheit zumeist im Verlauf vieler Jahre[10] – geschieht, kommt wirklich einer Umkehrung des gesamten Lebensgefühls gleich. Es ist im Grunde ein ungeheurer Vorgang, daß das «Aschenputtel» jetzt endgültig nicht mehr vor der Ankunft des Geliebten Reißaus nimmt, sondern sich als *«gereinigt»* dem «Königssohn» zeigt. Es ist das erstemal, daß das «Aschenputtel» zu glauben beginnt, der «Königssohn» wolle und meine es

selber; ihm liege nicht an dem nur äußerlichen Amüsement und Pläsier seiner Ballbekanntschaft; ihm gehe es wirklich um *die Person* seiner Geliebten. Die Pflicht zur Selbstverachtung gerät zum erstenmal hier ins Wanken: Vielleicht ist es doch möglich, sich «das Gesicht zu waschen» und die fremden Übermalungen von Minderwertigkeit und Schande abzustreifen? Vielleicht ist es doch erlaubt, *schön* zu sein und zu sich selber zu stehen? Vielleicht muß man gar nicht länger sich die Duldung des anderen erkaufen durch ein immer gleiches Ritual der Unterwerfung und der Fügsamkeit? «Und als es sich *in die Höhe richtete* und der König ihm ins Gesicht sah, so erkannte er das schöne Mädchen, das mit ihm getanzt hatte.» Wie richtet ein «Aschenputtel» sich in die Höhe? Alles hängt davon ab, daß der «Königssohn» seine wunderschöne «Tänzerin» in einem Anflug erwachenden Selbstbewußtseins wiedererkennt in dem Stiefkind und Küchenmädchen, das buchstäblich aus der «Asche» zu ihm kommt. Doch es gehört so viel dazu, diese *Einheit* beider Gestalten: des «Aschenputtels» und der «Tänzerin», sich einzugestehen und dem anderen zuzugestehen.

Viele Märchen seit uralten Zeiten kennen das Motiv von der «falschen» und der «rechten» Braut.[11] Die Bibel zum Beispiel erzählt davon, wie Jakob freite um Rahel, seine Liebste, wie er aber in der Brautnacht von seinem Schwiegervater Laban betrogen wurde mit der Rahel-Schwester Lea (Gen 29,23).[12] Wann, möchte man sich bei der Lektüre solcher Erzählungen fragen, weiß schon eine Frau, weiß schon ein Mann, wer der- oder diejenige «wirklich» ist, in dessen oder deren Person alle Liebe sich sammelt? Es gibt wohl nur einen einzigen Weg, um die ständige Zerspaltenheit zwischen dem Sein-für-andere und dem Sein-für-sich-selbst zu beenden: er besteht darin, sich nach und nach dem anderen *zu zeigen,* indem man *Worte* lernt für all die Gefühle und Eindrücke, die bislang ganz unsagbar waren. Gespräche zwischen Niedergebeugtheit und Selbstaufrichtung, wie sie jetzt zwischen dem «Königssohn» und einem «Aschenputtel» geführt werden, hören sich dann etwa so an:

«Ich will doch nicht schon wieder weinen.» – «Aber wenn Du Dich doch traurig fühlst? So weine doch all die Erinnerungen fort, die Dich damals gequält haben. Erzähle sie mir.»

«Aber es könnte doch jetzt alles so schön sein. Es paßt doch schon gar nicht mehr zu uns. Ich will das nicht.» – «Aber es paßt doch alles zu uns, was für Dich, was für uns einfach richtig ist. Wir müssen einander gar nichts mehr vorspielen. Glaub mir, am schönsten ist es auch für mich, wenn wir ganz ehrlich zueinander sind.»

«Aber es müßte doch irgendwann mal vorbei sein; das ist doch alles schon so lange her. Ich kann doch nicht immer wieder nur in der Vergangenheit leben.» – «Die Vergangenheit regt sich doch nur, weil sie sich heute endlich getrauen darf. All Deine Tränen sind wie geschmolzene Schneekristalle. Es wird langsam Frühling, sagen sie mir. Drum mußt Du nicht fürchten, mich zu belasten mit Deiner Traurigkeit. Ich bin froh, daß Du endlich zu weinen *wagst.* Wir müssen und dürfen den alten Kummer nur einfach geduldig überlieben, Stunde um Stunde, Tag um Tag mehr.»

«Ja, aber ich schäme mich so. Ich bin so schwach, und es ist so demütigend.» – «Nein, im Gegenteil, Du warst und bist sogar sehr, sehr tapfer. Du hast so vieles durchstehen müssen. Du mußtest so früh schon so viel Verantwortung tragen. Du hast überhaupt keinen Grund, Dich zu schämen. Du hast im Gegenteil sehr viel Grund, auf Dich stolz zu sein. Ich jedenfalls kenne niemanden, der so etwas durchgemacht hat wie Du. Und ich liebe Dich auch und gerade für all das, was Du als Kind schon erlebt hast. Denn all das hat Dich zu dem Menschen gemacht, der Du heute bist und den ich über alles liebe. Vor allem: Du mußt nie mehr in die Einsamkeit flüchten, wenn die Traurigkeit Dich überfällt. Du wirst niemals mehr gänzlich allein sein.»

So oder ähnlich mögen Hunderte von Tagen und Nächten eines endlosen jetzt beginnenden Dialogs dahingehen, in denen das Antlitz des «Aschenputtels» langsam sich aufhellt und die Farbe der Trauer verliert. Ja, es wird nach und nach wirklich «sich aufrichten» und einen «geraden» Standpunkt in seinem Leben einnehmen. «Ich bin gar nicht so dumm, wie man mir immer gesagt hat», kann das Bekenntnis zu dieser neu gewonnenen Haltung zum Beispiel lauten. «Ich habe auf einmal so viele Interessen. Ich könnte endlos lesen und fragen. Ich bin richtig neugierig auf alles mögliche. Auch verstecke ich mich jetzt nicht mehr vor den Blicken der anderen. Früher trug ich nur die weitesten Kleider oder solche, die man von mir jeweils erwartete. Ich hatte überhaupt keinen eigenen Geschmack, allenfalls daß ich manchmal traurig vor einem Schaufenster stand und dachte: Das kommt für Dich ja doch nicht in Frage. Heute beginnt es mir schon etwas Freude zu machen, mich selber anzuschauen.»

Natürlich ist eine solche Entwicklung wachsender Einheit mit sich selber nicht gradlinig vorstellbar; eher wird sie einer Springprozession ähneln. Immer wieder wird es zu vermeintlichen «Rückschlägen» kommen, die doch in Wirklichkeit nichts anderes sind als Vertiefungen, Wiederholungen, Neuanknüpfungen und Umwandlungen. Kein Mensch kann einem anderen die verlorene Kindheit zurückschenken; doch alles, was war, erhält ein neues Gesicht in der Liebe. Unvermeidbar dabei ist lediglich, daß all die alten Empfindungen noch einmal hervorgeholt werden; sie melden sich, schmerzhaft oft, noch einmal, das heißt *zum erstenmal wirklich* zu Wort, um endlich Abschied nehmen zu können. Und an jeder Zone uralter Ängste wird jetzt eine Zone neuen Vertrauens zu wachsen beginnen. Alles, was früher als «schlimm» und als «ganz unmöglich» erschien, gewinnt jetzt die Farbe von Erlaubnis und Zulassung, ja, von Erwünschtheit und Warten. In vielem lernt das «Aschenputtel» das Leben noch einmal von vorn. Es lebt jetzt im Bilde gesprochen, eine Zeitlang wohl noch wie eine jener Versuchsmäuse, denen man auf der Suche nach dem chemischen Träger der Dunkelangst mittels elektrischer Stromstöße beigebracht hat, die schattigen Bereiche ihres Käfigs, in denen sie instinktiv Schutz suchten, zu meiden und in die (objektiv für Mäuse gefährlichen) hellen Bezirke auszuweichen[13]: um wieder eine «normale» Maus zu werden und sich so zu verhalten, wie es «vernünftigerweise» für Mäuse «passend» ist, gilt es, das gesamte verkehrte Angstprogramm der Mäuse-Kindheit umzukehren und alles anders zu machen, als es damals mit viel Druck und Leid beigebracht wurde. Aber wieder: wieviel kostet es, alles das jetzt mit «Freude» zu tun, was früher unter so viel Schmerzen auf immer verboten schien?

Als am meisten hilfreich erweist es sich jetzt, daß dem «Aschenputtel» nicht länger mehr *fremde* Maßstäbe zur «Anpassung» abverlangt werden, sondern daß ihm nichts weiter mehr angetragen wird als sein eigenes «Format». Gegenüber dem «Königssohn» darf, ja, muß fortan nur das genügen, was das «Aschenputtel» in Wahrheit ist – nicht mehr, nicht weniger. Es wird daher nie mehr darum gehen können, sich so zu drehen und zu wenden, wie andere es haben wollen; es gilt jetzt, der inneren Gestimmtheit Ausdruck zu verleihen, so wie sie sich darstellt, und wenn schon zu *tanzen,* dann nach einer Musik, die im eigenen Herzen erklingt. Nach all dem Schweren, was das «Aschenputtel» bereits erlebt hat, mag es ihm jetzt gewiß als das Allerschwerste erscheinen, all seine bisherigen Sicherungsmechanismen der Selbstunterdrückung und Selbsteinschränkung der «stiefschwesterlichen» «Selbstbeschneidung» fahren lassen zu sollen, um sich ganz ungeschützt dem anderen gegenüberzustellen; und doch kann im Grunde jetzt alles nur immer leichter werden. So schwer jeder einzelne Schritt des Vertrauens im Moment auch noch fallen mag, er belohnt sich doch spürbar schon durch sich selbst. Noch mag jedes offene Wort viel zu spät, viel zu leise und viel zu vorsichtig über die Lippen des «Aschenputtels» kommen, immer noch eher von außen erzwungen als von innen errungen, und doch wird das eigene Wesen nach und nach stärker vernehmbar sein; und immer deutlicher wird sich dabei zeigen, daß es einen Rückzug in die Kälte der Einsamkeit, wie früher, um keinen Preis mehr geben wird. Immer entschiedener wird sich das «Aschenputtel» jetzt auch von innen her bekennen *wollen* zu dem Maß und der Form *seines* «Schuhs»; der «König» aber wird ihm «ins Gesicht sehen» und es «erkennen», liebend und ohne Scham.

Ein einziges «Hindernis» existiert jetzt noch zwischen dem «Aschenputtel» und seinem «Prinzen» – das ist die «Verneigung», mit der es sich (immer wieder) vor dem «Königssohn» verbeugt. Eine ganze Weile lang wird das «Aschenputtel» geneigt sein, den Geliebten, der sich zu ihm und zu seiner Wahrheit bekennt, mit einer ehrlich gemeinten, tiefen Dankbarkeit zu überhäufen; denn es stimmt schon: von sich aus, allein, hätte es niemals auch nur den Hauch einer Chance gehabt, sich aus dem «Staub» zu erheben. Ohne den Willen des «Königssohnes», auf die Suche zu gehen nach seiner anmutigen «Tänzerin» und sie wiederzufinden in der Trauer der «Dienstmagd», hätte das «Aschenputtel» trotz all seiner Sehnsucht niemals hingefunden zu seiner wahren Gestalt. Gleichwohl steht das Übermaß seiner Dankbarkeit in gewissem Sinne sich selbst noch im Wege. Damit der «Königssohn» sein «Aschenputtel» «aufs Pferd heben» und mit ihm «fortreiten» kann, muß es selber sich ein wenig bereits schon als eine «Königin» fühlen. Nicht allein, was es dem «Prinzen» verdankt, mehr noch, was es selber verkörpert, muß jetzt entscheiden. Die Liebe des «Prinzen» hat dem «Aschenputtel» geholfen, sein Gesicht vom «Schmutze» zu reinigen, doch das Bildnis seiner Schönheit hat er nicht erschaffen, dafür ist er selbst zutiefst dankbar mit all dem Glück, endlich «gefunden» zu haben, wonach er sich sehnte. Alle wirkliche Liebe bringt nichts hervor, sie gestaltet das Leben einfach durch ihre Anwesenheit, «enzymatisch», indem sie verstärkt, was schon ist. Am Ende werden wir stets am meisten denjenigen lieben, der uns lehrte, uns selber zu lieben, und wir werden am tiefsten uns verneigen vor demjenigen, der uns behilflich war, uns selber aufzurichten.

Ein wunderbares Bild der Einheit entsteht an dieser Stelle des Märchens: das «Aschenputtel» in einem «königlichen» Gefühl seiner Schönheit und Souveränität sitzt hoch zu Roß an der Seite seines «Prinzen».[14] Würde und Anmut, Kraft und Schönheit, Wahrheit und Erscheinung, Männliches und Weibliches, Trieb und Vernunft, Innen und Außen – alles kommt hier zusammen in einem einzigen Symbol der Identität, wie es die Mythen und Märchen immer wieder gerne verwenden. Das «Aschenputtel» als eine «königliche» «Reiterin» – was so manches Mädchen in seiner Jugendzeit sich auf den Sportanlagen und auf dem Parcours eines Reitstalles erträumt –, hier wird es zur Wirklichkeit allein durch die Liebe. Durchmessen ist dabei ein überaus felsiger Weg: Zu Ende die Zeit, da jede Empfindung von Glück gewaltige Schuldgefühle bereitete; zu Ende auch die ständige Überverantwortung; zu Ende die Unfähigkeit, freimütig die eigenen Wünsche zu äußern; zu Ende die Angst vor der Tiefe des eigenen Leids und die stets gegenwärtige Sorge, verstoßen zu werden für so viel Elend; zu Ende vor allem der Zwang zum Unglück, das «Aschenputtel» zu sein und zu bleiben und alle Freude im besten Falle als «Tarnung» oder als «Werbung» zu nehmen, nie aber als Wahrheit. Jetzt endlich ist es vorüber, der Spuk eines ganzen Lebens.

Eine gewisse Grenze findet die Erzählkunst der Märchen leider immer von neuem an ihrer Einfachheit – sie sind strukturell nicht imstande, ein und dieselbe Geschichte, wie im Roman, aus der unterschiedlichen Sicht verschiedener Personen zu erzählen.[15] Immerhin mag man sich auch und gerade bei der Lektüre des Aschenputtel-Märchens längst schon gefragt haben, was es eigentlich die ganze Zeit über *mit dem «Prinzen»* auf sich hat. Muß er denn seinerseits gar nichts dazulernen? Liegt alle Entwicklung wirklich einzig beim «Aschenputtel» – frei nach der Lieblingsdevise so mancher «Herrenabende», wonach wohl die Frauen sich «ändern» müssen, die Männer aber so bleiben können, wie sie nunmal sind?

Das Märchen vom «Aschenputtel» trägt den richtigen Titel – es ist keinesfalls ein Märchen von dem «Prinzen und der rechten Braut», es ist einzig die Geschichte eines Mädchens, das aus einem unerhörten Maß an Traurigkeit, Selbstunterdrückung und Einsamkeit hinfindet zu einem Vertrauen, das es erlaubt, in der Liebe eines anderen glücklich zu werden. Und doch gibt es in der Grimmschen Erzählung immerhin einige Hinweise, die helfen können, zumindest ansatzweise dieselbe Geschichte einmal aus der Perspektive des «Prinzen» zu betrachten.

Daß er kein «König» im eigentlichen Sinne sein kann, wissen wir schon. Gleichwohl enthält allein diese Feststellung bereits einen gewissen politischen Sprengstoff, wenn man bedenkt, was es am Anfang des 19. Jahrhunderts bedeuten konnte, von «Königen» zu *sprechen*, ohne Könige zu meinen.[16] Welch einen Machtverfall in politischem Sinne muß es bedeuten, wenn es erst einmal möglich wird, unter einem «König» nicht länger mehr den Throninhaber einer Nation zu verstehen, sondern den Menschen, dessen Liebe das ganze Leben verändert![17] Weithin wird immer noch die Geisteshaltung der Romantik als «unpolitisch», ja, als «reaktionär» beurteilt; in Wahrheit zeigt sich allein schon an dem kleinen Beispiel, wie die Märchen von «Königen» zu sprechen pflegen, welch eine Befreiung vom «politischen Prinzip»[18] die Welt der Sehnsucht und der Träume in den «Feenerzählungen» der Menschheit zu bieten vermag. Ein «König», so verstanden, ist nicht jemand, der äußerlich, durch seine Macht, über Menschen das Sagen hat, sondern derjenige, dessen Nähe alles Glück bedeutet; er, wie von selbst, verfügt über *alle* «Macht», die ein Mensch über einen anderen irgend nur haben kann, doch er besitzt diese «Macht», eben weil er keinerlei Macht für sich beanspruchen möchte. Was er will, wenn er wirklich ein «Königssohn» ist, besteht einzig darin, das Leben des anderen zu fördern.

Was aber treibt einen solchen «Prinzen» dazu an, immer wieder von neuem auf die Suche nach seinem «Aschenputtel» zu gehen? – Mit einiger Wahrscheinlichkeit kann man die Regel aufstellen, daß jemand einen anderen Menschen nur liebgewinnen wird, wenn in dessen Person etwas aufscheint, das er unbewußt selbst in sich trägt. Ein wichtiges Motiv der Liebe liegt darin, den anderen *zu brauchen*, um zu sich selbst zu finden.[19] «Subjektal» gelesen, ist jede Liebe, die zwei Menschen miteinander verbindet, immer auch so etwas wie eine Verschmelzung des Ichs mit dem eigenen Unbewußten.

Bezogen auf das Märchen vom «Aschenputtel», verkörpert insbesondere die Gestalt der «minderrangig» scheinenden Geliebten den Bereich der *«anima»* im Mann. Gemeint sind mit diesem Kunstwort der JUNGschen Tiefenpsychologie all diejenigen seelischen Inhalte, die auf dem Weg der Anpassung an die soziale Berufsrolle als unbrauchbar oder störend liegengeblieben sind.[20] Die Sphäre der «anima» geht über das «persönliche Unbewußte», über den Bereich des «Schattens», weit hinaus. Ihre Dynamik gewinnt die *anima*-Gestalt gerade aus dem Gefälle zwischen den *kollektiven,* überindividuellen Forderungen der gesellschaftlichen Rollenvorschriften und den im Hintergrund versperrten persönlichen Lebensbereichen. Kein Wunder also, daß in den Erzählungen der Völker die Dramaturgie derartiger Anima-Beziehungen ihres Spannungsreichtums wegen sehr geschätzt und von alters her sehr verbreitet sind. So sehen wir im Neuen Testament zum Beispiel Jesus zu einem «Freund der Dirnen» werden[21] – ein unerhörter spannungsreicher Kontrast entsteht da zwischen dem «Heiligen» und dem vermeintlich «Verworfenen». Doch nicht minder im wirklichen Leben: da sehen wir etwa einen hochgestellten Kirchenmann sich verlieben in eine weit jüngere Mitarbeiterin seiner Gemeinde, einen Arzt in seine Sprechstundenhilfe, einen betagten Politiker in eine zwanzigjährige Büroangestellte. Stets ist eine solche Anima-Liebe durch den sozialen und psychischen Kontrast gekennzeichnet, der indessen nicht, wie der «gesunde Menschenverstand» es wohl anraten möchte, als Warnung, sondern umgekehrt gerade als Ansporn und Einladung empfunden wird.

Nach außen hin mag es für den «Königssohn» als ein «Abstieg» erscheinen, wenn wir hören, daß er sich ausgerechnet in ein «Aschenputtel» verliebt; in Wahrheit aber stellt eine solche Beziehung auf seiten des «Königssohnes» immer auch so etwas dar wie eine Expedition in die unbewußten Bezirke seiner eigenen Seele. Gewiß, dem Wortlaut des Märchens nach verliebt sich der «Königssohn» zunächst ahnungslos in die strahlende Schönheit seiner anmutigen «Tänzerin»; man darf aber voraussetzen, daß er von Anfang an geahnt haben wird, welch ein magischer Reiz gerade von dem Unausgesprochenen, Abgründigen und Hilflosen im Wesen seiner Geliebten ausging. Wohl wird er nicht entfernt auch nur haben abschätzen können, wie tief die Traurigkeit und die Angst in der Seele seines «Aschenputtels» wirklich geht, und doch verleiht gerade dieser «Hintergrund» oder «Abgrund» verdeckter Lebensinhalte und -erwartungen im Leben der fliehenden Geliebten der ganzen Beziehung die zusätzliche Faszination eines geheimnisvollen Wagnisses. Ein Abenteuer seiner ganzen Existenz steht hier dem «Königssohn» bevor; doch je tiefer er in das Leben seines «Aschenputtels» hineingezogen wird, desto mehr wird er bemerken, daß er mit der Erlösung ihrer Angst im Grunde zugleich sich selber erlöst. Nicht etwas Fremdes begegnet ihm hier, sondern etwas durchaus Vertrautes, das sich nur niemals bisher hat öffentlich vorwagen dürfen.

Indem der «Königssohn» sich derart auf die Konflikte seines «Aschenputtels» einläßt, beginnt er mithin eine Art stellvertretenden Lebens, in dessen Verlauf er ersatzweise, in einem anderen, durchzuarbeiten und zu verstehen bemüht ist, was in ihm selber an eigener «Andersartigkeit» wie etwas Fremdes und Nichtzugehöriges seiner Annahme harrt. In der Liebe zu seinem «Aschenputtel» lernt der «Königssohn» all diejenigen Seiten an sich selber zu lieben, die er bislang sich niemals hat zugeben dürfen. Es ist demnach im letzten nicht «Güte» und «Mitleid», es ist nichts «Königliches» und «Hoheitsvolles», es ist weit mehr ein Stück Wahrheitsliebe gegenüber dem eigenen Wesen, das den «Prinzen» den Fluchtwegen seines «Aschenputtels» nachfolgen läßt. Gibt es denn das alles nicht auch in ihm selber: – das Verbot jedes eigenen persönlichen Wortes? Gewiß, es sah und sieht bei ihm womöglich alles weit erfolgreicher, tüchtiger und irgendwie «majestätischer» aus, aber ist er bei Lichte besehen nicht selber oft noch weit hilfloser als sein «Aschenputtel», wenn es darum geht, sich persönlich einem anderen Menschen mitzuteilen? Ist es nicht, daß er *stellvertretend,* indem er dem «Aschenputtel» die Erlaubnis anbietet, von sich selber zu reden, indirekt auch sein eigenes Inneres zu offenbaren lernt? Und würde er wohl all die Traurigkeit seines «Aschenputtels» jemals verstehen, lebte diese Traurigkeit nicht selber zutiefst auch in ihm? Und überhaupt jetzt all diese Emotionen! Gerade ein Mann, der bislang sehr eng in eine Berufsform der rationalen Planbarkeit aller Entscheidungen gebunden war, trägt unbewußt allemal in sich eine Seelengestalt voller verdrängter Gefühle. Es ist möglich, *als Frau* sich selber in all seinen Ängsten zu *über*tanzen wie das «Aschenputtel»; doch derselbe Effekt kann auch eintreten, indem man, zum Beispiel als *«Chef»,* anderen Leuten auf dem Kopf *herum*tanzt.

Entscheidend indessen ist dies: alle Macht, die jemand ernsthaft über andere Menschen auszuüben sucht, ist stets eine Übermächtigung ganzer Teile auch seiner eigenen Psyche; und umgekehrt: wer ein «Aschenputtel» hinaufbegleitet zu der wahren Größe und Schönheit seines eigenen «Formats», der befreit zugleich in sich selbst ganze Bereiche, die bisher unentdeckt brachliegen mußten und niemals wirklich zum Leben zugelassen waren. Anders gesagt: wo zwei Menschen nach der Art des «Aschenputtels» und des «Prinzen» zueinander finden, da schließt sich in ihnen beiden zugleich auch ein Urgegensatz des eigenen Wesens zwischen dem, was lediglich nach außen hin die anderen sahen und sehen sollten, und dem, was in der eigenen Selbstwahrnehmung Geltung besaß. Nur ist die Ausgangslage bei dem «Aschenputtel» genau umgekehrt («spiegelsymmetrisch») als bei dem «Königssohn»: das «Aschenputtel» weiß sich als eine Küchenmagd, während es träumt von der Gestalt eines Königs; der Königssohn aber weiß sich als «Prinz», während in ihm eine «Küchenmagd» schläft. Beide aber bedürfen einander, um in ihrer Einheit eins mit sich selber zu werden. Dieser Lohn winkt am Ende aller Mühen der Liebe: die Verschmelzung ihrer Personen wird zugleich die Einheit der eigenen Seele mit sich selber sein.

Das klassische Symbol für diese Erfahrung ist in der Religionsgeschichte ebenso wie in den Märchen das Bild der *Heiligen Hochzeit.*[22] Wie sehr der Grimmschen Erzählung selber an dieser Stelle an der Betonung seelischer Einheit gelegen ist, zeigt sich bereits an dem Eingangsbild: Als das «Aschenputtel», hoch zu Roß an der Seite des «Prinzen», an dem «Haselbäumchen» vorbeikommt, treten statt des bisher einen «weißen Täubchens» gleich zwei weiße Tauben als Chiffren der Unschuld auf, die sich niederlassen auf der rechten und linken Schulter der «rechten» Braut. Das «Haselbäumchen», sagten wir schon, steht in gewissem Sinne für das «Aschenputtel» selber; die linke und die rechte Seite aber symbolisieren, wie wir gleichfalls schon sahen, die zwei Seiten der menschlichen Psyche: das Unbewußte und das Bewußtsein.[23] *Beide sind eins,* besagt dieses Bild; es gibt fortan kein «Aschenputtel» und keine «Tänzerin» mehr; was es nunmehr gibt und nurmehr geben wird, ist eine bezaubernde Frau und eine liebenswerte Partnerin, eine «Königin» des Herzens, würdig ihres Liebsten.

Gegen Ende des Märchens bedeutet es, äußerlich gelesen, vor allem für das «Gerechtigkeitsgefühl» kindlicher Hörer wohl noch einmal eine große Befriedigung, wenn wir hören, wie *die beiden Täubchen* auf «Aschenputtels» Schulter den beiden (Stief)Schwestern, als sie an dem Glück der «rechten Braut» teilhaben möchten, die Augen auspicken, auf daß sie erblinden. Doch auch hier geht es im Grunde um einen letzten Schritt seelischer Reifung. Rein theoretisch bestünde im Leben eines «Aschenputtels» wohl auch jetzt noch die Gefahr, selbst in diesem Moment, wo das Glück der Liebe zum Greifen nahe ist, noch einmal alles zu vertun und zu verspielen durch das Wiedererwachen eines bloßen Rollenspiels ehrpuzzeliger Eitelkeiten nach dem Vorbild der «Stiefschwestern».[24] Es hat keinerlei Aussicht, will das Märchen sagen, es wäre «blinde» Torheit, auch nur im Ansatz selbst jetzt noch glauben zu wollen, mit dem Anschein äußerer Gefälligkeit und zur Schau getragener Fröhlichkeit sei irgend das Glück der Liebe zu fördern. Allerdings, die Neigung zu einem solchen Irrtum ist niemals ganz von der Hand zu weisen: Manches, was *vor* der Ehe noch sich entwickeln konnte, um *inwendig* zu reifen, droht in nicht wenigen Ehen sich vom Hochzeitstag an zu *verfestigen:* von da an glaubt man, einander sicher zu sein, von da an *fühlt* man sich sicher – und schon steht womöglich das Schema des alten Rollenverhaltens wieder auf und belebt sich von neuem. Eine solche Gefahr würde alles Erreichte zunichte machen und muß daher gänzlich getilgt werden. Denn in alle Zeit muß es jetzt als «Blindheit», ja, als wirkliche «Bosheit» gelten, die ihre Strafe in sich selbst trägt, wollte man auch jetzt noch im Gegenüber der Liebe je wieder etwas anderes zu sein scheinen, als was man in Wahrheit ist. Denn eben: endlich und ein für allemal wirklich zu sein und wirklich leben zu dürfen, darin besteht alles Glück, das die Liebe uns schenken mag.

Eine häufig gestellte Frage im Anschluß an die Interpretation eines solchen «Frauenmärchens» wie der Geschichte vom «Aschenputtel» lautet mit Regelmäßigkeit, ob es eine vergleichbare Erzählung nicht auch für Männer gibt. Rein philologisch beziehungsweise literarhistorisch betrachtet wohl nicht; psychologisch gesehen aber ja. Eine Geschichte, die der Thematik nach von einem *«männlichen»* «Aschenputtel» handelt, indem sie erzählt, wie ein «dummer» *Hans* in seinem «alten», «lumpigen» Kittelchen als bloßer Kleinknecht von zwei «klugen» Burschen verspottet wird, ist das Märchen *«Der arme Müllerbursch und das Kätzchen»* (KHM 106)[25]. Im Unterschied zu dem Aschenputtel-Märchen betont diese Erzählung freilich weit stärker die Erlösungsbedürftigkeit auch der «Königin»: sie tritt dem «Müllersburschen» sieben Jahre lang als eine verwunschene «Katze»(!) entgegen, der er dienen muß, bis er von ihr ein «Pferd» geschenkt bekommt und mit ihr in das «Schloß» einzieht, das er in seiner «Dienstzeit» bereits als ein «kleines Häuschen» selber errichtet hat. In dieser Geschichte wird ein «Müllersbursche» also zu einem «König», indem es ihm gelingt, eine offenbar sehr vornehm sich gebärdende und recht verschmuste «Katze» von Frau von ihrer «Verwunschenheit» zu befreien; zu dieser Befreiungstat gehört aber untrennbar die (Rück)Gabe seines eigenen männlichen Selbstbewußtseins ebenso wie seiner eigenen männlichen Vitalität (seines «Pferdes»); mit anderen Worten: die Frau wird erst aufhören, eine «Katze» zu sein, wenn er aufhört, ein impotenter Hausdiener zu sein. In dieser Erzählung gewinnt die Frau ihr «menschliches» Wesen zurück, indem der Mann seine Selbstachtung wiederfindet bis hin zum Wiedererwachen seiner «Animalität». Wie man sieht, kommt die Struktur dieses Märchens der Geschichte vom «Aschenputtel» sehr nahe, seine nähere Thematik aber weicht dann doch auf spezifische Weise von ihm ab; aber eben darin: in vergleichbaren Bildern Unvergleichliches zu sagen, liegt die bezaubernde Eigenart der Erzählgattung: *Zaubermärchen.*

Eine außerordentlich genaue Beschreibung der Problematik eines *«Aschenputtels»* hat einmal der bengalische Dichter Rabinadranath Tagore in seinem Gedichtband *Der Gärtner* gegeben; wir brauchen sie nur zu zitieren, um die gesamte Thematik des Märchens samt ihrer Lösung zusammenzufassen. Tagore schreibt in seinem Liebeslied:

«Ich sehne mich, die tiefsten Worte dir
zu sagen, die ich habe,
jedoch ich wag es nicht, aus Furcht,
du könntest lachen.
Das ist's, warum ich lache über mich und
in Scherzen mein Geheimnis zu Scherben
schlage.
Ich achte meinen Schmerz gering,
aus Furcht, du könntest auch so denken.

Ich sehne mich, die wahrsten Worte dir zu
sagen, die ich habe,

jedoch ich wag es nicht, aus Furcht, du
möchtest ihnen keinen Glauben schenken.
Das ist's, warum ich sie in Lügen kleide,
ganz anders rede, als ich denke.
Ich lasse meine Qualen widersinnig scheinen, aus Furcht, du könntest sie genau so sehen.

Ich sehne mich, das Kostbarste an Worten,
was ich habe, für dich zu brauchen,
jedoch ich wag es nicht, aus Furcht, du
könntest nicht mit gleicher Münze zahlen.
Das ist's, warum ich dich mit rauhen Worten schelte und mich hartherziger Stärke rühme.
Ich will dir wehe tun, aus Furcht, du könntest niemals wissen, was Schmerzen sind.

Ich sehne mich, wortlos bei dir zu sitzen,
jedoch ich wag es nicht, aus Furcht, es
könnte von meinen Lippen überfließen,
was mein Herz begehrt.
Das ist's, warum ich plaudere und
schwatze und hinter Worten mein Gefühl
verberge.
Grob geh ich um mit meiner Qual, aus
Furcht, du möchtest Gleiches tun.

Ich sehne mich, dich zu verlassen,
jedoch ich wag es nicht, aus Furcht, du
könntest meine Feigheit darin merken.
Das ist's, warum ich unbekümmert, erhobnen Hauptes, in deine Nähe komme.
Jeder Blick aus deinen Augen ist ein Stich
in meine Wunde und hält sie ewig offen.»[26]

Präziser läßt sich die Angst und die Scheu eines «Aschenputtels» vor seiner «Entdeckung» durch die drohende und doch so ersehnte Nähe der Liebe nicht schildern. An gleicher Stelle hat R. Tagore glücklicherweise aber auch das Heilmittel beschrieben, das imstande ist, ein «Aschenputtel» zu sich selber zu befreien; es besteht in der Bitte:

«Bewahre das Geheimnis deines Herzens
nicht bei dir, du meine Freundin.
Sag mir's, nur mir allein, ganz insgeheim.
Du, die so freundlich lächelt, leise flüstert,
– mein Herz wird's hören, meine Ohren
nicht.

Die Nacht ist tief, und überm Haus liegt
Schweigen, die Vogelnester sind in Schlaf
gehüllt.
Sag mir durch der Tränen Zauder, durch
des Lächelns Stammeln, durch die Süße
von Scham und Schmerz – sag mir das
Geheimnis deines Herzens.»[27]

Daß dies den Liebenden gelinge, ist die hoffende Verheißung und der Wunsch des «Aschenputtel»-Märchens. Es war die chilenische Dichterin Gabriela Mistral[28], die in einem ihrer Gedichte die Verwandlung der trauernden Scham (eines «Aschenputtels») in die Schönheit unter den Augen der Liebe geschildert hat:

Wenn du mich anblickst, werd' ich schön,
schön wie das Riedgras unterm Tau.
Wenn ich zum Fluß hinuntersteige,
erkennt das hohe Schilf mein sel'ges
Angesicht nicht mehr.

Ich schäme mich des tristen Munds,
der Stimme, der zerriss'nen, meiner rauhen
Knie.
Jetzt, da du mich, herbeigeeilt, betrachtest,
fand ich mich arm, fühlt' ich mich bloß.

Am Wege trafst du keinen Stein,
der nackter wäre in der Morgenröte
als ich, die Frau, auf die du deinen Blick
geworfen,
da du sie singen hörtest.

Ich werde schweigen. Keiner soll mein
Glück erschaun, der durch das Flachland
schreitet,
den Glanz auf meiner plumpen Stirn nicht
einer sehen,
das Zittern nicht von meiner Hand...

Die Nacht ist da. Aufs Riedgras fällt der
Tau.
Senk lange deinen Blick auf mich. Umhüll
mich zärtlich durch dein Wort.
Schon morgen wird, wenn sie zum Fluß
hinuntersteigt, die du geküßt, von Schönheit strahlen.

Anmerkungen

Von Quelle und Strömung

[1] J. Bolte – G. Polivka: Anmerkungen zu den Kinder- und Hausmärchen der Brüder Grimm, 1. Bd., Leipzig 1913, 182.

[2] W. Scherf: Lexikon der Zaubermärchen, Stuttgart 1982, 12; K. Ranke (Hrsg.): Enzyklopädie des Märchens, 1. Bd., Berlin 1977, Stichw. Cinderella.

[3] Vgl. Brüder Grimm: Kinder- und Hausmärchen. Ausgabe letzter Hand mit den Originalanmerkungen der Brüder Grimm, hrsg. v. H. Rölleke, Bd. 3: Originalanmerkungen, Herkunftsnachweise, Nachwort, Stuttgart 1980, 36: «Dies Märchen gehört zu den bekanntesten und wird aller Enden erzählt.» Vgl. aber den Einwand von S. Singer: Artikel Aschenputtel, in: J. Bolte – L. Mackensen: Handwörterbuch des deutschen Märchens, 1. Band, Berlin – Leipzig 1930–33, S. 126.

[4] Vgl. H. Gunkel: Das Märchen im Alten Testament. Religionsgeschichtliche Volksbücher für die deutsche christliche Gegenwart, II. Reihe: Die Religion des Alten Testaments, Heft 23/26, Tübingen 1917, 122: «Gern erzählt man ... von mehreren Brüdern, unter denen der Jüngste der Bevorzugte, der beneidete Günstling des Schicksals, der Liebling Gottes ist, ‹der sich dann aber auch als der Klügste oder Beste erweist... Dies Motiv wiederholt sich im Märchen unendlich oft› und tritt auch nicht selten im Alten Testament auf, wo es dann zum Beweis des frommen Satzes dient, daß Gottes Kraft in der Schwachheit mächtig ist» (2 Kor 12,9). Vgl. auch 1 Sam 2,11 ff.: die Berufung Samuels, oder Ri 6,15: Gideons Berufung aus dem schwächsten Geschlecht in Israel, aus Manasse, oder vgl. die Geschichte von Joseph und seinen Brüdern, wo der Jüngste und Verachtete am Ende zum Retter seiner Brüder wird.

[5] Zur Auslegung der Stelle vgl. H.W. Hertzberg: Die Samuelbücher, ATD 10, Göttingen 1960, 107–110.

[6] Vgl. H. Wöller: Aschenputtel. Energie der Liebe, Zürich 1984, 32: «Man hat das Märchen Aschenputtel den ‹Glückstraum der sozial Entrechteten› genannt, und nicht zu zählen sind die Mädchen und Frauen, die sich mit dieser Gestalt identifizieren.» Leider vertut die Autorin das psychologische Thema des Aschenputtel-Märchens, das wesentlich unter Frauen (Stiefmutter, Stiefschwestern) spielt, indem sie es partout als den «Mythos von der großen Muttergöttin» (S. 21) und der Trauer um ihren Untergang zu lesen versucht. Aus dem psychologischen Drama macht sie eine Kritik an der Rolle der Frau inmitten einer patriarchalen Gesellschaft; eine solche Kritik ist gewiß überaus berechtigt, findet sich aber durchaus nicht in der Grimmschen Erzählung, die einzig von der erlösenden Kraft der Liebe eines Mannes, gerade nicht von dem Ende der Männerherrschaft spricht. Allerdings: Liebe ist mit «Herrschaft» nicht vereinbar; s. u. 4.: *Die Suche nach Identität.* – Anklänge an die *Herdgöttin*, der die Vestalinnen dienten, meint B. Bettelheim: Kinder brauchen Märchen, übers. v. L. Mickel – B. Weitbrecht, Stuttgart 1977, 242–243 zu erkennen, doch wird das Aschenputtel erst zum «Herd» verurteilt durch den Tod der Mutter; es ist nicht die Anhängerin einer (verstorbenen) Göttin, die am Herd verehrt wurde. Weit eher trifft B. Stammer (Hrsg.): Märchen von Dornröschen und dem Rosenberg, Frankfurt (Fischer Tb. 10466) 1985, 150, die Wahrheit, wenn sie im Vergleich des «Aschenputtels» und des «Erdkühleins» die Überzeugung feststellt, «daß dem Menschen aus der Rückverbindung zur Ahnenwelt entscheidende Lebenshilfe zukommt», und meint, dieses Motiv sei «auf den weitverbreiteten Ahnen- und Totenkult archaischer Kulturen zurückzuführen». Freilich muß man den «Totenkult» des «Aschenputtels» psychologisch interpretieren.

[7] Zur Auslegung der Stelle vgl. H. Schürmann: Das Lukasevangelium, 1. Bd., Freiburg – Basel – Wien [3]1984, 70–80.

[8] Zur Psychodynamik der Gattung *Märchen* im Unterschied zur Gattung *Sage* und *Legende* vgl. E. Drewermann: Tiefenpsychologie und Exegese, 1. Bd., Olten 1984, 132–154; 393–428.

[9] S. Freud: Die Zukunft einer Illusion (1927), Ges. Werke XIV, London 1948, 323–380.

[10] K. Aland (Hrsg.): Luther Deutsch. Die Werke Luthers in Auswahl, 5. Bd.: Die Schriftauslegung, Göttingen 1991, 274–340: Das Magnificat verdeutscht und ausgelegt, 1521.

[11] A. a. O., S. 288–289, wo Luther die ersten beiden Jungfrauen als den «unreinen, selbstsüchtigen» Geist deutet bzw. als einen Geist, der Gott dienen will, doch «nicht ohne Eigennutzen». Die *Psychodynamik* des Aschenputtel-Motivs erfaßt

F. TEGETHOFF: Französische Volksmärchen, I. II. Jena 1923, Anm. zu I Nr. 27 sehr genau, wenn er spricht von «dem großen Märchenkreis der erhöhten Niedrigkeit... ein echtes Traummärchen». M. LÜTHI: Deutung eines Märchens. Aschenputtel in: Süddeutsche Zeitung, Nr. 24, 28./29.1.67, verweist daneben auch auf «die liebenswürdige, biedermeierlich-bürgerliche Tendenz, Fleiß, Sauberkeit, Reinlichkeit... zu preisen und den Neid, die Bosheit, die Faulheit der Stiefschwestern zu geißeln».

[12] S. SINGER: Schweizer Märchen, Teil 1/2, Pullach – Berlin 1906; [2]1917; DERS.: Aschenputtel, in: J. BOLTE – L. MACKENSEN: Handwörterbuch des deutschen Märchens, Bd. 1, Berlin – Leipzig 1930–1933, 125–126.

[13] W. SCHERF: Lexikon der Zaubermärchen, Stuttgart 1982, 10–11. *Historisch* gesehen, könnte es sein, daß das Aschenputtel-Märchen (neben Anklängen an bestimmte Jahreszeitenriten und Hochzeitsbräuche) auf die Rolle zurückgeht, «die der männliche Aschenputtel, der *Jeschpoder* in Siebenbürgen bei den Aschermittwochsbelustigungen spielt...: Zwei Knechte kommen als Jeschpoder, mit Säcken am Halse, die fast ganz mit Asche gefüllt sind. Sie sind lustig verkleidet und bewerfen Jung und Alt mit Asche. Widerstrebenden wird der Mund mit Asche gestopft. Denn der Aschermittwoch hat im Bewußtsein des Volkes völlig den Charakter des Bußtages verloren und ist zum Tage der höchsten Lustbarkeit geworden.» S. SINGER: Aschenputtel, in J. BOLTE UND L. MACKENSEN: Handwörterbuch des deutschen Märchens, Bd. 1, Leipzig – Berlin 1930–33, S. 126, Anm. 12. – Das Motiv von *«Aschenputtel»* oder *«Allerleirauh»* wurde *naturmythologisch* von R. SAINTYVES: Les Contes de Perrault et les récits parallèles. Leurs origines, Paris 1923, 187 ff. auf den Jahreszeitenwechsel im Frühjahr gedeutet. A. NITSCHKE: Soziale Ordnungen im Spiegel der Märchen, 2 Bde., Stuttgart - Bad Cannstatt 1976, 1. Bd.: Das frühe Europa, S. 51–58, ordnet das «Aschenputtel»-Märchen nebst seinen Varianten den «Jägern und Hirten nach der letzten Eiszeit» zu und begründet diesen Zeitansatz vor allem mit dem Schwund der Überlegenheit der Tiere: «Dem Menschen werden nicht mehr die Kräfte zuteil, über die das Tier verfügt. Das Tier hält nicht mehr gesund, es läßt nicht wachsen, es macht nicht stark, geschwind oder weitsichtig. Statt dessen läßt es dem Menschen einzelne Gaben zukommen..., die der Mensch dann dazu benutzen kann, Kontakte zu anderen Menschen herzustellen. So ist es auch nicht die Nähe des Tieres, die von diesen Menschen gesucht wird. Die Nähe allein hilft dem Menschen nicht mehr. Hilfe wird ihm nur durch die Gaben zuteil.» (52) «Alles, was über die Tiere hier berichtet wird, ist uns aus den Märchen des Jungpaläolitikum vertraut. Sie sind dem Menschen überlegen, sie helfen ihm, und sie strafen feindlich gesonnene Personen.» (53–54) «Das Tier ist zwar noch Träger der Aktivität, aber es hat etwas von seiner überragenden Stellung eingebüßt. An seinem Platz steht – im Zentrum der Geschichte – nun die junge Frau.» (57) «Wenn man nun annimmt, daß die Menschen bisher ganz von der Überlegenheit des Tieres durchdrungen waren und diesem Tier die Fähigkeit zuschrieben, sich in andere Lebewesen zu verwandeln, so ist es vielleicht nicht so erstaunlich, daß das Aufkommen der neuen früchtetragenden Bäume als Verwandlung der mächtigen Tiere in Bäume gedeutet wurde, die gewissermaßen in neuer Gestalt dem Menschen halfen. Das spräche ganz entschieden dafür, daß die Märchengruppe der beschenkten jungen Frau in die Gesellschaft gehört, die nach dem Ende des Eiszeitalters in Europa lebte.» (58) «Frauen standen im Zentrum der Gesellschaft. Dabei wurde den geschlechtlichen Beziehungen zwischen Mann und Frau wenig Bedeutung beigemessen. Die Stellung der Frau leitete sich aus anderen Funktionen ab: Sie konnte von Tieren und Pflanzen Geschenke empfangen, und sie vermochte, wenn sie Kleider anfertigte, gesammelte Früchte weitergab und ihre Kinder stillte, Geschenke zu verteilen.» (78) Nicht der «Tod des Matriarchats» also, eher die Eigenart der matriarchalen Gesellschaft des Neolithikum werden in dem Märchen geschildert. Vgl. S.194–195.

[14] Vgl. A.B. ROOTH: The Cinderella Cycle, Lund 1951, 38 führt das Märchen von *«Einäuglein, Zweiäuglein, Dreiäuglein»* als Typ A des «Aschenputtel»-Märchens auf, das sie in dieser Form vorwiegend im Slawischen und Baltischen Raum verbreitet findet. Den B-Typ verbindet sie vor allem mit den dreimaligen Besuchen des (königlichen) Festes oder der Kirche in drei verschiedenen schönen Gewändern; hinzu kommt das Motiv von dem verlorenen Schuh und der Schuhprobe; das Stiefmutter-Motiv sei vom Typ A durch den Typ B übernommen worden, in dem vor allem das Motiv der hilfreichen Tiere seltener auftaucht als im Typ A. Typ A sei so zur Einleitung des B-Typs geworden, «und in dieser Gestalt begegnet es in Finnland, Schweden, Norwegen, Dänemark, Island und auf den Färöer» (S. 98–99). Vgl. DIES.: Motive aus griechischen Mythen in einigen europäischen Mythen, in: W. Siegmund (Hrsg.): Antiker Mythos in unseren Märchen, Kassel 1984, 35–42. M.R. COX: Cinderella. Three Hundred and Forty-five Variants of Cinderella, Catskin and Cap o'Rushes, abstracted and tabulated with a Discussion of Mediaeval Analogues and Notes (1892), Reprint: Nendeln/Liechtenstein 1967 klassifiziert drei Gruppen: A) eine mißhandelte Schöne wird durch die Pantoffelprobe erkannt; B) hinzutritt das Motiv von dem Vater, der seine Tochter unsittlich belästigt, so daß sie vor ihm Reißaus nimmt; C) das King-Lear-Motiv: der Vater verstößt zu Unrecht seine Tochter, weil das Bekenntnis ihrer Liebe ihm nicht genügt. – Es wird sich in der Interpretation zeigen, wie wichtig die Beziehung des «Aschenputtels» zu seinem *Vater* ist und wie unterschwellig auch das B)- und C)-Motiv dabei eine Rolle spielt. – M. LÜTHI: Der Aschenputtel-Zyklus, in: J. Janning – H. Gehrts – H. Ossowski (Hrsg.): Vom Menschenbild im Märchen, Kassel 1980, 39–58 unterscheidet «vier verschiedene Grundtypen..., die zusammengenommen den sogenannten Aschenputtel-Zyklus bilden: Aschenputtel-Typ im engeren Sinn, Erdkühlein-Typ, Allerleirauh-Typ und König-Lear-Typ.» «Märchen von männlichen Aschensitzern, wie sie besonders gern in Skandinavien und in Rußland erzählt wurden, rechnet man aus verschiedenen Gründen meist nicht zum Aschenputtel-Zyklus» (39). – Das Märchen von *Erdkühlein* überliefert M. MONTANUS: Ein schön History von einer Frawen mit zweyen Kindlin, in: Ander theyl Gartengesellschaft, Straßburg 1560; bei B. STAMER (Hrsg.): Märchen

von Dornröschen und dem Rosenberg, Frankfurt (Fischer Tb. 10566) 1985, 91–98. – Zum *King-Lear-Typ* vgl. S. STUDER-FRANGI (Hrsg. u. Übers.): Märchen aus Italien, Frankfurt (Fischer Tb. 10946) 1992, 42–47. Zu der weiten *Verbreitung* des Märchens vom «Aschenputtel in der Gegenwart vgl. W. SCHERF: Aschenputtel in aller Welt, in: Westermanns Monatshefte, 105; 1964, Nr.12., 66–75. Vgl. auch H. LÜDEKE: Das Aschenbrödel als griechische Volksballade, in: Zeitschrift für Volkskunde, 46, Göttingen 1938, 87–91. Über moderne chinesische Aschenputtel-Varianten berichtet A. WALLEY: The Chinese Cinderella story, in: Folklore, 58, London 1947, 1,226–238. Vgl. auch P. GOSWAMI: The Cinderella motif in Assamese-folk-tales. In: Indian historical quarterly, 23, Calcutta 1947, 311–319.

15 Schon J. BOLTE – G. POLIVKA: Anmerkungen zu den Kinder- und Hausmärchen der Brüder Grimm, 1. Bd., Leipzig 1913, 168–169 haben den Stoff des Aschenputtelmärchens in eine feste Abfolge von fünf bzw. sechs verschiedenen Handlungsmotiven zerlegt, die in sich wiederum bestimmte Spielarten aufweisen: «*A1* Die Heldin wird von Stiefmutter und Stiefschwestern mißhandelt, oder *A2* flieht vor dem Vater, der sie heiraten will, in einer entstellenden Kleidung, oder *A3* wird vom Vater verstoßen, weil sie erklärt, sie liebe ihn wie das Salz, oder *A4* soll von einem Diener getötet werden. *B* Während eines Magddienstes (daheim oder bei Freunden) wird sie *B1* von der verstorbenen Mutter, einem Baume auf ihrem Grab oder einem überirdischen Wesen, *B2* von Vögeln oder *B3* einer Ziege, Schaf oder Kuh beraten, unterstützt, gespeist; *B4* als die Ziege geschlachtet ist, entsprießt aus ihren Eingeweiden ein Wunderbaum. *C1* Sie tanzt in prächtiger Kleidung mehrmals mit einem Prinzen, der vergeblich sie festzuhalten sucht, oder wird von ihm in der Kirche erblickt; *C2* macht Anspielungen auf die Mißhandlungen, die sie als Magd erduldet hat; *C3* wird in ihrem Schmucke in ihrer Kammer oder in der Kirche vom Prinzen erblickt. *D1* Sie wird entdeckt durch die Schuhprobe oder *D2* durch den Ring, den sie in die Brühe des Prinzen wirft oder in sein Brot einbäckt. *D3* Sie allein vermag die Goldäpfel zu pflücken, die der Ritter begehrt. *E* Sie heiratet den Prinzen. *F* Sie läßt ihrem Vater ungesalzene Speisen vorsetzen und zeigt so den Sinn ihrer früheren Antwort.» Ein solches Schema erlaubt eine rasche Übersicht über vergleichbare andere Märchen. «Unsere Nr. 21 (der Grimmschen Märchen) besteht aus den Motiven A1 B1.2 C1 D1 E, *Allerleirauh* (KHM 65) aus A2 C1 D2 E, *Einäuglein* (KHM 130) aus A1 B1.3.4. D3 E, die *Gänsehirtin* (KHM 179) aus A3 B1 C3 E.» Doch was ist mit solchen Schemata gewonnen? Man könnte versuchen, mit ihrer Hilfe nach den Spuren des historischen Ursprungs des Aschenputtel-Märchens zu suchen; doch ist eine solche Suche literarhistorisch gewiß von erheblichem Interesse, befriedigend abschließen aber läßt sie sich so gut wie nie, und für die Interpretation der Geschichte selbst ist sie in aller Regel nicht sehr belangvoll. So lassen sich die *Quellen* für die Grimmsche Geschichte vom Aschenputtel in der Fassung von 1812 unschwer nachzeichnen: Da ist einmal nach H. RÖLLEKE die Erzählung der sog. *Marburger Märchenfrau: H. Rölleke:* Die Marburger Märchenfrau. Zur Herkunft der KHM 21 und 57, in: Fabula 15, 1974, 87–94: Aufmerksam geworden durch C. BRENTANO, besuchte W. GRIMM im Sept. 1810 im Marburger Elisabeth-Hospital eine ältere Frau, deren Erzählungen sich die beiden Märchen vom «Aschenputtel» und «Der goldene Vogel» verdanken. Zur Urfassung vgl. F. PANZER (Hrsg.): Kinder- und Hausmärchen der Brüder Grimm. Vollständige Ausgabe in der Urfassung, 2 Bde., München 1913, 1. Bd. Nr. 21. Unübersehbar ist der Einfluß der Geschichte bei CHARLES PERRAULT: «Aschenputtel oder der gläserne Pantoffel»: Histoires ou Contes du temps passé, avec des moralitez (1697); vgl. Contes de Fées. Die Märchen, dtv zweisprachig, dt. übers. v. U. F. Müller, München 1977, 76–93: Cendrillon ou La Petite Pantoufle de Verre; vgl. dazu W. SCHERF: Lexikon der Zaubermärchen, Stuttgart 1982, 47–50, bes. S. 48–49 zu dem Verhältnis zu der Grimmschen Erstfassung von 1812; und ferner das böhmische Märchen von *Laskopal und Miliwka.* Vgl. R. HAGEN: Der Einfluß der Perraultschen Contes auf das volkstümliche deutsche Erzählgut und besonders auf die Kinder- und Hausmärchen der Brüder Grimm, 2 Bde., Dissertation, Göttingen (Maschinenschrift); P. SAINTYVES: Les contes de Perrault et les récits parallèles, Paris 1923, 113–164. Bes. (R. HAGEN): Sagen der böhmischen Vorzeit aus einigen Gegenden alter Schlösser und Dörfer, Prag 1808, 1–66. In der zweiten Auflage von 1819 tilgten die Brüder Grimm die sekundären Übernahmen aus PERRAULT «und erweiterten zugleich erheblich um allerlei Motive aus drei anderen, hessischen Fassungen – darunter einer aus Zwehren, die also vermutlich von Dorothea Viehmann, geb. Pierson, stammt.» W. SCHERF: Lexikon der Zaubermärchen, 9. Hinzugefügt wird jetzt «der dritte Absatz, wonach der Vater verreist und die jüngste sich das Reis ausbittet, das zuerst im Wald an seinen Hut streifen würde.» J. BOLTE – G. POLIVKA: Anmerkungen, I 165. Das Motiv erinnert an *Das singende springende Löweneckerchen* (KHM 88; AT 425 A), doch geht die Geschichte gänzlich anders weiter als dort: Aschenputtel pflanzt das Reis «in die Erde, und daraus wächst das Bäumchen, woraus sich das Gold und Silber schüttet... Neu ist ferner der Schluß von den Versen der Tauben an. Auch bleibt in der älteren Fassung Aschenputtel am ersten Abend daheim und sieht dem Tanze von ihrem Taubenschlag aus zu, den die eine Schwester am anderen Morgen aus Mißgunst niederreißen läßt; an den beiden folgenden Abenden wird sie von einem Wagen zum Fest abgeholt; die beiden Tauben kommen ungerufen zu ihr und geben ihr Ratschläge; die kostbaren Kleider empfängt sie aber vom Bäumchen selber, nicht von einem Vogel darauf.» J. BOLTE – G. POLIVKA: Anmerkungen, I 165. – «Eine... Erzählung aus dem Paderbörnischen, die... den Brüdern Grimm schon vor 1822 mitgeteilt ward, leitet so ein: Eine schöne Gräfin hatte in der einen Hand eine Rose, in der anderen einen Schneeball und wünschte sich ein Kind so rot als die Rose und so weiß als der Schnee. Gott erfüllte ihren Wunsch» – ganz wie im *Schneewittchen*-Märchen (KHM 53). «Wie sie einmal am Fenster steht und hinaussieht, wird sie von der Amme hinabgestoßen. Das gottlose Weib aber erhebt ein Geschrei und gibt vor, die Gräfin habe sich selbst hinabgestürzt. Dann berückt sie durch ihre Schönheit den Grafen, daß er sie zur Gemahlin nimmt. Sie gebiert ihm zwei

Töchter, und das schöne rote und weiße Stiefkind muß als Aschenputtel dienen. Es soll nicht in die Kirche, weil es keine Kleider hat; da weint es auf seiner Mutter Grab, die reicht ihm einen Schlüssel heraus und heißt es einen hohlen Baum aufschließen; er öffnet sich wie ein Schrank, und es findet darin Kleider, Seife, sich zu waschen, und ein Gebetbuch. Ein Graf sieht es, und um es festzuhalten, bestreicht er die Kirchenschwelle mit Pech. Es entwickelt sich nun alles wie in den anderen Erzählungen.» J. BOLTE – G. POLIVKA: A. a. O., I 166–167. – Im Hintergrund vieler Formen des Aschenputtelmärchens steht neben der Fassung von CH. PERRAULT *(Cendrillon)* die Nouvelle *Ponce de Léon* von MADAME D'AULNOY *(Finette Cendron);* vgl. P. DELARUE – M. L. TENÈZE: Le conte populaire français, Bd. 2, Paris [2]1977, 245–255; 278–280; sowie vor allem die Erzählung in GIAMBATTISTA BASILE's *Il Petamerone: La gatta cennerentola* (GIAMBATTISTA BASILE: Lo cunto de li cunti, trattenemiento de li peccerille, 2 Bde., Napoli 1634–1636; dt.: v. F. Liebrecht: Der Pentamerone, 2 Bde., Breslau 1846); vgl. M. R. COX: Cinderella. Three Hundred and Forty-five Variants of Cinderella a. o., Nendeln/Liechtenstein 1967, 159–161, eine Fassung, die (wie bei PERRAULT, wie bei GRIMM) der Szenenabfolge A1 B1 C1 D1 E entspricht; allerdings erscheint das «Aschenputtel» hier zunächst wesentlich widerspenstiger: es tötet die erste Stiefmutter durch Zuschlagen der Truhe, wird aber von der zweiten nur noch ärger mißhandelt; «sie pflanzt eine Dattel, die ihr Vater aus Sardinien mitgebracht hat, ein und erhält von dem Bäumchen Kleider, Wagen und Dienerschaft.» J. BOLTE – G. POLIVKA: A. a. O., I 173. Die Übereinstimmung mit der Grimmschen Fassung ist im weiteren fast perfekt.

[16] Vgl. J. BOLTE – G. POLIVKA: Anmerkungen zu den Kinder- und Hausmärchen der Brüder Grimm, 1. Bd., Leipzig 1913, 187, die auch an den germanischen Verlobungsbrauch des Schuhanziehens erinnern.

[17] W. SCHERF: Lexikon der Zaubermärchen, Stuttgart 1982, 12.

[18] Vgl. A. WESSELSKI: Deutsche Märchen vor Grimm, Bd. 2, Brünn – München – Wien 1938, entnommen aus: M. MONTANUS: Gartengesellschaft, Straßburg 1559: Ein schön History von einer Frawen mit zweyen Kindlin. Vgl. W. SCHERF: Lexikon der Zaubermärchen, 102–104.

[19] Vgl. W. SCHERF: Lexikon der Zaubermärchen, 103.

[20] AULNOY: Contes des fées, 1702, I 83 (Finette Cendron). Vgl. Französische Märchen von Charles Perrault und Madame Marie-Catherine d'Aulnoys, Hanau 1979, 94–123. Das Märchen geht zurück auf MARIE DE FRANCE (Lai von Ywenec): Lais (Versnovellen), um 1175. Vgl. K. F. K. KRÜGER: L'oiseau bleu, in: Krüger: Die Märchen der Baronin Aulnoy, Diss. Leipzig 1914, 55–57. W. E. PEUCKERT: Blauer Vogel, in: J. BOLTE – L. MACKENSEN: Handwörterbuch des deutschen Märchens, I 270. W. SCHERF: Lexikon der Zaubermärchen, 30–37. M. R. COX: Cinderella. Three Hundred and Forty-five Variants of Cinderella, Catskin and Cap o'Rushes, abstracted and tabulated, with a Discussion of Mediaevel Analogues and Notes, Nendeln/Liechtenstein (Neudruck von 1892) 1967, Nr. 56, S. 23.

[21] Zur tiefenpsychologischen Deutung von Märchen vgl. E. DREWERMANN: Tiefenpsychologie und Exegese, 1. Bd., Olten 1984, 141–154; 393–443.

[22] Zu der *«Realisierungsregel»* der Interpretation archetypischer Erzählungen vgl. E. DREWERMANN: Tiefenpsychologie und Exegese, 1. Bd., Olten 1984, 218–230.

1. Der Tod der Mutter

[1] Die Not einer ganzen Generation vaterloser Familien hat H. BÖLL: Haus ohne Hüter, Frankfurt – Berlin (Ullstein 185) 1962 am Schicksal der Kriegerwitwen und Kriegswaisen nach 1945 exemplarisch geschildert.

[2] Vgl. S. FREUD: Der Untergang des Ödipuskomplexes (1924), Ges. Werke XIII, London 1947, 393–402; DERS.: Über die weibliche Sexualität (1931), Werke XIV, London 1948, 515–537.

[3] Zur *«Zeitzerdehnung»* der Interpretation archetypischer Erzählungen vgl. E. DREWERMANN: Tiefenpsychologie und Exegese, 1. Bd., Olten 1984, 218–230.

[4] Allgemein zum Mutterverhalten bei Säugetieren vgl. M. H. KLAUS – J. H. KENNELL: Mutter–Kind-Bindung. Über die Folgen einer frühen Trennung, aus dem Amerik. übers. v. K.H. Siber, München (dtv 15033) 1987, 35–62. Bes. J. GOODALL: Ein Herz für Schimpansen. Meine 30 Jahre am Gombe-Strom, übers. v. I. Strasmann, Hamburg 1991, 134–146 zeigt das Verhältnis von Söhnen und Müttern bei Schimpansen auf; S. 144 schildert sie die aggressive Verzweiflung eines Jungtieres in der Zeit der Entwöhnung. D. FOSSEY: Gorillas im Nebel. Mein Leben mit den sanften Tieren, übers. v. E. M. Walther, München 1989, 241–243 schildert die psychischen Folgen, die der Tod der Mutter bei einem 38 Monate alten weiblichen Jungtier hinterläßt. Zu der «Angstbindung (sc. des Kindes an die Mutter, d. V.) nach Androhung von Verlassen oder Selbstmord» der Mutter vgl. J. BOWLBY: Trennung. Psychische Schäden als Folge der Trennung von Mutter und Kind, aus dem Engl. übers. v. E. Nosbusch, München (Kindler Tb. 2171) 1976, 276–287. Zur Furcht vor Trennung vgl. a. a. O. 221–225; insbesondere die Mischung von (unterdrückter) Wut, Ambivalenz und Angst bei Trennungsandrohung verdient Beachtung: a. a. O., S. 306–310. Vgl. besonders E. SCHMALOHR: Frühe Mutterentbehrung bei Mensch und Tier. Entwicklungspsychologische Studie zur Psychohygiene der frühen Kindheit, München (Kindler Tb. 2092), [3](durchges.) 1980, 130–135: Verhaltensstörungen durch Mutter–Kind-Trennungen bei Äffchen, wo die «katatonen» Gewohnheiten und die Bereitschaft

zur Selbstaggression erschütternd genau beschrieben werden. K. Asper: Verlassenheit und Selbstentfremdung, Olten 1987; München (dtv) 1990, schildert auf diesem Hintergrund an Recht das «Aschenputtel» als «narzißtisch verwundeten Menschen» (68).

[5] Vgl. E. Drewermann: Kleriker. Psychogramm eines Ideals, Olten 1989, 85–96, zum Aufbau einer entsprechenden Opferideologie.

[6] S. Freud: Die Verdrängung (1915), Ges. Werke X, London 1946, 247–261.

[7] R.M. Rilke: Advent (1897), in: Sämtliche Werke, hrsg. vom Rilke-Archiv durch E. Zinn, 1. Bd., Frankfurt 1955, 133.

[8] Vgl. dazu E. Drewermann: Kleriker. Psychogramm eines Ideals, Olten 1989, 387–398.

[9] Vgl. dazu a.a.O., 499–525.

[10] Vgl. E. Drewermann – I. Neuhaus: Marienkind. Grimms Märchen tiefenpsychologisch gedeutet, Bd. 5, Olten 1984.

[11] Vgl. R. Stang: Edvard Munch der Mensch und der Künstler, aus dem Norwegischen übers. v. E. Neumann, Königstein 1979, S. 35: Die tote Mutter und das Kind (1894).

[12] S. Schulze (Hrsg.): Munch in Frankreich. Katalog. Schirn Kunsthalle Frankfurt, Stuttgart 1992, 181: Die tote Mutter, 1893; G. Fahr-Becker-Sterner (Red.): Edvard Munch. Aus dem Munch Museum Oslo. Gemälde – Aquarelle – Zeichnungen – Druckgraphik – Fotografien, München 1987, 218: Die tote Mutter und das Kind (1901).

[13] M. Arnold: Edvard Munch, Reinbek (rm 351) 1986, 12.

[14] D. Gleisberg (Hrsg.): Max Klinger 1857–1920. Städtische Galerie im Städelschen Kunstinstitut Frankfurt, 12.2–7.6.92, Edition Leipzig 1922, 167.

[15] A.a.O.

[16] Laura Munch starb 1926 geisteskrank. M. Arnold: Edvard Munch, Reinbek 1986, 152.

[17] M. Arnold: Edvard Munch, a.a.O., 13.

[18] A. Eggum: Edvard Munch. Gemälde, Zeichnungen und Studien, aus dem Engl. übers. v. G. u. K. Felten, C. Buchbinder-Felten, Stuttgart 1986, 16. Vgl. auch M. Arnold: Edvard Munch, a.a.O., 13.

[19] A. Eggum: Edvard Munch, a.a.O., 171.

[20] Eine Geschichte, die erzählt, wie ein Mädchen die «Schuld» abbüßen muß, seine Geschwister in «Raben» verwandelt zu haben, ist das Grimmsche Märchen *«Die sieben Raben»* (KHM 25).

[21] Vgl. W.F. Otto: Die Manen oder von den Urformen des Totenglaubens. Eine Untersuchung zur Religion der Griechen, Römer und Semiten und zum Volksglauben überhaupt, Darmstadt ²1958, 102–104: Die Furcht vor den Toten. – Zum Thema der *Himmelfahrt* vgl. E. Drewermann: Ich steige hinab in die Barke der Sonne. Altägyptische Meditationen zu Tod und Auferstehung in bezug zu Joh 20/21, Olten 1989, 80–95.

[22] Der *Trost,* der für die Hinterbliebenen in ihren Schuldgefühlen von dem Auferstehungsglauben ausgeht, wird *christlich* vor allem in der Verknüpfung von Auferstehung und *Vergebung* deutlich. Vgl. dazu E. Drewermann: Ich steige hinab in die Barke der Sonne, a.a.O., 184–204: Verklärung und Vergebung; ders.: Milomaki oder vom Geist der Musik. Eine Mythe der Yahuna-Indianer, Olten 1991, 36–40.

[23] R.M. Rilke: Larenopfer (1895), Sämtliche Werke, a.a.O., I 32.

[24] Vgl. W. Scherf: Aschenputtel in aller Welt, in: Westermanns Monatshefte, 105. 1964, 12, 66–75, der die allseitige Beliebtheit des Märchens zu Recht darauf zurückführt, daß «jedes, auch das bestaufgehobene Kind, Einsamkeit und Verlassenheit» verstehen wird, «und sei es auch nur in der Vorstellung..., gedemütigt und erniedrigt zu sein.» (S. 66) Vgl. zu den Überlieferungsvarianten der Aschenputtel-Erzählung A.B. Rooth: The Cinderella Cycle, Lund 1951, 51, die den A-Typ der Geschichte in Ost-Europa festmacht.

[25] M. Arnold: Edvard Munch, Reinbek (rm 351) 1986, 10; 13–15. Ausführlich schildert Munch z.B. die Diskussion, die er als Junge mit seinem Vater über die Frage führte, wie lange die Ungläubigen in der Hölle leiden müßten – ob «nur» 1000 Jahre, wie er dachte, oder, wie der Vater meinte, tausendmal tausend Jahre (a.a.O., 14).

[26] Zur psychoanalytischen Deutung des Kain-und-Abel-Motivs der Geschwisterrivalität in den Mythen und Märchen vgl. E. Drewermann: Strukturen des Bösen, 3 Bde., Paderborn ⁶erw. 1988, II 267–294.

[27] Es ist in aller Regel das *ältere* Geschwister, das dem jüngeren die Existenz streitig macht; vgl. E. Drewermann: A.a.O., II 279–280. In der Grimmschen Erzählung fällt besonders auf, mit welcher Selbständigkeit die «Stiefgeschwister» das arme «Aschenputtel» dominieren; der Altersunterschied wird hier zwar nicht betont, aber doch stillschweigend vorausgesetzt. In der Biographie vieler «Aschenputtel»-Frauen wird man dementsprechend ein Verhältnis antreffen, wie das Grimmsche Märchen es darstellt: aus der Sicht des älteren Geschwisters ist das Aschenputtel-Mädchen eine einzige Zumutung und Belastung für alle Beteiligten; in der Sicht des Aschenputtel-Kindes aber darf das *ältere* Geschwister alles, was ihm selber verboten ist; das Ältere erscheint auch in der Bewertung der (Stief-)Mutter als klug und zuverlässig, während das «Aschenputtel» den Eindruck eines ständigen Problemkindes gewinnen muß, das froh zu sein hat, wenn es mitdurchgezogen wird.

[28] Zur Symbolik von *Drei* und *Vier* vgl. E. Drewermann: Strukturen des Bösen, II 36–37; M.L. von Franz: Zahl und Zeit. Psychologische Überlegungen an einer Annäherung von Tiefenpsychologie und Physik, Stuttgart 1970; Frankfurt (st 602) 1980, 102–103; bes. C.G. Jung: Versuch einer psychologischen Deutung des Trinitätsdogmas (1942), Werke XI, Olten 1963, 119–218, S. 206. Vgl. K.J. Obenauer: Das Märchen. Dichtung und Deutung, Frankfurt 1959, 81–91: Das Gesetz der Dreizahl, der (S. 92) auf die viermalige Wiederholung der Dreizahl im Aschenputtel-Märchen hinweist: 3 Mädchen, 3 Festabende, 3 Kleider, 3 Schuhproben.

[29] Zur methodischen Begründung der objektalen wie der subjektalen Interpretationsmethode vgl. E. Drewermann: Strukturen des Bösen, I. Bd., S. XXXI–XLVI; ders.: Tiefenpsychologie und Exegese, I 154–158.

[30] Die Geschwisterrivalität muß sich steigern im Feld des *Mangels;* vgl. zur Kain-und-Abel-Geschichte existenzphilosophisch E. Drewermann: Strukturen des Bösen, III 251–278.

[31] Über lange Zeit hin scheinen die (älteren) Geschwister im Erleben des «Aschenputtels» eine weit größere Rolle zu spielen als die (Stief-)Mutter – eine Eigentümlichkeit der Erzählung, die in der Interpretation natürlich entsprechend beachtet werden muß. Bes. B. BETTELHEIM: Kinder brauchen Märchen, übers. aus dem Amerik. von L. Mickel und B. Weitbrecht, Stuttgart 1977, 225–264, hat (S. 226–229) die ganze Aschenputtel-Geschichte zentral von der Geschwisterrivalität her interpretiert; das ist richtig, wenn dabei nicht untergeht, worin die «Rivalität» selbst ihren Inhalt besitzt: in der Liebe der Mutter und dem Gefühl, liebenswert zu sein.

[32] F. M. DOSTOJEWSKIJ: Die Erniedrigten und Beleidigten, aus dem Russ. übers. v. K. Nötzel, München (Goldmann Tb. 936–937), 4. Teil, 7. Kap., S. 330. Bes. die *Pflicht* zur Armut aufgrund der Identifikation *Nellis* mit dem Vorbild der erniedrigten Mutter wird in der Dostojewskischen Aschenputtel-Geschichte außerordentlich eindrucksvoll beschrieben.

[33] B. BETTELHEIM: Kinder brauchen Märchen, 243 meint richtig: «‹Asche zu Asche› ist nicht der einzige Spruch, der einen engen Zusammenhang zwischen dem Toten und der Asche herstellt. Sich mit Asche bestreuen ist ... ein Symbol der Trauer; in schmutzigen Lumpen herumzulaufen ist ein Symptom von Depression. So kann der Aufenthalt in der Asche sowohl angenehme Zeiten mit der Mutter in der Nähe des Herdes als auch den Zustand tiefer Trauer um diese innige Gemeinschaft mit der Mutter bedeuten.» Zur *Aschen-Urne* der Antike vgl. H. CHANTRAINE: Artikel *Urna*, in: K. Ziegler – W. Sontheimer – H. Gärtner (Hrsg.): Der Kleine Pauly, 5. Bd., München 1979, Sp. 1070.

[34] Zur Dialektik von *Herr und Knecht* vgl. G. W. F. HEGEL: Phänomenologie des Geistes, hrsg. v. J. Hoffmeister, Hamburg (Philos. Bibliothek 114) [6]1952, 146–150: «das arbeitende Bewußtsein kommt ... hierdurch zur Anschauung des selbständigen Seins *als seiner selbst*» (S. 149).

2. Das Geschenk des Vaters

[1] Zur *«Zentrierungsregel»* der Interpretation vgl. E. DREWERMANN: Tiefenpsychologie und Exegese, 1. Bd., Olten 1984, 212–218.

[2] Zu dem *Schema von Auszug und Rückkehr* vgl. E. DREWERMANN: A. a. O., I 397–413: das Motiv der besonderen Tat – das Motiv des besonderen Endes.

[3] Auf den *ödipalen* Charakter dieser Szene weist vor allem B. BETTELHEIM: Kinder brauchen Märchen, 237 richtig hin: «Die ödipalen Wünsche, die sich auf den Vater richten, werden verdrängt – außer der Erwartung, daß er ein zauberkräftiges Geschenk mitbringen wird.» «Aschenputtels Wunsch, die Mutter zu beseitigen, wird in den modernen Versionen (sc. des Aschenputtelmärchens, d.V.) völlig verdrängt und durch eine Verschiebung und eine Projektion ersetzt: es ist jetzt nicht mehr die Mutter, die im Leben des Mädchens die entscheidende Rolle spielt, sondern die Stiefmutter.» Dementsprechend muß man dann freilich zur Interpretation des *Grimmschen* Märchens von der *stiefmütterlichen* Behandlung des «Aschenputtels» als einer objektiven Bedingung für die Entstehung einer Aschenputtel-Psychologie ausgehen und darf nicht, wie BETTELHEIM es versucht, das Aschenputtel-Erleben als bloße Strafphantasie für die ödipalen Wünsche interpretieren; anderenfalls wird, wie bei BETTELHEIM, die für das Märchen sehr wichtige Ersetzung sogar der «Stiefmutter» durch die *Stiefschwester(n)* lediglich als eine uneigentliche Verstellung des ödipalen Zentralmotivs erscheinen. Gerade wenn man den Ödipuskomplex – zumindest in unserer Kultur – für eine notwendige Phase der seelischen Entwicklung ansieht, zeigt das Märchen von Aschenputtel die Sonderbedingungen auf, die im Unterschied zu dem «normalen» Erleben ein «Aschenputtel» hervorbringen; diese Bedingungen versteht man am besten, wenn man die Angaben des Märchens möglichst wörtlich nimmt: Armut, Tod, Trauer, Stiefmütterlichkeit, Geschwisterrivalität, Dienstmagddasein – man kann sich psychologisch nicht tief genug in das Ensemble dieser Angaben hineinversetzen.

[4] Vgl. E. DREWERMANN – I. NEUHAUS: Die Kristallkugel (KHM 197), Olten 1985, 48.

[5] Zur Deutung der Stelle vgl. E. DREWERMANN: Das Matthäus-Evangelium. Bilder der Erfüllung, 1. Bd., Olten 1992, 592–596.

[6] Vgl. zur Stelle E. DREWERMANN: A. a. O., I 571–578. Auf den zentral *religiösen* Faktor des Erlebens eines «Aschenputtels» weist vor allem R. MEYER: Die Weisheit der deutschen Volksmärchen, Stuttgart 1969, 180–181 hin: «Was ist Religion anderes als die Treue zum ‹Grabe der Mutter›? – *Erinnerung* an die versunkene Weisheit in einer Zeit, da die Tiefen des ahnenden Gemüts von Weltenkälte und Verstandesdünkel zugedeckt sind; *Glaube* an die Allgegenwart der Seele der Welt, indes die Menschenseele im Staube der Vergänglichkeit zum Dienste gezwungen wird.» «Man findet im Märchen die bösen Seelenkräfte oft zwiefältig dargestellt. Es offenbart sich darin ein intuitives Wissen, daß das Menschenwesen nach zwei Richtungen abirren kann: sei es zu allem, was Stolz und was Liebe zum eitlen Scheine in der Seele bewirkt, oder sei es, was sie innerlich erstarren läßt, indem es sie den Stoffesmächten ausliefert. In der Sprache der Geisteswissenschaft ist es die ‹luziferische› und die ‹ahrimanische› Verirrung.» Freilich gilt es, die «Frömmigkeit» des «Aschenputtels» nicht vorschnell zu idealisieren, sondern darin auch die Angstinhalte zu analysieren, die in dem depressiven Erleben des Kindes sich zu verfestigen drohen.

[7] S. KIERKEGAARD: Furcht und Zittern (1843), übers. v. L. Richter, Reinbek (rk 89) 1961, 75–112: zur Differenzierung des Ästhetischen, Ethischen und Religiösen am Beispiel Abrahams.

[8] Vgl. S. Kierkegaard: Die Krankheit zum Tode (1849), übers. v. L. Richter, Reinbek (rk 113) 1962, 31–33: die Verzweiflung der Endlichkeit. Vgl. dazu E. Drewermann: Strukturen des Bösen, III 460–479.

[9] B. Bettelheim: Kinder brauchen Märchen, 244 meint: «Wir können aus der Geschichte schließen, daß Aschenputtel über seinen Vater sehr enttäuscht, wenn nicht zornig gewesen sein muß, daß er ein böses Weib geheiratet hat.» Und S. 245: «Der Baum, den Aschenputtel auf das Grab der Mutter pflanzt und mit seinen Tränen begießt, ist einer der poetisch rührendsten und psychologisch bedeutsamsten Züge des Märchens. Er ist ein Symbol dafür, daß die Erinnerung an die idealisierte Mutter der Kindheit dann, wenn sie als wichtiger Teil der inneren Erfahrung lebendig erhalten wird, uns selbst im schlimmsten Unglück stützt und trägt.»

[10] S. Freud: Die Traumdeutung (1900), Werke II/III, London 1942, 383–387, S. 383.

[11] S. Freud: A. a. O., II/III 365–366. K. Asper: Verlassenheit und Selbstentfremdung, Olten 1987; München (dtv) 1990, 154–155, sieht in dem «Hut» des Vaters ein «Symbol kollektiver Werte, die einer vertritt (Jägerhut, Bäckerhaube, Doktorhut)» und meint: «Narzißtisch versehrte Menschen ... hüten sich unter alten Hüten, die einen Hut wert sind, um nicht die für sie quälende Forderung nach einer eigenständigen Sicht erfüllen zu müssen.» Doch dann müßte erzählt werden, daß «Aschenputtel» sich selber des Vaters Hut aufsetzen möchte; davon aber kann keine Rede sein, eher schon von dem Wunsch, den Vater zu «entmachten» und ihm seiner Überhöhung zu entkleiden. Richtig ist es, wenn K. Asper (S. 265–266) den Haselbaum später als «Selbstsymbol» des «Aschenputtels» deutet.

[12] Diese Bedeutung klingt in dem Grimmschen Märchen nur an; sie entspricht aber der B-Variante des Erzählstoffes bei M. R. Cox: Cinderella, 53 ff.; s. o.: Von Quelle und Strömung, Anm. 14. Das Grimmsche Märchen *Allerleirauh* (KHM 65) ist dafür das klassische Vorbild. Doch ist auch der Unterschied deutlich: *«Aschenputtel» ist* schon die Verstoßene, ehe der Vater mit dem «Haselzweig» zu ihm kommt, während *«Allerleirauh»* erst durch die (ödipale) Liebe des Vaters in das Dilemma seines Lebens gestürzt wird.

[13] Die Psychodynamik der *Schlagephantasie* hat S. Freud: Ein Kind wird geschlagen. Beitrag zur Kenntnis der Entstehung sexueller Perversionen (1919), Ges. Werke XII, London 1947, 195–226 klassisch beschrieben: «Das: Der Vater liebt mich, war im genitalen Sinne gemeint; durch die Regression (sc. der Libido auf die prägenitale, sadistisch-anale Organisation des Sexuallebens, d. V.) verwandelt es sich in: Der Vater schlägt mich (ich werde vom Vater geschlagen). Dies Geschlagenwerden ist nun ein Zusammentreffen von Schuldbewußtsein und Erotik; es ist nicht nur die Strafe für die verpönte genitale Beziehung, sondern auch der regressive Ersatz für sie, und aus dieser letzteren Quelle bezieht es die libidinöse Erregung... Dies ist aber erst das Wesen des Masochismus» (209). Auf diese Weise erklärt sich vor allem die Ersetzung aller Eigenaktivitäten durch die sonderbare *Passivität* des «Aschenputtels» sowie das, was Freud den «Kleinheitswahn der Neurotiker» nannte und von dem er meinte, er sei «bekanntlich auch nur ein partieller und mit der Existenz von Selbstüberschätzung aus anderen Quellen (sc. des Ödipuskomplexes, d. V.) vollkommen verträglich» (214).

[14] Bes. J. M. Masson: Was hat man dir, du armes Kind, getan? Sigmund Freuds Unterdrückung der Verführungstheorie, Hamburg 1987 hat auf die «objektale» Realität der Erinnerungen vieler Frauen an die sexuelle Verführung durch ihre Väter hingewiesen. Die Problematik des sexuellen Mißbrauchs von *Jungen* schildern N. Glöer – I. Schmiedeskamp-Böhler: Verlorene Kindheit. Jungen als Opfer sexueller Gewalt, München 1990.

[15] M.-L. von Franz: Erlösungsmotive im Märchen, München 1986, 31, sieht in dem *Haselstock* ein Bild «unpersönlicher Wahrhaftigkeit und Objektivität» und erinnert an ein Königszepter als an ein «unpersönliches Autoritätsprinzip»; die «phallische» Bedrohung in dieser Symbolsprache übergeht sie. Zum *Haselbaum* meint F. Lenz: Bildsprache der Märchen, Stuttgart 1971, 166–167: «Alte Bauernweisheit pflanzte den Haselbusch in die vier Ecken des Gartens und längs der Zäune, weil er kosmische Kräfte hereinzieht, die der Erde not tun. Haselnüsse haben einen hohen Nährwert, sie stärken die Nerven und geben Lebenskraft. Es hat sicher auch seinen guten Grund, daß die Rutengänger gerade die Haselrute verwenden. Der lebenstrotzende, Lebenskraft hereinholende Haselbaum wurde zum Wahrbild des Lebensbaumes schlechthin. Ihn preisen die Volkslieder. Ein Zweig von ihm schützt z. B. vor der ‹Schlange›. Die keltische Mythologie erzählt: Der Salmo der Weisheit schwimmt in dem dunklen Gewässer unter den neun Haselnußbäumen.» H. von Beit: Symbolik des Märchens. Versuch einer Deutung, Bern 1952, 726, verweist darauf, daß Haselnüsse und Haselstöcke unter der Leiche und unter dem Totenbaum ... in «Gräbern zumal alemannischer Herkunft» gefunden wurden. R. Meyer: Die Weisheit der deutschen Volksmärchen, Stuttgart 1969, 180–181 erinnert an die «Wurzel Jesse» sowie an die Kinderlegende der Brüder Grimm *Die Haselrute* (Nr. 10), die erzählt, wie die Haselstaude die Madonna vor der Schlange rettet. Hier wird der Haselbaum zu einem (mütterlichen) Paradiesbaum, der alles Böse fernhält. – *Historisch* dürfte die hohe Wertschätzung des Haselbaumes auf die Nahrungsgewohnheiten der Altsteinzeit während der Kaltperioden zurückgehen: «Millionen von Haselnußschalen (sc. aus einer Zeit vor über 20 000 Jahren, d. V.) machen deutlich, daß sich für altsteinzeitliche Sammler und Jäger in den Kaltzeiten das Angebot an Frischkost außer auf Fleisch und Fisch auf Haselnüsse reduzierte. Diese letzten Vitaminträger konnte man ... immerhin längere Zeit aufbewahren. Zur Zeit der Renjäger (sc. um 15 000 v. u. z., d. V.) fand nicht einmal mehr der Haselstrauch Lebensmöglichkeiten.» G. Kehnscherper: Hünengrab und Bannkreis. Von der Eiszeit an – Spuren früher Besiedlung im Ostseegebiet. Leipzig – Jena – Berlin 1983, 51. – Zur Symbolik des *Vogels* als Seelensymbol vgl. E. Drewermann – I. Neuhaus: Der goldene Vogel (KHM 57), Olten 1982, 35–36; E. Drewermann: Tiefenpsychologie und Exegese, 2. Bd., Olten 1985, 511–541: Altägyptische Analogien zu den christlichen Jenseitshoffnungen, bes. S.

516: zum Bild des Ba-Vogels; DERS.: Der Herr Gevatter. Der Gevatter Tod. Fundevogel, Olten 1990, 74–78. Zur näheren Bedeutung der *Taube* (s. u. 3). Die Hochzeit des Königs, Anm. 10 ff. F. LENZ: Bildsprache der Märchen, 167 weist auf den Zusammenhang von *Gebet* und *reinem Gewissen* in dem Bild des *weißen Vogels* hin: «Wenn die Seele Erinnerungen bewahrt an ihre mütterliche Ursprungswelt und Verinnerlichung pflegt im Gebete, dann wachsen in ihr Lebenskräfte wie ein Baum empor. Leise wird dabei auf ein wichtiges Gesetz hingewiesen, auf Wiederholung und Rhythmus. Nicht das einmalige Gebet gibt der Seele genügend Kraft, sondern das wiederholte. Wirkt doch alle Wiederholung stärkend auf den inneren Menschen. Betet man regelmäßig – dreimal täglich –, sagt das Märchen, so verleibt man sich eine geistige Kraft ein, die wie eine zweite, höhere Natur in uns sproßt und wächst, die ein Lebensbaum wird. Dann senkt sich die Gnade reiner Geistigkeit auf ihn herab, das weiße Vöglein. Dieses weiße Vöglein ist nichts anderes als die Taube im Bereich biblischer Erzählung.» – Zu erinnern ist auch an all die Varianten des Märchens, in denen nach dem Vorbild des *Erdkühleins* die verstorbene Mutter in der Gestalt eines helfenden Tieres wiederkehrt; s.o. Von Quelle und Strömung, Anm. 15. B. BETTELHEIM: Kinder brauchen Märchen, 247 meint: «Aschenputtels Weinen über dem eingepflanzten Zweig zeigt, daß die Erinnerung an die tote Mutter in ihm lebendig geblieben ist; aber so wie der Zweig wächst, wächst in Aschenputtel auch die internalisierte Mutter.» – «Aschenputtels Gebete ... zeugen davon, daß es voller Hoffnung ist ... das Urvertrauen stellt sich wieder ein ... Der kleine weiße Vogel ... ist der ... Geist der Mutter ..., den sie ihrem Kind durch ihre Fürsorge übermittelt. Es ist der Geist, der dem Kind ursprünglich als Grundvertrauen eingepflanzt worden ist.» K. J. OBENAUER: Das Märchen. Dichtung und Deutung, Frankfurt 1959, 135–147, bes. S. 142, verweist auf die weiße Taube als «Seelenvogel». K. ASPER: Verlassenheit und Selbstentfremdung (s. o. Anm. 11), 287, spricht sehr schön von einer «Orientierung aus Leiden» im Umkreis des «Aschenputtel»-Erlebens: ‹Tiefgefühlter Schmerz geht einher mit Sehnsüchten und Wünschen... Wer jedoch Schmerz und Trauer wirklich fühlt, wird sich seiner Wünsche inne und kann diese wie Aschenputtel... unter dem Baum... ausphantasieren.»

3. Die Hochzeit des Königssohnes

[1] Zur Psychologie des *jus primae noctis* vgl. S. FREUD: Das Tabu der Virginität (1918), Ges. Werke XII, London 1947, 161–180, S. 174: «Dem Motiv des früheren (sc. ödipalen, d. V.) Sexualwunsches scheint die Sitte der Primitiven Rechnung zu tragen, welche die Defloration einem Ältesten, Priester, heiligen Mann, also einem Vaterersatz ... überträgt. Von hier aus scheint mir ein gerader Weg zum vielbestrittenen Ius primae noctis des mittelalterlichen Gutsherren zu führen.»

[2] Vgl. P. VON MATT: Liebesverrat. Die Treulosen in der Literatur, München – Wien 1989, 67–78: Die Unvereinbarkeit von Liebe und Ehe, S. 67: «Im Feudalismus ist die Ehe, was die Chancen einer schlagartigen ökonomischen Verbesserung betrifft, nur mit den Aussichten eines Kriegszugs zu vergleichen. Die feudale Ehe wird, solange es feudalistische Sozialstrukturen gibt, mit der gleichen Umsicht, strategischen Planung und gegebenenfalls todesmutigen Tapferkeit vorbereitet, geschlossen und vollzogen wie eine militärische Kampagne.» S. 68: «Den vollen Durchbruch zur expliziten Forderung nach einem Zusammenfall von radikaler Liebe und Ehe markiert die Romantik.»

[3] Zur Stelle vgl. H.W. HERTZBERG: Die Samuelbücher, ATD 10, Göttingen ^{2}1960, 53–57: «Der König, der in die private Sphäre der Untertanen eingreift und über Acker, Vieh, Gesinde, ja Söhne und Töchter zu verfügen ‹berechtigt› ist, ist wirklich ein Herrscher, ‹wie ihn alle (Heiden)völker haben›.» Zum königlichen *Harem* als Privileg des Königs und als Zeichen von Reichtum und Macht vgl. R. DE VAUX: Das Alte Testament und seine Lebensordnungen, übers. v. L. Hollerbach, 1. Bd., Wien – Freiburg 1963, 187–190.

[4] Zur Stelle vgl. A. WEISER: Die Psalmen, 1. Bd., ATD 14, Göttingen ^{6}1963, 242–246. Der Psalm ist «ein Preisgesang auf einen jungen König und seine Gemahlin, eine Prinzessin von Tyrus (V 13), der von einem Hofsänger zur Hochzeit des Herrschers gedichtet und vorgetragen wurde. Vermutlich galt das Lied einem König des Nordreichs» (S. 243). Der Segen Gottes (?) erweist sich nicht nur in der Schönheit der Gestalt des Prinzen, sondern mehr noch «in kriegerischen Erfolgen» (244).

[5] Vgl. a. a. O., 245.

[6] Vgl. E. DREWERMANN: Kleriker. Psychogramm eines Ideals, Olten 1989, 330; 499–525.

[7] E. DREWERMANN: A. a. O., 381–385.

[8] G.B. SHAW: Pygmalion, London 1913; dt. übers. v. S. Trebitsch, Berlin 1913.

[9] Zu dem Unterschied zwischen «Gewissen» und «Sozialangst» in der Ichentwicklung vgl. A. FREUD: Wege und Irrwege in der Kinderentwicklung (1965), Stuttgart 1968, 50: «Aus den Ängsten vor Objektverlust, Liebesverlust und Strafe, denen das hilflose Kind ausgesetzt ist, wächst die Erziehbarkeit der Kinder, die sich im erwachsenen Leben als ‹soziale Angst› äußert. Die Gewissensangst, die aus der Internalisierung der elterlichen Autorität stammt, führt in direkter Linie zu den neurotischen Konflikten.»

[10] Vgl. W. RICHTER: Art. Taube, in: Der Kleine Pauly, Lexikon der Antike in fünf Bänden, hrsg. v. K. Ziegler, W. Sontheimer, H. Gärtner, München (dtv 5963) 1979, V 534–535; F. SÜHLING: Die Taube als religiöses Symbol, 1930. – Zum Bild der *Astarte* vgl. M.H. POPE – W. RÖLLIG: Syrien, in H.W. Haussig (Hrsg.): Wörterbuch

der Mythologie, 1. Bd.: Götter und Mythen im Vorderen Orient, Stuttgart 1965, 250–252. Die *Taube* ist auch das Tier der «Herrin von Karkemisch», der hethitischen Göttin *Kubaba* (E. von Schuler: Kleinasien, a.a.O., I 183) sowie der punischen *Tinnit* (Pope – Röllig, a.a.O., I 311–312). In Mekka gab es einen Gott Muṭ'im aṭ-ṭair, dessen Namen bedeutet: «der die Vögel füttert»; Tauben waren die heiligen Vögel von Mekka (M. Höfner: Nord- und Zentralarabien, a.a.O., I 456). Zum Fortleben der *Astarte* vgl. J.M. Blázquez: Die Mythologie der Althispanier, a.a.O., Bd. 2: Götter und Mythen im Alten Europa, Stuttgart 1973, 727–733.

[11] Vgl. E. Simon: Die Götter der Griechen, München 1985, 229–254, S. 234; 239; 252. Tauben waren der Aphrodite bzw. der aphrodisischen Göttin «Dione» (der weiblichen Form des Zeus) heilig. Im dritten Schachtgrab von Mykene «wurden kleine Bilder einer nackten Göttin gefunden ... Die Göttin greift sich mit beiden Händen an die Brust, in einem für die orientalische Liebesgöttin wohlbekannten Gestus. Vögel umflattern sie ...» (Abb. 225–226, S. 239). Im Kult der «Aphrodite Pandemos» zu Athen wurde das Heiligtum «rituell mit dem Blut einer Taube gereinigt. Im architektonischen Schmuck des Bezirks dieser Pandemos waren Tauben verwendet ... Die heiligen Vögel der Göttin bilden einen zierlichen Fries und halten dicke, geknotete Kultbinden in den Schnäbeln.» – Bemerkenswert erscheint in diesem Zusammenhang auch der aus Ton gefertigte Vogelwagen von Dupljaja in Banat (Jugoslawien) aus dem 14.–13. Jh. v. Chr., «bestehend aus einem Wagenkasten mit einem eingeritzten Sonnenzeichen, einer plastischen Vogelfigur und zwei vorderen Vogelprotomen, zwischen denen ein Rad läuft.» Dieser Wagen steht offenbar in Verbindung mit dem Totenkult. H. Müller-Karpe: Das Vorgeschichtliche Europa, Baden-Baden 1968, 106 (Abb. 77); 111–113. Vgl. dazu auch L. Mackensen (Hrsg.): Handwörterbuch des deutschen Märchens, II Berlin 1934/1940, 368–369, zu dem «Fahrzauber» im Totenkult und der magischen Weggeleitung durch Vögel.

[12] Vgl. L.-A. Bawden: The Oxford Companion to Film, London 1976; dt.: rororo Filmlexikon, ed. v. W. Tichy, 1. Bd., Reinbek 1978, 77–78: A. Hitchcock: The Birds, USA 1963.

[13] Daß die Tauben «rein lesen», bemerkten schon die Brüder Grimm: Kinder- und Hausmärchen, hrsg. v. H. Rölleke, Stuttgart 1980, Bd. 3: Originalanmerkungen, Herkunftsnachweise, Nachwort, S. 38.

[14] Zum Motiv der Vögel als «Hilfstiere» vgl. K. Heckscher: Art. Geflügel, in: L. Mackensen (Hrsg.): Handwörterbuch, s.o. Anm. 11, Bd. II, 352–388, S. 377–378. Vgl. auch K.J. Obenauer: Das Märchen. Dichtung und Deutung, Frankfurt 1959, 188–205: Der Tierhelfer und sein Gegenbild; bes. 137–139: zu dem Seelen- und Totenvogel.

[15] Als Charaktereigenschaften der *Taube* galten seit dem Altertum «Furchtsamkeit, Zärtlichkeit, Gattenliebe und Treue zum Geschlechtspartner». «Der ‹zärtliche› und gewaltlose Charakter macht die Taube im Sprichwort zum Inbegriff von Liebe und Sanftmut, aber auch von Ängstlichkeit ... und naiver Leichtgläubigkeit ... Oft wird die Antithese Taube – Adler (Rabe) auf menschliche Verhaltensgegensätze übertragen.» W. Richter: Art. Taube, in: Der Kleine Pauly, s.o. Anm. 10, V 535; 536.

[16] Zur Stelle vgl. U. Luz: Das Evangelium nach Matthäus 1/2 (Mt 8–17), Zürich – Braunschweig – Neukirchen – Vluyn 1990, 109: «Die Taube war für Griechen und Juden ein Vorbild der Lauterkeit, Wehrlosigkeit und Reinheit.» Vgl. auch H. Greeven: Art. *peristerá,* in: Theologisches Wörterbuch zum Neuen Testament, Bd. 6, hrsg. v. G. Friedrich, Stuttgart 1959, 63–72, bes. S. 69.

[17] Vgl. W. Richter: Artikel Taube, in: Der Kleine Pauly, s.o. Anm. 10, V 536.

[18] H. von Beit: Symbolik des Märchens. Versuch einer Deutung, Bern 1952, 729, sieht in der «Asche» die «Restmaterie» des «Mütterlichen» und in dem Sammeln der Linsen, einem Fruchtbarkeitssymbol, «ein Unterscheiden und Ausscheiden im Chaos des Unbewußten». H. Wöller: Aschenputtel. Energie der Liebe, Zürich 1984, 58–63, S. 62 meint, es gehe bei dem Sortieren der Linsen und Erbsen aus der Asche um das «Unterscheiden von Totem und Lebendigem». «Linsen und Asche haben eine ähnliche Farbe; wenn beide vermengt sind, ergibt das ein für das Auge ununterscheidbares Gemisch.» Und S. 58–59: «Linsen sind eine alte Kulturpflanze, schon seit dem 3. Jahrtausend vor Christus in Ägypten bekannt. Linsen sind Samenkörner, fruchtbare Keime, und wie alle Hülsenfrüchte gelten sie seit alters speziell als weibliches Fruchtbarkeitssymbol. Sie in die Asche zu schütten bedeutet, sie am Keimen zu hindern, das Saatgut zu vergeuden. Wenn die Stiefmutter Aschenputtel das weibliche Fruchtbarkeitssymbol in die Asche schüttet, entspricht das einem Todeswunsch: Du sollst sterben, bevor du zu leben begonnen hast. Immer wieder begleitet sie ihre Abwehr mit der Begründung: ‹Du hast keine Kleider, und du kannst nicht tanzen.›» Leider geht die Autorin auf die psychische Bedeutung dieser ihrer eigenen Feststellungen nicht weiter ein, indem sie im folgenden den *sumerischen* Mythos von *Ischtars* Höllenfahrt mit dem Aschenputtel-Märchen assoziiert und in der «Stiefmutter» die Todesgöttin *Ereschkigal* wiederzuerkennen meint; natürlich dreht sich damit der Sinn der ganzen Deutung ins Gegenteil: Ischtar geht in die Unterwelt, um den verstorbenen Vegetationsgott *Dumuzi* zu retten; demgegenüber ist das «Aschenputtel» der Grimmschen Erzählung weder das «Opfer» noch die «Erlöserin» «des» Mannes, – von «patriarchaler Abwertung des Weiblichen» (S. 63) ist hier beim besten Willen nichts zu sehen, es sei denn, man wollte die «Stiefschwestern» und die «Stiefmutter» für patriarchalisch korrumpierte Frauen und mithin für Agentinnen der «alle Überlieferungen weiblicher Religion» ausmerzenden patriarchalen Kultur erklären, wie die Autorin es in der Tat behauptet. Weit zwangloser erinnern auf der Suche nach Vorbildern die Brüder Grimm: Kinder- und Hausmärchen, s.o. Anm. 13, Bd. 3, 38 zum Vergleich mit dem gedemütigten «Aschenputtel» an die *Gudrun*-Sage: «Gudrun muß im Unglück Aschenbrödel werden, sie soll selber, obgleich eine Königin, Brände schüren und den Staub mit dem eigenen Haar abwischen.» Zur *Gudrun-Sage* vgl. W. Wägner: Nordisch-germanische Götter- und Heldensagen, Leipzig 1934, 444–455. K. Simrock (Übers.): Kudrun, eingel. u. überarb. v. F. Neumann, Stuttgart (reclam 465–67) 1958, 20. Abenteuer, Str. 995, S. 156: «Da

sprach die Teufelinne (sc. Gerlind, d.V.) zu der schönen Maid (sc. Kudrun, d.V.): ‹Willst du nicht Freude haben, so mußt du haben Leid. Blick um dich allenthalben, ob wer das von dir wende. Du mußt mein Zimmer heizen und mußt nur selber schüren die Brände.›» Und Str. 999, S. 157 «Du dünkest dich so vornehm, das ist leicht zu sehn, Dir muß davon hier oftmals Mühseligkeit geschehn. Deinen Sinn, den grimmen, will ich dir wohl verleiden. Von allen hohen Dingen will ich dich niederbringen und scheiden.»

[19] Der «Sinn» der Mißhandlungen des *«Aschenputtels»* durch die «Stiefmutter» liegt in der konsequenten Demütigung der «Königin» in dem Mädchen; hier liegt tatsächlich eine gewisse Verwandtschaft zur Psychologie der *Kudrun*-Gestalt.

[20] Vgl. dazu W. SCHERF: Lexikon der Zaubermärchen, Stuttgart 1982, 415–419.

[21] T. WILLIAMS: The Glass Menagerie, New York 1945; dt.: Die Glasmenagerie. Ein Spiel der Erinnerung, übers. v. B. Viertel, Bad Nauheim 1947; Neudruck: Frankfurt (Fischer Tb. 52) 1954.

[22] J. RAPPER (Reg.): Die Glasmenagerie, USA 1950.

[23] Vgl. H. SCHULTZ-HENCKE: Lehrbuch der analytischen Psychotherapie, Berlin 1951; Neudruck: Stuttgart 1965, 42–46: Härte und Verwöhnung als hemmende Faktoren.

[24] H. VON BEIT: Symbolik des Märchens. Versuch einer Deutung, Bern 1952, 729–730, sieht in den Gewändern die «symbolische Darstellung der inneren Einstellungsänderung. Gewandwechsel bedeutet Erneuerung.» Zu der Farbe *Golden* vgl. I. RIEDEL: Farben. In Religion, Gesellschaft, Kunst und Psychotherapie, Stuttgart 1983, 89–90, die das Gold als Farbe der Sonne als Symbol der Ewigkeit und Unsterblichkeit, der Erfüllungszeit und der Endzeit versteht. Im *Weiß* sieht sie die Farbe des Totengeleits (S. 186), ein «Lichtsymbol, das, weiß über dem Sumpfwasser blühend, das Unreine überwindet», ein «Auferstehungssymbol» (182), die «Farbe des Anfangs» und «der Initiation» (180), «das noch Undefinierbare, Schemenhafte» (180). C.G. JUNG: Zur Empirie des Individuationsprozesses (1950), Werke IX 1, Olten 1976, 309–372, S. 325 meint: «Gold drückt Sonnenlicht, Wert, ja Göttlichkeit aus.» Vgl. a.a.O., S. 334, wo er «silbern» mit Mond und «golden» mit Sonne zusammenbringt.

[25] W. WICKLER: Stammesgeschichte und Ritualisierung. Zur Entstehung tierischer und menschlicher Verhaltensmuster, München (1970), dtv 4166, 1975, S. 164 f. beschreibt den *Balztanz* z.B. der Putzerfische; – so tief hinab, erdgeschichtlich bis ins Silur vor über 400 Millionen Jahren womöglich, reichen die Erbkoordinaten der Tanzbewegungen und -anlässe!

[26] Vgl. I. EIBL-EIBESFELDT: Menschenforschung auf neuen Wegen. Die naturwissenschaftliche Betrachtung kultureller Verhaltensweisen, Wien – München – Zürich 1976, 250–253, zum Legong-Tanz auf Bali.

[27] Vgl. I. EIBL-EIBESFELDT: Liebe und Hass. Zur Naturgeschichte elementarer Verhaltensweisen, München – Zürich 1970, 67–69: «Wie die tierischen Ausdrucksbewegungen, so sind auch die menschlichen Riten im Grunde Signale. Sie signalisieren Macht, Unterwerfung, Freundschaft und dergleichen mehr. Eine sehr wichtige Funktion der Riten ist die des Gruppenzusammenhaltes.» (69) Vgl. a.a.O., 225–228: zum Imponier- und Beschwichtigungstanz der Waika-Indianer.

[28] R.M. RILKE: Advent (1897), in: Sämtliche Werke, hrsg. durch E. Zinn, 1. Bd., Frankfurt 1955, 99–141, S. 133–134.

[29] S. MONNERET: Renoir, aus dem Franz. übers. v. St. Barmann, Köln 1990.

[30] A.a.O., 97.

[31] Als erster hat O. RANK: Das Inzestmotiv in Dichtung und Sage. Grundzüge einer Psychologie des dichterischen Schaffens, Leipzig – Wien 1912 den Versuch einer Psychoanalyse der Literatur vorgelegt.

[32] Vgl. dazu VORETZSCH: Allerleirauh, in: L. Mackensen (Hrsg.): Handwörterbuch des deutschen Märchens, Bd. 1, Berlin – Leipzig 1930/33, 47–49, der die Geschichte «mit dem Gedanken der mittelalterlichen Schicksalsromane» vergleicht, «welche dem Helden wohl großes Unrecht und Ungemach widerfahren lassen, ihn aber schließlich in seinen alten Stand zurückführen.» (48) Dabei geht freilich das psychologisch wichtigste Motiv völlig unter: die sexuelle Bedrohung der Tochter durch den Vater. B. BETTELHEIM: Kinder brauchen Märchen, s.o. 1): Der Tod der Mutter, Anm. 31, S. 251 spricht sehr richtig davon, «daß er (der Königssohn, d.V.) Aschenputtel nicht für sich gewinnen kann, solange es in einer ödipalen Beziehung an seinen Vater gebunden ist, und daß er es deshalb nicht selbst verfolgt, sondern Aschenputtels Vater bittet, es für ihn zu tun.» Das «ödipale» Motiv existiert wirklich; doch zeigt ein Märchen wie *«Allerleirauh»*, daß die «Verfolgung durch den Vater» keinesfalls nur eine subjektive Phantasie des Mädchens sein muß, die wach wird, sobald es versucht, seinen «Prinzen» liebzugewinnen, sondern es kann eben auch umgekehrt sein und stellt die reale Erinnerung vieler Frauen dar, die als «Aschenputtel» oder «Allerleirauh» haben leben müssen: es ist und war die Angst vor der sexuellen Bedrohung durch den Vater, die auch die Liebe zu einem anderen Mann als dem Vater mit Fluchttendenzen belegte. Das Paradoxe ist, daß am Ende die Flucht vor dem Geliebten (als Vaterstellvertreter) sich in eine Flucht in die Arme des Geliebten (und damit in die Anerkennung durch den Vater) verwandeln kann. Ehe eine solche Verwandlung der Gefühle nicht wirklich verstanden ist, hat man auch das «Aschenputtel»-Märchen noch nicht wirklich verstanden. Methodisch gilt: man sollte die Angaben der Märchen als erstes möglichst «real» zu lesen suchen, ehe man sie als allgemeine («ödipale») Phasenmomente einer «typischen» weiblichen (oder männlichen) Entwicklung zur Herausbildung der eigenen Identität interpretiert; zu viele spezifische Details einer Erzählung gehen sonst verloren.

[33] Zum *Spiralaufbau* der Märchen vgl. E. DREWERMANN: Tiefenpsychologie und Exegese, 1. Bd., Olten 1984, 188–190; 378.

[34] Vgl. W. BAUER – I. DÜMOTZ – I. GOLOWIN: Lexikon der Symbole, Wiesbaden 1980, 206; 209; 210; vgl. auch H. GREEVEN: Art. *peristerá*, ThWNT, s.o. Anm. 16, Bd. VI 63–72.

[35] B. BETTELHEIM: Kinder brauchen Märchen, 252 sieht richtig, wenn er meint: «Aschenputtels Weglaufen ... könnte man als einen Versuch ansehen, seine Jungfräulichkeit zu bewahren.» Doch bringt er diese Einsicht nicht in den Zu-

sammenhang mit der Flucht*richtung* des «Aschenputtels»; vielmehr deutet er *«Taubenhaus»* und *«Birnbaum»* einfach als «die magischen Gegenstände, die bis dahin (?) Aschenputtel geholfen haben. ... Aschenputtel muß seinen Glauben an die magischen Gegenstände und sein Vertrauen auf ihre Hilfe aufgeben, wenn es sich in der Welt der Realität zurechtfinden will. Der Vater hat das offenbar begriffen, und so zerstört er Aschenputtels Verstecke.» Man versteht in dieser Deutung durchaus nicht, warum der «Vater» dem «Aschenputtel» gegenüber plötzlich derart hilfreich sein sollte, und vor allem: worin der *Sinn* dieser vermeintlichen «Magie» liegen könnte; zudem wird die innere Entfaltung nicht deutlich, die vom Versteck im *«Taubenhaus»* über den *«Birnbaum»* hinüberführt zu dem schließlichen Gefundenwerden und Auf-einander-zugehen von «Aschenputtel» und «Königssohn». Die *Symbolik* in den Flucht*orten* und Flucht*arten* des «Aschenputtels» bedarf einer eigenen Auslegung, um immerhin ein Drittel des ganzen Märchens richtig zu interpretieren! E. BERNE: Was sagen Sie, nachdem Sie ‹Guten Tag› gesagt haben. Psychologie des menschlichen Verhaltens, übers. v. W. Wagmuth, München (Kindler Tb. 2192) 1975, 205 versucht, die Rollen von «Aschenputtel», «Stiefmutter» und «Vater» in der PERRAULTschen Fassung so wiederzugeben: *«Aschenputtel.* Es hat eine glückliche Kindheit, muß dann aber so lange leiden, bis ein ganz bestimmtes Ereignis eintritt. Die entscheidenden Szenen sind jedoch zeitstrukturiert. Es kann das Leben genießen, wie es ihr gefällt, bis die Uhr Mitternacht schlägt, dann muß sie sich wieder in ihren früheren Zustand zurückverwandeln. Aschenputtel hat es vermieden, selbst mit ihrem Vater das Spiel ‹Ist das nicht schrecklich?› zu spielen, und es ist einfach ein melancholisches, einsames Mädchen, bis die eigentliche Aktion mit dem Ball beginnt. Hier spielt es zunächst das Spiel ‹Hasch mich!› mit dem Prinzen, und später dann, mit einem skriptgebundenen Lächeln, das Spiel ‹Ich habe ein Geheimnis› mit seinen Schwestern. Der Höhepunkt wird erreicht mit einem rasanten Spiel: ‹Jetzt sagt sie's uns aber!›, dann nämlich, wenn Aschenputtel mit einem neckischen Lächeln den Spielgewinn für sein Gewinner-Skript ‹kassiert›. *Der Vater.* Vom Vater verlangt das Skript, daß er seine erste Frau verliert und dann eine herrische (und vermutlich auch frigide) Frau heiratet, die ihm selbst und seiner Tochter aus erster Ehe viele Leiden und Unannehmlichkeiten bereitet. Aber, wie sich bald zeigen wird, hat der Vater noch einen Trumpf in der Hand. *Die Stiefmutter:* Sie hat ein Verlierer-Skript. Auch sie spielt das Spiel: ‹Jetzt sagt sie's mir aber›, indem sie den Vater zuerst dazu verführt, sie zu heiraten, und indem sie ihre wahre boshafte Natur erst kurz nach der Trauung zu erkennen gibt. Sie lebt durch ihre Töchter, und sie hofft aufgrund ihres hinterhältigen Benehmens für ihre Töchter einen fürstlichen Lohn einzuheimsen. Aber letzten Endes ist sie dann doch Verliererin.» Der *Vorteil* einer solchen *Rollen*-Typisierung besteht darin, komplexe Verhaltensmuster in einfachen Schemata wiederzugeben; der *Nachteil* liegt darin, daß man darüber sehr leicht blind wird für die wirklichen Akteure solcher «Spiele». Was übrig bleibt, ist ein Behaviorismus in Bildern und Szenen, ein Puppenspiel ohne einen wirklichen Grund seiner Aufführung, ein «Skript» ohne Innenansicht seines «Autors»: Welch einem «Aschenputtel» sollte es z.B. wohl helfen, sagte man ihm: «Sie müssen aber jetzt aufhören, das Spiel ‹Hasch mich› weiterzuspielen»? – H. WÖLLER: Aschenputtel, Zürich 1984, 81–82 weist zu Recht auf die gewalttätige Art des Vaters beim Zerschlagen des *«Taubenhauses»* und des *«Birnbaums»* hin, spricht dann aber zu allgemein «von der weiblichen Seele» und ihren Mißhandlungen durch den «patriarchalischen» Mann.

[36] Zur *Baumsymbolik* vgl. E. DREWERMANN: Strukturen des Bösen, 3 Bde. Paderborn 1977–78, II 52–69.

[37] A. a. O., II 61; 66–69.

[38] A. a. O., II 66. K. KOCH: Der Baumtest. Der Baumzeichenversuch als psychodiagnostisches Hilfsmittel, Bern – Stuttgart 1949.

[39] E. DREWERMANN: Strukturen des Bösen, s. o. Anm. 36, II 60–61.

[40] Zum Zusammenhang von «oraler» Gehemmtheit und «Depression» vgl. a. a. O., II 62–66.

[41] Die Vorstellung, daß Frauen auf der Flucht vor ihrem männlichen Verfolger selber in *Bäume* sich verwandeln, ist in den Erzählungen der Völker ein beliebtes Motiv; am eindrucksvollsten in der Erzählung des OVID: Metamorphosen I 452–567 von *Daphne,* die, auf der Flucht vor *Apoll,* sich in einen *Lorbeerbaum* verwandelt. Vgl. J. BROSSE: Mythologie der Bäume, aus dem Franz. übers. v. M. Jacober, Olten 1990, 167–175 mit weiteren Beispielen von *Leuke* der Silberpappel, *Philyra* der Linde, *Pitys* der Schwarzkiefer, *Karya* dem Nußbaum, *Phyllis* dem Mandelbaum usw. Zur Baumsymbolik vgl. auch H. W. HAMMERBACHER: Irminsul. Das germanische Lebensbaum-Symbol in der Kulturgeschichte Europas, Kiel 1984, 39–49 zu Ursprung und Gestalt der Irminsul, die «das Wunder des sich entfaltenden Lebens» ausgedrückt haben soll (46). M. LURKER: Der Baum in Glauben und Kunst unter besonderer Berücksichtigung der Werke des Hieronymus Bosch, Baden-Baden 1976 (2. erw. Aufl.), 94, verweist bei den Vogeldarstellungen auf die *Tauben* auf der Eiche zu Dodona.

[42] H. WÖLLER: Aschenputtel. Energie der Liebe, Zürich 1984, 87–88 meint: «Ein Birnbaum voll saftiger, schwellender, süßer, goldener Früchte – auch heute hat wohl niemand Mühe, darin ein Gleichnis für Weiblich-Mütterliches zu sehen. Die Birne gilt als Fruchtbarkeitssymbol, und zwar immer als weibliches, während zum Beispiel der Apfelbaum auch den männlichen Geliebten symbolisieren kann. ... In der Schweiz gilt er als Kleinkinderbaum, und man trägt am Weißen Sonntag die Kinder unter ihn, damit sie gedeihen. Wenn der Birnbaum reiche Früchte trägt, so heißt es, werden im nächsten Jahr viele Mädchen geboren.» Alles das stimmt; doch kommt die Autorin nicht darauf, daraus den entscheidenden Schluß zu ziehen, daß das «Aschenputtel» mit seiner Flucht in den *«Birnbaum»* in die Vorstellung der «Mütterlichkeit» selbst hineinflieht; statt dessen geht es ihr erneut um den «Umgang mit dem Weiblichen» bis hin zu Thesen wie: «So wurden in patriarchaler Zeit in Kriegen schwangere und säugende Mütter samt ihren Kindern ermordet, während zum Beispiel Nomadenvölker bei ihren Kämpfen bis heute die Frauen schonen» (89). Wie «frauenschonend» z.B. die *Mongolen* unter *Timur* und *Babur* bei ihren Eroberungen in Indien sich verhielten,

zeigt B. GASCOIGNE: Die Großmoguln. Glanz und Größe mohammedanischer Fürsten in Indien, aus dem Engl. übers. v. K. u. R. D. Habich, München 1973, 7–9; 11–38. In Wahrheit gibt es die «Grobheit» des «Vaters» im *«Aschenputtel»*-Märchen wirklich; doch sie müßte konkret bezogen werden auf das Verhalten des «Aschenputtels», anstatt immer neu über die Schrecklichkeit des Patriarchalismus und den «Verlust weiblicher Weisheit» zu klagen in Wendungen wie: «Das Weibliche kann sich tiefer verhüllen, als der erobernde Mann meint. Er kann es vergewaltigen oder morden und wird der weiblichen Seele doch nicht ansichtig.» H. WÖLLER, S. 89: Gegen solche Deutungen steht: *«Aschenputtel»* ist nicht «das Weibliche», sondern eine Möglichkeit im Leben einer Frau unter besonderen Umständen, die mit dem «Patriarchalismus» des Vaters wohl auch, doch weit mehr mit der «Stiefmütterlichkeit» der Mutter und der «Stiefgeschwisterlichkeit» der Schwester(n) zu tun haben. – Sehr viel prägnanter kennzeichnet B. BETTELHEIM: Kinder brauchen Märchen, 252–253 die (ödipale) Angst vor dem Vater und ihre Übertragung auf den Königssohn: «Die vielen Aschenputtel-Geschichten, in denen die Heldin flieht, um den Nachstellungen eines ‹unnatürlichen› Vaters zu entkommen, sprechen dafür, daß es von dem Fest wegläuft, weil es verhindern möchte, verführt oder von seinem eigenen Begehren überwältigt zu werden. Auch zwingt das den Königssohn, es im Hause seines Vaters zu suchen, was eine Parallele dazu ist, daß der Bräutigam ins Elternhaus kommt, um um die Hand der Tochter anzuhalten.» Leider vermißt man auch in dieser Darstellung eine Analyse der konkreten Symbolik von *«Taubenhaus»* und *«Birnbaum»*: Warum flieht das «Aschenputtel» *aus Angst vor dem Königssohn,* hinter dem *der Vater* erscheint, in das *Taubenhaus* und in den *«Birnbaum»? Das* ist die Frage, die es zu beantworten gilt. – K. ANDERTEN: Umgang mit Schicksalsmächten. Märchen als Spiegelbilder menschlichen Reifens, Olten 1989, 256–266 wertet die Geschichte von der *«Prinzessin auf dem Baum»* (Deutsche Märchen seit Grimm, Düsseldorf 1964) als «Individuationsweg», doch ist diese Erzählung aus der Sicht des Mannes zu lesen; *«Aschenputtel»* hingegen beschreibt den Erlösungsweg einer Frau durch die Liebe eines Mannes vor dem Hintergrund einer angsterfüllten Kindheit und einer in endlosen Demütigungen erniedrigten Jugend.

[43] Vgl. H.-A. FREYE: Andere Murmeltiere, übrige Erd- und Baumhörnchen, in: B. Grzimek (Hrsg.): Grzimeks Tierleben. Enzyklopädie in 13 Bden., München (dtv) 1979, XI 266–269.

[44] Zu der Symbolik des *«Birnbaums»* und dem Motiv von «Mütterlichkeit» und «Kindersegen» s. o. Anm. 42.

[45] Vgl. J. GRÜNDEL: Die eindimensionale Wertung der menschlichen Sexualität, in: F. Böckle (Hrsg.): Menschliche Sexualität und kirchliche Sexualmoral, Düsseldorf 1977, 74–105.

[46] Vgl. E. DREWERMANN: Der tödliche Fortschritt. Von der Zerstörung der Erde und des Menschen im Erbe des Christentums, Freiburg (Herder Spektrum 4032) 1991, 221–232, bes. S. 225–226.

[47] Der erste, der psychoanalytisch auf die *Bisexualität* der Symbole hinwies, war W. STEKEL: Die Sprache des Traumes. Eine Darstellung der Symbolik und Deutung des Traumes in ihren Beziehungen zur kranken und gesunden Seele für Ärzte und Psychologen, München [3]1927, 58.

[48] Vgl. B. BETTELHEIM: Kinder brauchen Märchen, 252: «Ein kleines Gehäuse, in welches ein Körperteil hineinschlüpfen und genau hineinpassen kann, kann man als Symbol für die Vagina auffassen. Etwas Zerbrechliches, das man (sc. wie im *Gläsernen* Pantoffel bei PERRAULT, d. V.) nicht dehnen darf, weil es sonst zerbrechen könnte, erinnert an das Hymen; und etwas, das am Ende eines Balles leicht verloren gehen kann, wenn der Liebhaber seine Geliebte festzuhalten sucht, erscheint als passendes Bild für die Jungfräulichkeit.» H. BAUSINGER: Aschenputtel. Zum Problem der Märchensymbolik, in: Zeitschrift für Volkskunde, 52, Göttingen 1955, 144–155, S. 152–153 anerkennt in dem Schuhsymbol die Bedeutung der Schönheit, warnt aber vor allen weiterreichenden Deutungen. Es ist ein ständiges Problem, daß die literaturwissenschaftliche Beschäftigung mit den Märchen psychoanalytischen Gedankengängen sich kategorisch verschließt.

[49] Zu dem Symbol der *Gold*-Farbe s. o. Anm. 24.

[50] Zur Symbolik von *Links* und *Rechts* im Sinne von «unbewußt» und «bewußt» vgl. J. JAYNES: Der Ursprung des Bewußtseins durch den Zusammenbruch der bikameralen Psyche, übers. aus dem Amerik. v. K. Neff, Reinbek 1988, 148–158.

4. Die Suche nach der Identität

[1] Vgl. z. B. N. u. G. O'NEILL: Die offene Ehe. Konzept für einen neuen Typus der Monogamie, aus dem Amerik. übers. v. E. Linke, Reinbek (rororo 6891) 1981, 25: «Die Ehe muß sich auf einer neuen Offenheit aufbauen – Offenheit gegenüber sich selbst, dem Partner und der Umwelt.» Richtig – aber wie? Dazu: «Richtlinie Nr. 6: Gleichberechtigung», S. 97–109 und «Richtlinie Nr. 7: Eigene Identität», S. 110–121, wo bes. die «persönliche Unabhängigkeit» empfohlen wird.

[2] Zu den beiden Deutungsebenen vgl. E. DREWERMANN: Strukturen des Bösen, 3 Bde., Paderborn 1976, 1. Bd., S. XXXI–XLV.

[3] Vgl. W. SCHWIDDER: Hemmung, Haltung und Symptom (1961), in: Fortschritte der Psychoanalyse. Internationales Jahrbuch zur Weiterentwicklung der Psychoanalyse, 1. Bd., Göttingen 1964, 115–128.

[4] Lapidar richtig meint F. LENZ: Bildsprache der Märchen, Stuttgart 1971, 169 von den beiden Stiefschwestern: «Sie leben ‹auf zu großem Fuß›!» In der Tat geht es um die Deutung dieses Motivs. Im folgenden freilich geheimnist der Au-

tor alles mögliche in das Wesen der Stiefschwestern, das schwer mitvollziehbar ist. H. WÖLLER: Aschenputtel. Energie der Liebe, Zürich 1984, 112–113 verweist auf das *aggressive* Moment der Erzählung: «Mit dem Tanzen war es für die beiden Schwestern nun ein für allemal vorbei. In grausiger Weise wendet sich die Aggression gegen das Weibliche nun gegen die Schwestern selbst.» «Die Älteste muß sich den großen Zeh abhacken. Sie wird von da an auf den Fersen humpeln müssen, schwerfällig und plump. Verstümmelungen an Frauen sind noch bis in die Gegenwart üblich. Chinesinnen mußten sich schon im Kindesalter die Füße so eng einbinden, daß diese nicht wuchsen und sie nur trippeln konnten. Noch mehr erinnert das Abhacken der Zehe an die Beschneidung der Klitoris. Sie soll der Frau die Fähigkeit zum Orgasmus nehmen und würdigt sie damit herab zur Gebärmaschine. Das Unheimliche an diesen Riten ist, daß sie von älteren Frauen vorgenommen wurden, sie vollziehen die Rituale, die ihren Töchtern eine vornehme Ehe garantieren. Was in anderen Kulturen durch körperliche Torturen erreicht wird, wird in Europa durch die subtileren Methoden der Erziehung und der Moral bewirkt.» «Die jüngere der Schwestern muß sich die Ferse abhacken. Sie wird von da an auf Zehen laufen müssen. An ihr manifestiert sich das entgegengesetzte Erziehungsideal: die Frau als geschlechtsloses Wesen, das dem ‹Höheren› zugetan ist. Ob sie dann das Leben einer schonungsbedürftigen, kränkelnden Frau, einer Nonne oder ‹alten Jungfrau› zu führen hatte, hing von den Umständen ab, unter denen sie aufwuchs.» Diese an sich mögliche Interpretation scheitert daran, daß die Stiefschwestern die Verstümmelungen doch vornehmen, um den Königssohn *heiraten* zu können; ihre *Eitelkeit* und ihr *Ehrgeiz,* nicht ihre «patriarchalischen» Verbiegungen sind das Problem des Märchens.

[5] So B. BETTELHEIM: Kinder brauchen Märchen, 254: «Etwas sehr Merkwürdiges, das in den meisten Versionen von ‹Aschenputtel› vorkommt, ist, daß die Stiefschwestern sich die Füße verstümmeln, damit ihnen der zierliche Pantoffel passen soll. Während Perrault dieses Detail aus seiner Erzählung herausläßt, kommt es nach Cox (sc. Cinderella, Reprint: Nendeln/Liechtenstein 1967, d. V.) in sämtlichen Cinderella-Geschichten, außer den von Perrault abgeleiteten und ein paar anderen vor. Darin könnte man den symbolischen Ausdruck gewisser Aspekte des weiblichen Kastrationskomplexes sehen.» S. 255: «Selbstverstümmelungen kommen in den Märchen nur selten vor, im Gegensatz zu Verstümmelungen durch andere, die als Strafe oder aus irgendwelchen anderen Gründen keineswegs selten sind. Als ‹Aschenputtel› erdacht wurde, war es eine stereotype Gewohnheit, die Größe des Mannes der Zierlichkeit der Frau gegenüberzustellen, und Aschenputtels kleine Füße dürften sie daher besonders weiblich erscheinen lassen. Die Stiefschwestern, die so große Füße haben, daß sie nicht in den Schuh hineinpassen, erscheinen deshalb männlicher als Aschenputtel – und deshalb weniger begehrenswert. In ihrem verzweifelten Versuch, sich den Königssohn zu erobern, scheuen sie sich nicht, alles zu tun, um sich in zierliche weibliche Wesen zu verwandeln. – Die Bemühungen der Stiefschwestern, den Königssohn durch eine Selbstverstümmelung irrezuführen, wird durch das Bluten entdeckt. Sie haben versucht, sich dadurch weiblicher zu machen, daß sie einen Teil ihres Körpers abschnitten, was zur Blutung führte. So nahmen sie eine symbolische Selbstkastration vor, um ihre Weiblichkeit zu beweisen; daß der Teil ihres Körpers blutete, an dem sie diese Selbstkastration vornahmen, kann man als Demonstration ihrer Weiblichkeit auffassen, da es stellvertretend für die Menstruation stehen kann.»

[6] S. FREUD: Einige psychischen Folgen des anatomischen Geschlechtsunterschieds (1925), Werke XIV, London 1948, 17–30, S. 28. – H. VON BEIT: Symbolik des Märchens. Versuch einer Deutung, Bern 1952, 732 meint, freilich recht allgemein: «Die Schuhprobe stellt die seelische Begegnung im Unbewußten dar ... Die profanen Schwestern versuchen dabei eine Harmonie zu erzwingen, indem sie sich nicht natürlich geben, sondern ihren eigenen Animus künstlich anpassen und vergewaltigen, was ihn zerstört.»

[7] Als erster widerlegte B. MALINOWSKI: Geschlecht und Verdrängung in primitiven Gesellschaften (1927), übers. aus dem Engl. von H. Seinfeld, Reinbek (rde 139–140) 1962, 163 die Meinung, «daß der Ödipuskomplex die *vera causa* der sozialen und kulturellen Phänomene sei – anstatt nur deren Resultat».

[8] Zu diesem archaischen Zusammenhang vgl. R. BILZ: Das Syndrom unserer Daseins-Angst (Existenz-Angst). Erörterungen über die Misère unseres In-der-Welt-Seins (1969), in: Paläoanthropologie. Der neue Mensch in der Sicht einer Verhaltensforschung, Frankfurt 1971, 427–464, S. 434. Vgl. E. DREWERMANN: Strukturen des Bösen, 3 Bde., Paderborn 1977–78, II 223–226: Die Schuldangst.

[9] Vgl. F. KLUGE: Etymologisches Wörterbuch der deutschen Sprache, Berlin – New York [21]1975, 114: «norw. *butt* ‹stumpf, plump›».

[10] Zur *Zeitzerdehnungsregel* der Auslegung vgl. E. DREWERMANN: Tiefenpsychologie und Exegese, 2 Bde., Olten 1984, I 226–228.

[11] Zu dem vergleichbaren Motiv des (durch einen Fluch des Vaters/Zauberers) entstellten Antlitzes der Geliebten vgl. E. DREWERMANN – I. NEUHAUS: Die Kristallkugel (KHM 197), Olten 1985, 38–44. – In der *naturmythologischen* Schule der Märchendeutung wurde das Motiv der rechten und der falschen Braut mit dem Gestaltwandel des *Mondes* in Verbindung gebracht; vgl. E. SIECKE: Die Liebesgeschichte des Himmels. Untersuchungen zur indogermanischen Sagenkunde, Straßburg 1892, 7–17: Das Märchen von der weißen und der schwarzen Braut. Auch der *Baumaufenthalt* des Aschenputtels bzw. seine *Flucht ins «Taubenhaus»,* vor allem aber das Motiv des «goldenen Schuhs» sowie der *«Fußverstümmelung»* nach vorn und hinten, endlich auch das Motiv der *Flucht* der Geliebten (Mondgöttin) vor dem Königssohn (dem Sonnengemahl) würden in dieses uralte Schema passen. Vgl. zu *Allerleirauh* a. a. O., S. 40. Vgl. auch E. SIECKE: Über die Bedeutung der Grimmschen Märchen für unser Volksthum, Hamburg 1896, der (S. 17) auch das Motiv der *bösen Hexe* bzw. *Stiefmutter* entsprechend deutet; S. 20: *Allerleirauh.* – M. LÜTHI: Der Aschenputtel-Zyklus in: J. Janning u. a. (Hrsg.): Vom Menschenbild im Märchen, Kassel 1980, 39–58 sieht zu Recht das «Auseinanderklaffen von Schein und Sein» als

Zentralthema des Märchens an (S. 53) und deutet dementsprechend auch die Identifizierungsprobe des Schuhs nebst dem Ausschluß aller anderen Konkurrenten (40–41).

[12] Zur Stelle vgl. H. GUNKEL: Genesis (^{3}1910), Neudruck: Göttingen ^{8}1969, 327–329, der die Täuschung bei der Brautwerbung mit der Geschichte von der *Gänsemagd* (KHM 89) vergleicht.

[13] Es geht um die Versuche, die *Georges Ungar*, der Pharmakologe an der Baylor-Universität in Houston, Texas, durchführte; beschrieben bei H. v. DITFURTH: Im Anfang war der Wasserstoff, Hamburg 1972, 308–309. – Die Frage bleibt, welche Quälereien an Tieren der Gesetzgeber immer noch glaubt hinnehmen zu können, sobald eine «medizinische» Notwendigkeit für den Fortschritt der Forschung angemeldet wird.

[14] Zu diesem Bild vgl. E. DREWERMANN – I. NEUHAUS: Der goldene Vogel (KHM 57), Olten 1982, 52–55. Vgl. auch E. DREWERMANN: Das Markus-Evangelium, 2 Bde., Olten 1988, II 166–187: Der Einzug Jesu in Jerusalem; K. J. OBENAUER: Das Märchen: Dichtung und Deutung, Frankfurt 1959, 169–179: Zum Symbol des *Pferdes*, erinnert (S. 171) an die «stolzen Reiter der Frühzeit» in der Kentaurensage.

[15] Zu der Frage der richtigen *«Zentrierung»* in der Auslegung archetypischer Erzählungen vgl. E. DREWERMANN: Tiefenpsychologie und Exegese, 2 Bde., Olten 1984, I 212 ff.

[16] Es war H. MANN: Der Untertan (1916), Frankfurt (Fischer Tb. 10168) 1991, Kap. 4, S. 238, der als erster die Hochachtung vor «Königen» in das Märchen verwies. – Zur kulturgeschichtlichen Einordnung des Aschenputtel-Märchens hat A. NITSCHKE: Soziale Ordnungen im Spiegel der Märchen, 2 Bde., Stuttgart – Bad Cannstatt 1978, vorgeschlagen, die Entstehung der Erzählung aus dem Übergang von der Altsteinzeit zu den frühesten Stadtkönigtümern Mesopotamiens verständlich zu machen. Siehe 1. Bd: Das frühe Europa, S. 194-195: «Die Gesellschaft nach der Eiszeit achtete vor allem auf Frauen. Frauen sorgten für das Vieh, für die Obstbäume, und sie stellten Stoffe für Kleidung her. Die Arbeit hatte dabei Formen, die uns sehr kultisch anmuten. Jede Frau, die etwas Neues schuf, das den anderen zum Leben diente, mußte in dieser Zeit einen todesähnlichen Zustand auf sich nehmen. Sie glich sich gewissermaßen dem Winter an, auf den der Frühling folgt, so wie sich die Menschen dieser Gesellschaft überhaupt mit dem Wechsel der Jahreszeiten identifizierten. Die Mutter hatte sich, solange sie ihr Kind stillte, also dessen Leben ermöglichte, wie ein Tote zu verhalten. Alle Frauen mußten, wenn sie Stoffe anfertigten, sich auch in einen todesähnlichen Zustand versetzen. Vielleicht spricht die Aschenputtel-Überlieferung sogar dafür, daß sie sich bei Arbeiten, die Neues entstehen ließen, mit Ruß Gesicht und Hände schwärzten.»

[17] Vgl. E. DREWERMANN: Das Matthäus-Evangelium, 1. Bd., Olten 1992, 92–101: In welchem Sinne Jesus doch ein König war.

[18] Vgl. M. BUBER: Geltung und Grenze des politischen Prinzips (1951), in: Werke, 3 Bde., München – Heidelberg 1962, I 1095–1108: «Sie (die Verweser des politischen Prinzips, d. V.) reden Rat und wissen keinen; sie streiten gegeneinander, und eines jeden Seele streitet gegen ihn selber. Sie brauchten eine Sprache, in der man einander versteht, und haben keine als die geläufige politsche, die nur noch zu Deklarationen taugt. Vor lauter Macht sind sie ohnmächtig und vor lauter Künsten unfähig, das Entscheidende zu können.»

[19] Vgl. E. DREWERMANN: Strukturen des Bösen, 3 Bde., Paderborn 1976–77, 1. Bd., Nachwort zur 3. Aufl., S. 335–392: Von dem Geschenk des Lebens oder: das Welt- und Menschenbild der Paradieserzählung des Jahwisten (Gen 2,4 b–25), S. 368–387: Von der Geborgenheit im Ring der Liebe.

[20] Zum Begriff der *anima* vgl. C. G. JUNG: Die Beziehungen zwischen dem Ich und dem Unbewußten (1928), Werke VII, Olten 1964, 131–264, S. 207–232.

[21] Vgl. Mt 11,19; Lk 7,34; 15,1.

[22] Vgl. C. G. JUNG: Einleitung in die religionspsychologische Problematik der Alchemie, in: Werke XII, Olten 1972, 15–54, S. 53; H. SAUER: Art. *Hieros Gamos,* in: K. Ziegler – W. Sontheimer (Hrsg.): Der Kleine Pauly, München (dtv 5963) 1979, II 1139–1140 verweist auf die alljährliche Verbindung des Zeus «mit der durch ein Kultbad immer wieder jungfräulichen Göttin» *Hera,* die Kind, Nymphe und Jungfrau ineins war. Vgl. A. KLINZ: Hieros Gamos, Halle 1933.

[23] Zu *Links* und *Rechts* vgl. J. C. ECCLES – H. ZEIER: Gehirn und Geist. Biologische Erkenntnisse über Vorgeschichte, Wesen und Zukunft des Menschen, Frankfurt (Fischer Tb. 42225) 1984, 157–167.

[24] M. LÜTHI: Deutung eines Märchens: Aschenputtel, in: Süddeutsche Zeitung, Nr. 24, 28./29. 1. 67 findet «die grausame Bestrafung der beiden Stiefschwestern» recht «anstößig»: «Ohne daß Aschenputtel den geringsten Einspruch erhebt, hacken die Tauben – ausgerechnet sie, die uns sonst ein Bild der Sanftmut sind – den bösen Schwestern die Augen aus, und es wird umständlich geschildert, wie sie auf dem Hinweg zur Kirche jeder der beiden Schwestern das eine, auf dem Rückweg das andere Auge auspicken.» Doch soll man diese Episode deshalb ganz weglassen und mit PERRAULT schildern, wie das gute Aschenputtel den bösen Schwestern verzeiht «und sie bittet, es immer liebzubehalten»? Zu Recht erkennt LÜTHI hier eine Art *jus talionis* am Werk: «Sie (die Stiefschwestern, d. V.) hacken sich Zehe und Ferse ab, und dann werden ihnen von strafenden Mächten die Augen genommen; was sie selbst begonnen, wird von oben vollendet.» Dem im Grund einfachen Sinn der Stelle kommt F. LENZ: Bildsprache im Märchen, Stuttgart, 1971, 178 recht nahe: «Indem die Gegenmächte noch einen letzten Versuch machen, beim Gang in die Kirche, ziehen sie sich selbst die Folge ihrer Heuchelei zu: Sie verlieren für immer die Sicht, können nichts mehr durchschauen, sind ‹mit Blindheit geschlagen›. Die Taube des Geistes hat sie gerichtet.» H. WÖLLER: Aschenputtel. Energie der Liebe, Zürich 1984, 129 indessen findet hier den «Silberblick» ausgerottet, «der nur die Embleme der Macht und des Geldes wahrnimmt», die Strafe selber aber hält sie auch «trotzdem» für «erschreckend». C. H. MALLET: Kopf ab. Gewalt im Märchen, Hamburg – Zürich 1985, 163 erinnert besonders an die Rache der (bösen) Mütter und Schwestern in den Märchen und meint: «Die Gewaltphantasien sind ebenso erfinderisch wie nicht wählerisch ... Es ist wohl so, daß wir uns in der grausam-ar-

chaischen Wunschwelt immer wieder recht wohl und wie zu Hause fühlen.» K. ASPER: Verlassenheit und Selbstentfremdung, Olten 1987; München (dtv) 1990, 150, meint; es gehe hier um die «Depotentialisierung der negativen Sicht auf sich selber», mithin um das Ende der «narzißtischen Verwundung» des Verlassenheitsgefühls des «Aschenputtels». – Auffallend bleibt, daß die *Stiefmutter* gänzlich ungeschoren davonzukommen scheint; sie geht ein in das gemeinsame Erschrecken ihrer bösen Töchter und verschmilzt gewissermaßen mit ihnen; erzählt werden aber müßte eigentlich, wie das Bild der bösen Mutter nach der Bestrafung der «bösen» «Schwestern» die Chance erhält, in das Bild der *guten* Mutter integriert zu werden. – *Naturmythologisch* steht das Augenaushacken durch die «Tauben» wohl in Verbindung zu dem häufigen Motiv des Augenraubs in den Sonnen- und Mondmythen. W. MANNHARDT: Germanische Mythen. Forschungen, Berlin 1858, 547, Anm. 1 verweist auf das deutsche Frühlingslied: «Stecht dem Winter die *Augen* aus.» Das «Weltauge» ist zumeist die Sonne. Doch daß beim *Hin-* und beim *Rückweg* je ein Auge den «Schwestern» genommen wird, paßt am besten zu den Phasen des zu- und abnehmenden Mondes. – A. USSHER: The slipper on the stairs. An Interpretation of Cinderella, in: World Review 25, London 1951, 50–52 meint von dem Augenauspicken der Stiefschwestern: «Die konventionellen Wertungen werden geblendet, denn sie sind immer schon blind gewesen.» (52)

[25] Zu «männlichen» Aschenputtel-Märchen vgl. J. BOLTE – G. POLIVKA: Anmerkungen zu den Kinder- und Hausmärchen der Brüder Grimm, 1. Bd., Leipzig 1913, 183–185, die in der Bibel auf *Abel, Loth, Jakob, David* u. a. verweisen und an die weitverbreitete Vorstellung erinnern, «nach der der *jüngste* von drei Söhnen für dumm gilt und verachtet wird, weil er seine erste Jugend im Schmutz und in der Asche der Küche zubringt; als endlich seine Zeit erscheint, tritt er auf, tut es seinen Brüdern weit zuvor und erreicht das höchste Ziel.» (183) Der Kontrast von dem *armen* Schweinehirten und der Königstochter bildet den Stoff des Märchens von der *Prinzessin auf dem Baum;* vgl. K. ANDERTEN: Umgang mit Schicksalsmächten. Märchen als Spiegelbilder menschlichen Reifens, Olten 1989, 256–266. B. STAMER (Hrsg.): Märchen von Dornröschen und dem Rosenberg, Frankfurt (Fischer Tb. 10466) 1985, 108–113, erzählt das mecklenburgische Märchen *Der Ritt auf den Glasberg,* das sozusagen eine Aschenputtel-Variante männlicherseits zu dem Drei-Brüder-Märchen *Die Kristallkugel* (KHM 197) darstellt.

[26] R. TAGORE: Der Gärtner, aus dem Engl. übers. v. G. M. Muncher und A. Haas, Freiburg 1959, Nr. 41, S. 51–52.

[27] A. a. O., Nr. 24, S. 34. – Diese Verwiesenheit auf das Gegenüber der Liebe kommt zu kurz, wenn man mit B. BETTELHEIM: Kinder brauchen Märchen, 262–263 die Grimmsche Erzählung isoliert als «Identitätsprozeß» deutet; denn wohl ist es wahr: Aschenputtels Identität kommt zustande, indem das Mädchen «darauf besteht, daß der Königssohn es in seiner negativen Identität als Aschenputtel sieht und akzeptiert, bevor es seine positive Identität als seine Braut annimmt.» (263) Doch eben: wenn es so steht, ist das Märchen von «Aschenputtel» weder eine bloße Eifersuchtsgeschichte noch eine bloße Identitätsfindungserzählung, es ist wesentlich eine Geschichte der verlorenen und wiedergefundenen Liebe. Psychoanalytische «Sinnbilddeutung» ist dabei nicht eine «Verfälschung» des Märchens, wie H. BAUSINGER: Aschenputtel. Zum Problem der Märchensymbolik, in: Zeitschrift für Volkskunde 52, Göttingen 1955, 144–155, S. 155 fürchtet, sondern gerade im Gegenteil: die Rekonstruktion der Aussagemittel seiner Bedeutung.

[28] G. MISTRAL: Wenn du mich anblickst, werd' ich schön. Gedichte. Chilenisches Spanisch/ Deutsch, ausgew. v. W. Eitel, übers. v. A. Theile, G. Pape, H. Müller, P. Strien, München – Zürich (Piper 1158) 1991, 30–31.